古典文獻研究輯刊

四 編

潘美月・杜潔祥 主編

第 5 冊

陳振孫之子學及其《直齋書錄解題》子錄考證(上)

何 廣 棪 著

國家圖書館出版品預行編目資料

陳振孫之子學及其《直齋書錄解題》子錄考證（上）／何廣棪
著 — 初版 — 台北縣永和市：花木蘭文化出版社，2007〔民
96〕
目 24+232 面；19×26 公分（古典文獻研究輯刊 四編：第 5 冊）
ISBN：978-986-6831-23-2（全套精裝）
ISBN：978-986-7128-98-0（精裝）
1.（宋）陳振孫－學術思想－哲學　2.藏書目錄－中國－（南宋）
（1127-1279）3.哲學－目錄－研究與考訂
018.8524　　　　　　　　　　　　　　　　　96004421

ISBN - 9867128980

9 789867 128980

古典文獻研究輯刊
四　編　第　五　冊　　　　　　ISBN：978-986-7128-98-0

陳振孫之子學及其《直齋書錄解題》子錄考證（上）

作　　者　何廣棪
主　　編　潘美月　杜潔祥
企劃出版　北京大學文化資源研究中心
出　　版　花木蘭文化出版社
發 行 所　花木蘭文化出版社
發 行 人　高小娟
聯絡地址　台北縣永和市中正路五九五號七樓之三
　　　　　電話：02-2923-1455／傳眞：02-2923-1452
電子信箱　sut81518@ms59.hinet.net
初　　版　2007 年 3 月
定　　價　四編 30 冊（精裝）新台幣 46,500 元　　　版權所有·請勿翻印

陳振孫之子學及其《直齋書錄解題》子錄考證(上)

何廣棪　著

作者簡介

何廣棪，字碩堂，號弘齋，香港新亞研究所文學博士。歷任香港大專院校教職，現任臺灣華梵大學東方人文思想研究所教授。早歲研究李清照、楊樹達、陳寅恪、敦煌瓜沙史料，頗有著述。近年鑽研陳振孫及《直齋書錄解題》，出版之專書及發表之論文，甚受海峽兩岸士林關注與延譽。

提　　要

　　本書撰者何廣棪教授研治陳振孫及《直齋書錄解題》凡二十年，用力最深，用功最勤，而獲得之成績亦最為豐碩。所撰《陳振孫之生平及其著述研究》，一九九三年十月交台灣文史哲出版社印行 面世以來，一直深受海峽兩岸學術界關注與延譽。去歲又將所撰《陳振孫之經學及其〈直齋書錄解題〉經錄考證》與《陳振孫之史學及其〈直齋書錄解題〉史錄考證》送交花木蘭文化出版社出版，已分別收入《古典文獻研究輯刊》二、三編中。撰者之書均屬皇皇鉅著，前者七十萬言，後者百餘萬言，且考證精鑿，資料富贍，堪稱當代研究《直齋書錄解題》經、史二錄最具深度、最富功力之文獻學著作。

　　《陳振孫之子學及其〈直齋書錄解題〉子錄考證》乃繼前二書而撰就，所用研究方法仍著重對《解題》子錄進行疏證與闡發。全書撰成考證文字八百二十三條，對陳振孫子學及其相關議論與見地，均作全面之探源與述釋；而於振孫書中容有之錯舛與闕失，則予深入分析與辨證。言必有據，語必覈實，是本書考證特色。故撰者引據至富，發明良多，其書不惟可作振孫之功臣，亦必為研治《直齋書錄解題》子錄不可或闕之參考。

目錄

二、道家類

中　冊

九、小說家類

十一、釋氏類

下　冊

十七、醫書類

第一章　緒　論

　　余之研治陳振孫及其著作，始自民國七十七年。其後所撰就《陳振孫之生平及其著述研究》博士論文，交由台灣文史哲出版社於民國八十二年十月在台灣初版。

　　民國八十二年八月，余蒙國科會以客座研究副教授名義延聘來台，任教華梵人文科技學院東方人文思想研究所。翌年，獲國科會專題研究計畫補助，一年後如期完成之專著爲《陳振孫之經學及其〈直齋書錄解題〉經錄考證》，凡六十餘萬言。此一研究成果，經國科會同意，授權里仁書局印製成書，八十六年三月出版發行。

　　民國八十四年八月，國科會繼續通過《陳振孫之史學及其〈直齋書錄解題〉史錄考證》之專題研究計畫。《直齋書錄解題》一書，其經錄之部，著錄書籍凡三百七十種；史錄之部則著錄八百四十一種，爲經錄之二點三倍。故余此年度之研究工作，備極辛勞，而所費時日亦大幅度增多。此年度之研究計畫延至八十六年六月始完成，惟所撰就之成果報告則在百萬言以上。

　　八十五年八月，余續以《陳振孫之子學及其〈直齋書錄解題〉子錄考證》爲題，提出補助申請，亦蒙國科會通過。《直齋書錄解題》子錄之部著錄書籍八百二十三種，較史部少十八種。惟須完成此項研究計畫，其所付出之辛勞與時間亦與史錄相同。故於此年度中，余常謝絕應酬，少眠少休，傾余心力貫注於工作。經年餘之努力，亦幸底於成。全書凡六章，首章爲〈緒論〉，次章爲〈陳振孫之子學主張〉，第三章爲〈陳振孫之子學〉，第四章爲〈陳振孫之子學目錄學〉，第五章爲《〈直齋書錄解題〉子錄考證〉，第六章爲〈結論〉。編末並附〈參考文獻〉。全編字數，超過一百萬言。

　　上述六章之撰作，以第五章所用心力與時間爲最多，惟第二、三、四章之寫成，亦非易易。蓋《解題》子錄之部，材料富贍，鎔鑄爲難；加之無前人研究與著述可

－1－

資借鑑，故每章之撰作，皆不得不別出心裁，匠心獨運，以一己沉沉之思，爲篳路藍縷之「先知」。惟囿於學力，又迫於時限，書中疎誤紕漏之處，或所在多有。尚祈讀者不吝指正，無任翹盼。

第二章　陳振孫研治子學之主張

　　陳振孫之專著，現存者有《直齋書錄解題》及《白文公年譜》二書，論其部類，固屬史部目錄類與譜牒類。然考宋周密《志雅堂雜鈔・書史》載：

　　　　直齋所著書，有言《書解》一冊、《易解》、《繫辭錄》、《史鈔》。

則振孫另著有上述諸書，雖皆散佚，然察其書名，亦可推知非屬子部著作。年前，余撰寫《陳振孫之生平及其著述研究》博士論文，曾考知振孫尚撰有〈關尹子跋〉一篇，斯固可視為振孫現存之子學著作，此〈跋〉見收於今人張心澂《偽書通考》1957年11月3版修訂本〈子部・道家類〉中。該〈跋〉云：

　　　　周關令尹喜，蓋老子同時，啓老子著書言道德者。按〈漢志〉有《關
　　　　尹子》九篇，而〈隋〉、〈唐〉及〈國史志〉皆不著錄，意其書亡久矣。徐
　　　　藏子禮得之於永嘉孫定。首載劉向校定〈序〉，篇末有葛洪〈後序〉。未知
　　　　孫定從何傳授，殆皆依託也。〈序〉亦不類向文。今考其書，時取釋氏及
　　　　神仙方伎家，如「識想起滅」暨「嬰兒蕊女」、「金樓絳宮」之類，周時或
　　　　無是語也。至「豆中攝鬼」、「杯中釣魚」，又似漢、晉間左慈、郭景純事。
　　　　豈本書存而或附益之歟？抑假託者歟？然文詞峻潔，闡揚道意，深得二氏
　　　　肯綮，非冥契玄解者不能作也。謂為關令書則不可必爾。丁丑夏日志。

案：張氏《偽書通考》見錄此〈跋〉，而未注明其所依據及此〈跋〉之出處，殊為可惜。考丁丑於宋寧宗嘉定十年（1217），此〈跋〉謂《關尹子》書中頗涉釋氏及神仙方伎家語事，疑非周時所應有。故指《關尹子》一書乃後人假託，或書存而後人附益。考《解題》卷九〈道家類〉有「《關尹子》」條，所著錄曰：

　　　　《關尹子》九卷，周關令尹喜，蓋與老子同時，啓老子著書言道德者。
　　　　案〈漢志〉有《關尹子》九篇，而〈隋〉、〈唐〉及其〈國史志〉皆不著錄，
　　　　意其書亡久矣。徐藏子禮得之於永嘉孫定，首載劉向校定〈序〉，篇末有

葛洪〈後序〉。未知孫定從何傳授，殆皆依託也。〈序〉亦不類向文。

是《解題》此條所著錄者，固截取〈關尹子跋〉前半部以成文，而其所遺棄之後半部，乃剖判《關尹子》真偽之文字，實為全篇精詣所在。《解題》著錄竟作如是之取捨，頗有類於買櫝還珠，令人費解。振孫此〈跋〉，對後人考辨《關尹子》真偽極具影響。檢明宋濂《文憲集》卷二十七《諸子辨・關尹子》條曰：

> 《關尹子》一語，周關令尹喜所撰。喜與老聃同時，著書九篇，頗見之〈漢志〉，自後諸史無及之者，意其亡已矣。今所傳者，以〈一宇〉、〈二柱〉、〈三極〉、〈四符〉、〈五鑑〉、〈六七〉、〈七釜〉、〈八籌〉、〈九藥〉為名，蓋徐藏子禮得于永嘉孫定，未知定又果從何而得也。前有劉向〈序〉，稱蓋公授曹參，參薨，書葬；孝武帝時，有方士來上，淮南王劉安秘而不出；向父德治淮南王事，得之。文既與向不類，事亦無據，疑即定之所為也。間讀其書，多法釋氏及神仙方技家，而藉吾儒言文之。如「變識為智」、「一息得道」、「嬰兒蕊女」、「金樓絳宮」、「青蛟白虎」、「寶鼎紅爐」、「誦咒土偶」之類，聃之時無是言也。其為假託，蓋無疑者。或妄謂二家之說實祖于此，過矣。然其文雖峻潔，亦頗流於巧刻；而宋象先之徒乃復尊信如經，其亦妄人哉！

宋文憲《諸子辨》此條，其內容雖較振孫〈跋〉為詳贍，惟細察其考辨，大抵襲用〈跋〉文而略加演繹耳，創新發明之處殊少。是則振孫研治子學，其所撰文章，不惟能考訂書籍之真偽，且能影響及後人著述之發揮，固可曉矣。

以下擬就振孫研治子學之主張，分條考論如下。

一、主張尊崇儒學而貶抑各家

劉克莊《後村大全集》卷七十五〈外制・故通奉大夫寶章閣待制致仕陳振孫贈光祿大夫〉云：

> 具官某，其文秋濤瑞錦，其姿古柏寒松。早號醇儒，得淵源於伊、洛；晚稱名從，欲輩行於乾、淳。

是振孫生前，世人已以「醇儒」目之。

洪咨夔《平齋文集》卷十八〈外制〉二〈軍器監簿陳振孫除諸王宮大小學教授制〉亦曰：

> 敕：具官某，我仁宗詔諸宮院教授，非只講習經旨，須選履行端愨，蓋欲其以身教也。爾靜而不競，簡而不華，可謂端愨矣。振振麟趾，以爾為之師。觀□度於步武之間，挹芳潤於言論之頃。

是振孫履行端愨，靜而不競，簡而不華，深具儒者之學行，乃經師亦屬人師，故理宗除之以爲諸王宮大小學教授。

振孫一生既恪守儒者之行，故其治學，力崇儒學，尤重孟子。《解題》卷三〈語孟類〉小序曰：

> 前〈志〉，《孟子》本列於儒家，然趙岐固嘗以爲則象《論語》矣。自韓文公稱孔子傳之孟軻，軻死，不得其傳。天下學者咸曰孔、孟。孟子之書，固非荀、揚以降所可同日語也。今國家設科取士，《語》、《孟》並列爲經，而程氏諸儒訓解，二書常相表裡，故今合爲一題。

是振孫推尊孟子，故稱其書則象《論語》，非荀、揚可比也。

振孫推尊孟子，尤集中表現於讚揚孟子之能闢楊、墨而抗異端。《解題》卷十〈墨家類〉著錄：

> 《墨子》三卷，宋大夫墨翟撰。孟子所謂邪說詖行，與楊朱同科者也。韓吏部推尊孟氏，而〈讀墨〉一章，乃謂孔、墨相爲用，何哉？……方楊、墨之盛，獨一孟子訟言非之，諄諄焉唯恐不勝。……《孟子》越百世益光明，遂能上配孔氏，與《論語》並行，異端之學，安能抗吾道哉！

於此條中，振孫既貶斥楊、墨爲「邪說詖行」，推崇孟子「訟言非之」；又稱孟子「能上配孔氏」，而其書則「與《論語》並行」，「越百世益光明」者也。

振孫於道家雖讚揚莊子，〔註1〕惟於老子《道德經》則偶亦有所貶損。《解題》卷九〈道家類〉著錄：

> 《老子道德論述要》二卷，司馬光撰。太史公曰老子著書言道德之意。後人以其篇首之文，名上篇曰〈道〉，下篇曰〈德〉。夫道德連體，不可偏舉，合從本名。溫公之說如此。其不曰「經」而曰「論」，亦公新意也。

案：《解題》此條引司馬溫公之說，謂溫公稱《道德經》爲《道德論》。蓋經之與論，其學術地位之高下深淺固顯有不同。溫公稱老子之書爲論，則其陰損《道德經》之價值甚明。振孫素欽仰溫公，於《解題》卷十〈雜家類〉「《徽言》三卷」條，已盛稱溫公「在相位」，「方機務填委，且將屬疾，而好學不厭，克勤小物如此」；又推譽其手鈔《徽言》一書，「小楷端重，無一筆不謹，百世之下，使人肅然起敬」。故溫公貶損《老子》爲「論」，振孫定必認爲其見地先得我心。故於此條中，既云「溫公之說如此」，又云「亦公新意也」，則其推許首肯之情，溢於辭表矣。

振孫於名家公孫龍之學術亦屢有貶斥。《解題》卷十〈名家類〉著錄：

〔註1〕參考《解題》卷四〈正史類〉「《史記》一百三十卷」條，振孫稱「憑虛而有理致者，莊子也」。

> 《公孫龍子》三卷，趙人公孫龍爲白馬非馬，堅白之辨者也。其爲説
> 淺陋迂僻，不知何以惑當時之聽。〈漢志〉十四篇，今書六篇。首敘孔穿
> 事，文意重複。

是振孫力詆公孫龍之書「淺陋迂僻」，又譏諷其敘事「文意重複」也。

振孫於雜家之書，除前引司馬光《徽言》外，其餘之書亦多致不滿。《解題》卷十〈雜家類〉著錄：

> 《論衡》三十卷，漢上虞王充仲任撰。……初著書八十五篇，釋物類
> 同異，正時俗嫌疑。蔡邕、王朗初傳之時，以爲不見異人，當得異書。自
> 今觀之，亦未見其奇也。

同卷同類著錄：

> 《顏氏家訓》七卷，北齊黃門侍郎琅邪顏之推撰。古今家訓以此爲祖，
> 而其書崇尚釋氏，故不列於〈儒家〉。

同卷同類又著錄：

> 《楚澤叢語》八卷，右迪功郎李著吉先撰。……其書專闢孟子。……
> 大意以爲王氏之學出於孟氏。然王氏信有罪矣，孟氏何與焉。此論殆得於
> 晁景迂之微意。

又著錄：

> 《忘筌書》二卷，潘植子醇撰。……本已見〈儒家〉，而《館目》寘
> 之〈雜家〉者，以其多用釋、老之説故也。今亦別錄於此。

案：王充之書，直齋謂「未見其奇」；《顏氏家訓》則以「崇尚釋氏，故不列於〈儒家〉」；《楚澤叢語》「專闢孟子」，蓋誤以安石之學出於孟氏；故振孫辨之，謂「王氏信有罪矣，孟氏何與焉」。蓋安石變法之罪，固與孟子無涉；《忘筌書》「多用釋、老之説」，故《解題》雖著錄其書於〈儒家〉，又用互著法別錄於〈雜家〉，意存貶抑，其意甚明矣。

至小說家之書，乃街談巷語，道聽塗説之所造，振孫多輕鄙不屑。《解題》卷十一〈小說家類〉著錄：

> 《神異經》一卷，稱東方朔撰。張茂先傳。

又著錄：

> 《十洲記》一卷，亦稱東方朔撰。二書詭誕不經，皆假託也。

是振孫深斥二書之「詭誕不經」，又指責其「假託」也。

同卷同類著錄：

> 《洞冥記》四卷、〈拾遺〉一卷，東漢光祿大夫郭憲子橫撰。……凡

若是者，藏書之家備名數而已，無之不足爲損，有之不足爲益，況於詳略，
尤非所計也。

同卷同類又著錄：

《夷堅志》甲至癸二百卷、支甲至支癸一百卷、三甲至三癸一百卷、
四甲四乙二十卷，大凡四百二十卷，翰林學士鄱陽洪邁景盧撰。稗官小說，
昔人固有爲之者。遊戲筆端，資助談柄，猶賢乎已可也，未有卷帙如此其
多者，不亦謬用其心也哉！

是振孫認爲小說家之書，「無之不足爲損，有之不足爲益」；又批評撰作稗官小說者，
「遊戲筆端，資助談柄」，即使其著述至爲浩繁，「亦謬用其心也哉」！

於神仙家，振孫亦每加譏詆。《解題》卷十二〈神仙類〉著錄：

《王氏神仙傳》一卷，杜光庭撰。當王氏有國時，爲此書以媚之。謂
光庭有道，吾不信也。

同卷同類著錄：

《群仙珠玉集》一卷。其〈序〉曰：「西華眞人以金丹、刀圭之訣傳
張平叔，作《悟眞篇》，以傳石得之、薛道光、陳泥丸，至白玉蟾。」玉
蟾者，葛其姓，福之閩清人。嘗得罪亡命，蓋姦妄流也。余宰南城，有寓
公稱其人云：「近嘗過此，識之否？」余言：「不識也！此輩何可使及吾門！」
李士寧、張懷素之徒，皆殷鑒也。是以君子惡異端。

光庭以書媚人，故鄙其爲非有道之士；玉蟾得罪亡命，則又詆之爲「姦妄流」。是振
孫於神仙家，蓋視之爲異端。

振孫於釋氏，則有褒有貶。振孫嘗應華勝寺主僧應之求，撰〈華勝寺碑記〉，〈碑
記〉文末曰：

釋氏行乎中土千餘歲，余生長浙右，見其徒皆赤手興大役，捐金輸盡，
聞者爭勸。其規制奢廣，飛檐傑棟，金碧晃耀，往往談笑而成之，視應所
爲，若不足乎紀。顧俗有富貧，緣法有深淺，以彼其易，以此其難，所遭
者固殊焉。要之，釋氏之教，以空攝有。所謂華嚴樓閣，克遍十方；毘耶
室中，容納廣坐；回觀世間諸所有相，皆是虛妄，尚復區區較計於規摹之
廣狹、功力之難易哉！均之以有爲法作佛事，而其艱勤積累，苦行努力，
視夫因順乘便，持福禍之說以聳世俗，而爲媮食安座之資者，猶愈也。故
樂爲之書。

觀是，則知振孫對釋氏「艱勤積累，苦行勞力」，「赤手興大役」等則頗予肯定；
惟於其「因順乘便，持福禍之說以聳世俗，而爲媮食安座之資者」，則貶斥之不遺

餘力也。

至釋氏之經典，振孫亦加以收藏，並著錄於《解題》中，然評價不高；且於其教義，殊未見推許。《解題》卷十二〈釋氏類〉著錄：

> 《四十二章經》一卷，後漢竺法蘭譯。佛書到中國，此其首也，所謂「經來白馬寺者」。其後千經萬論，一大藏教乘，要不出於此。中國之士往往取老、莊之遺說以附益之者，多矣。

此批評中國佛書多附益老、莊遺說。

同卷同類又著錄：

> 《嘉泰普燈錄》三十卷，僧正受編。三《錄》大抵與《傳燈》相出入，接續機緣，語句前後一律，先儒所謂遁辭也。然本初自謂直指人心，不立文字。今四《燈》總一百二十卷，數千萬言，乃正不離文字耳。

此又抨擊佛書中有遁辭，且指斥禪宗四《燈》，多至「數千萬言」，顯背本初「直指人心，不立文字」之宗旨。

振孫於兵家，多言其書傅會依託，文辭淺鄙。《解題》卷十二〈兵書類〉著錄：

> 《六韜》六卷，武王、太公問答。其辭鄙俚，世俗人依託也。

同卷同類著錄：

> 《黃石公三略》三卷，世傳張子房受書圯上老人，曰：「濟北穀城山下得黃石，即我也。」故遂以石爲圯上老人。然皆傅會依託也。

又著錄：

> 《李衛公問對》三卷，唐李靖對太宗。亦假託也。文辭淺鄙尤甚。

是振孫於兵書多未見許可，可知也。

振孫於曆象之書，則斥其「穿鑿附會」，「幾於矯誣」。《解題》卷十二〈曆象類〉著錄：

> 《天象義府》九卷，宜黃布衣應埀撰。其書考究精詳，論議新奇，而多穿鑿傅會。象垂於天，其曰某星主某事者，人寔名之也。開闢之初，神聖在御，地天之通未絕，其必有得於仰觀俯察之妙旨，故曰：「天垂象，聖人則之。」夫天豈諄諄然命之乎？如必一切巧爲之說，而以爲天意寔然，則幾於矯誣矣。

又有斥曆象書「拘忌」、「俚俗」者。同卷同類著錄：

> 《統天曆》一卷，冬官正楊忠輔撰，丞相京鏜表進。……其末有〈神殺〉一篇，流於陰陽拘忌，則爲俚俗。

亦有斥其書「其術疏淺，無足取」者。同卷同類著錄：

《金大明曆》一卷，金大定十三年所爲也。其術疏淺，無足取。積年三億以上，其拙可知。

至陰陽家類之書，振孫或斥其「假託」、「不經」。《解題》卷十二〈陰陽家類〉著錄：

《廣濟陰陽百忌曆》二卷，稱唐呂才撰。有〈序〉。案：才序陰陽書，其三篇見於本傳，曰〈祿命〉，曰〈卜宅〉，曰〈葬〉，盡掃世俗拘滯之論，安得後有此曆？本初固已假託，後人附益，尤不經。

或斥「其言鄙俚」。同卷同類著錄：

《珞璟子》一卷，此書祿命家以爲本經。其言鄙俚，閭巷賣卜之所爲也。

或謂其書乃「書坊售利，求俗師爲之」。同卷同類著錄：

《五星三命指南》十四卷，亦不知名氏。大抵書坊售利，求俗師爲之。

是則振孫於曆象、陰陽二家之書，亦貶抑殊甚也。

振孫於卜筮、形法二類之書，則未見許可。有指責其本「錯誤極多」者，《解題》卷十二〈卜筮類〉著錄：

《六壬翠羽歌》一卷，後唐長興中僧令岑撰。錯誤極多，未見他本可校。

又有指斥其「鄙俗依託」者。《解題》卷十二〈形法類〉著錄：

《續葬書》一卷，郭景純。鄙俗依託。

至醫家之書，振孫頗爲重視，故《解題》所著錄竟多至八十七種，惟其中亦有揭其書之短者。《解題》卷十三〈醫書類〉著錄：

《紹興校定本草》二十二卷，醫官王繼先等奉詔撰。紹興二十九年上之，刻板修內司。每藥爲數語，辨說淺俚無高論。

同卷同類著錄：

《傷寒證類要略》二卷、《玉鑑新書》二卷，汴人平堯卿撰。專爲傷寒而作，皆仲景之舊也，亦別未有發明。

是振孫於醫書中之「辨說淺俚無高論」者，及「別未有發明」者，皆予以批評也。

振孫於音樂，則重古樂而輕俗樂。《解題》卷十四〈音樂類〉小序云：

劉歆、班固雖以《禮》、《樂》著之〈六藝略〉，要皆非孔氏之舊也。然《三禮》至今行於世，猶是先秦舊傳；而所謂《樂》六家者，影響不復存矣。竇公之〈大司樂章〉既已見於《周禮》，河間獻王之〈樂記〉亦已錄於《小戴》，則古樂已不復有書。而前〈志〉相承，迺取樂府、教坊、琵琶、羯鼓之類以充〈樂類〉，與聖經並列，不亦悖乎！

陳振孫甚反對《隋書·經籍志》及《舊唐書·經籍志》、《新唐書·藝文志》等將俗

樂如「樂府、教坊、琵琶、羯鼓之類以充〈樂類〉」也。至陳暘撰《樂書》二百卷，采及俗樂，振孫亦嚴加批評，視爲「蕪穢」。《解題》卷十四〈音樂類〉著錄：

> 《樂書》二百卷，秘書省正字三山陳暘晉之撰。……其書雅、俗、胡部音器、歌舞，下及優伶、雜戲，無不備載。博則博矣，未免於蕪穢也。

則振孫輕鄙俗樂之見地可知。

振孫於雜藝，最輕視書法家。《解題》卷十四〈雜藝類〉著錄：

> 《法書撮要》十卷，吳興蔡耑山父撰。以書家事實，分門條類，亦無所發明。淳熙中人，云紹聖御史之孫，吾鄉不聞有此人也，當考。然其名耑而字山父，「耑」者，物之初生，從「中」，不從「山」也。偏旁之未審，何取其爲法書？余於小學家黜書法於雜藝，有以也。

是振孫認爲書法家不懂小學，「偏旁之未審」，則其書法及著述均無可取。

桑世昌撰《蘭亭考》凡十二卷，振孫亦斥爲「玩物喪志」。同卷同類著錄：

> 《蘭亭考》十二卷，……浙東庾司所刻，視初本頗有刪改。……其書始成，本名《博議》，高內翰文虎炳如爲之〈序〉。及其刊也，其子似孫主爲刪改，……多失事實，或戾本意。其最甚者，〈序〉文本條達可觀，亦竄改無完稿，首末闕漏，文理斷續，於其父猶然，深可怪也。此書累十餘卷，不過爲晉人一遺帖，自是作無益，玩物喪志，本無足云。其中所錄諸家跋語，有昭然僞妄而不能辨者，未暇疏舉。

是世昌撰此書，連篇累牘，「不過爲晉人一遺帖」作考證；且所錄跋語，亦有「昭然僞妄而不能辨」者，故振孫嚴斥之。

類書類之書，振孫多未當意。《解題》卷十四〈類書類〉著錄：

> 《蒙求》三卷，唐李翰撰。本無義例，信手肆意雜襲成章，取其韻語易於訓誦而已。遂至舉世誦之，以爲小學發蒙之首，事有甚不可曉者。余家諸子在褓，未嘗令誦此也。

同卷同類著錄：

> 《諸史提要》十五卷，參政吳越錢端禮處和撰。泛然抄錄，無義類。

同卷同類又著錄：

> 《錦繡萬花谷》四十卷、《續》四十卷，〈序〉稱淳熙十五年作，而不著名氏。門類無倫理，〈序〉文亦拙。

是振孫於類書「無義例」、「無倫理」之屬，皆嚴加貶抑也。

綜上所述，則振孫尊崇儒學而貶抑各家，其主張鮮明，殆可知矣。

二、主張治子學須重源流而反對假託妄誕

振孫治經，主張重視經學之授受源流，前撰《陳振孫之經學及其直齋書錄解題經錄考證》一書已言之詳矣，〔註2〕而其治子學亦然。《解題》卷九〈儒家類〉著錄：

> 《孔子家語》十卷，孔子二十二世孫猛所傳，魏散騎常侍王肅爲之注。
> 肅闢鄭學，猛嘗受學於肅。肅從猛得此書，與肅所論多合，從而證之，遂
> 行於世。云博士安國所得壁中書也，亦未必然。其間所載多已見《左氏傳》、
> 《大戴禮》諸書云。

案：此條乃振孫考證今本《孔子家語》之源流，謂其書乃孔猛所傳，而非孔安國所得壁中書，以其間所載多見《左傳》、《大戴禮》。又考王肅注此書，謂得自孔猛，蓋猛從肅受學，故肅得而注之。是振孫於今本《家語》源流及王肅注此書之因緣，殆甚曉悉也。

《解題》卷十三〈醫書類〉著錄：

> 《大觀本草》三十一卷，唐慎微撰。不知何人。仁和縣尉艾晟作〈序〉，
> 名曰《經史證類本草》。案：《本草》之名，始見《漢書·平帝紀》、〈樓護
> 傳〉。舊經止一卷，藥三百六十五種。陶隱居增《名醫別錄》，亦三百六十
> 五種，因注釋爲七卷。唐顯慶又增一百十四種，廣爲二十卷，謂之《唐本
> 草》。開、寶中又益一百三十三種。蜀孟昶又嘗增益，謂之《蜀本草》。及
> 嘉祐中，掌禹錫、林億等重加校正，更爲補注，以朱墨書爲之別，凡新、
> 舊藥一千八十二種，蓋亦備矣。今慎微頗復有所增益，而以墨蓋其名物之
> 上，然亦殊不多也。

案：此條乃振孫考證《本草》源流及歷化增益之情況。蓋其書名始見於《漢書》，書「止一卷，藥三百六十五種」；其後歷朝治《本草》者遞有增益，至仁宗嘉祐時已「新、舊藥一千八十二種」；而徽宗大觀時，唐慎微又「頗復有所增益」。全文考來原原本本，足證振孫治學，甚重其學之源流演變也。

振孫治學既重源流之探討，則凡學無根源及假託妄誕者均反對之。前引《解題》卷九〈道家類〉「《關令尹子》九卷」條、卷十一〈小說家類〉「《神異經》一卷」條、「《十洲記》一卷」條、卷十二〈兵書類〉「《六韜》六卷」條、「《黃石公三略》三卷」條、「《李衛公問對》三卷」條、卷十二〈陰陽家類〉「《廣濟陰陽百忌曆》二卷」條，及同卷〈形法類〉「《續葬書》一卷」條，皆屬振孫反假託之顯例。至振孫反妄誕，《解

〔註2〕請參考台北縣花木蘭文化出版社《古典文獻研究輯刊》二編第四冊（2006年3月）
該書第二章〈陳振孫研治經學之主張〉一「重視經學之授受源流」，頁6-8。

－11－

題》可舉之例，亦指不勝屈。其書卷十二〈農家類〉著錄：

> 《洛陽貴尚錄》一卷，殿中丞新安丘濬道源撰。專爲牡丹作也。其書
> 援引該博，而迂怪不經。

同卷〈雜家類〉著錄：

> 《天保正名論》八卷，龍昌期撰。其學迂僻，專非周公，妄人也。

卷十一〈小說家類〉著錄：

> 《名山記》一卷，亦稱王子年，即前之第十卷。大抵皆詭誕。

案：丘書「迂怪不經」；龍氏「妄人」，「其學迂僻」；王書「大抵皆詭誕」；均屬振孫
反妄誕之列，故《解題》皆一一非之。

三、主張考明眞僞、辨正訛謬

振孫既力反治子學之假託妄誕，故其於子書之眞僞、訛謬，皆欲考明辨正之。《賈
子》一書，眞僞雜揉，必須明辨，故《解題》卷九〈儒家類〉著錄：

> 《賈子》十一卷，漢長沙王太傅洛陽賈誼撰。〈漢志〉五十八篇，今
> 書首載〈過秦論〉，末爲〈弔湘賦〉，餘皆錄《漢書》語，且略節賈誼本傳
> 於第十一卷中。其非《漢書》所有者，輒淺駁不足觀，絕非誼本書也。

此考明《賈子》所載文章之眞中有僞也。而僞者「輒淺駁不足觀」。

《子華子》一書亦至可疑，《解題》卷十〈雜家類〉著錄：

> 《子華子》十卷，稱晉人程本，字子華，與孔子同時。考前世史志及
> 諸家書目並無此書，蓋假託也。《館閣書目》辨之當矣。《家語》有孔子遇
> 程子，傾蓋贈束帛之事。而《莊子》亦載子華子見昭僖侯一則，此其姓字
> 所從出。昭僖與孔子不同時也，《莊子》固寓言，而《家語》亦未可考信，
> 班固〈古今人表〉亦無之。使果有其人，遇合於夫子，班固豈應見遺也？
> 其文不古，然亦有可觀者，當出於近世能言之流，爲此以玩世爾。

於此，振孫徵引諸書以指正《子華子》其書及撰人之非眞，謂其書乃「近世能言之
流」爲之，「以玩世爾」。

振孫既力主治子學須明辨眞僞，故凡著書不能辨眞僞，並以贗作濫竽充數者，
皆深表不滿。《解題》卷十四〈雜藝類〉著錄：

> 《法帖刊誤》二卷，黃伯思長睿撰。《淳化法帖》出於待詔王著去取，
> 時秘府墨跡眞贗雜居，著不能辨也。但欲備晉、宋間名跡，遂至以江南人
> 一手僞帖竄入其間，鄙惡之甚。米南宮辨之，十已得七八；至長睿，遂精
> 詳矣。

此指責王著不辨眞贗，竟以僞帖竄入《淳化法帖》中，故振孫「鄙惡之甚」也。

惟凡治學能實事求是，忠實不欺；而對於前人著作中之錯誤，又能辨正訛謬者，振孫皆推譽之。《解題》卷十二〈曆象類〉著錄：

> 《統天曆》一卷，冬官正楊忠輔撰，丞相京鏜表進。其〈曆議〉甚詳，至於星度，明言不曾測驗，無候簿可以立術，最爲不欺。

同書卷十〈雜家類〉著錄：

> 《蘇氏演義》十卷，唐光啓進士武功蘇鶚德祥撰。此數書者皆考究書傳，訂正名物，辨證訛謬，有益見聞。尤梁谿以家藏本刻之當塗。

案：楊忠輔所撰《曆議》「最爲不欺」，蘇鶚等撰《蘇氏演義》諸書，皆能「考究書傳」，「辨證訛謬」，振孫均予以肯定，並加推譽。

惟振孫於力主考明眞僞，辨正訛謬之同時，亦提倡多聞闕疑。《解題》卷九〈儒家類〉著錄：

> 《先聖大訓》六卷，龍圖閣學士慈谿楊簡敬仲撰。取《禮記》、《家語》、《左傳》、《國語》而下諸書，凡稱孔子之言，皆類爲此編。然聖人之言，旨意未易識也。「喪欲速貧，死欲速朽」，自門弟子已不能知其有爲而言，況於百世所記，其間淺陋依託，可勝道哉！多聞闕疑，庶乎其弗畔也。

蓋治群經諸子之學，其間多有「旨意未易識」者，故於力主考明眞僞，辨正訛謬之同時，亦必輔之以多聞闕疑。治子學能實事求是，以不知爲不知，則「庶乎其弗畔也」。

四、主張子學著述須內容富贍可觀而論議詳盡曲當且有發明

振孫於子學著述，甚重視其內容之富贍可觀。《解題》卷十一〈小說家類〉著錄：

> 《封氏見聞記》二卷，唐吏部郎中封演撰。前記典故，末及雜事，頗有可觀。

又著錄：

> 《老學庵筆記》十卷，陸游務觀撰。生識前輩，年登耄期，所記見聞，殊可觀也。

蓋封、陸二書所記，見聞翔實，內容富贍，故振孫稱其「可觀」。

《解題》卷十四〈類書類〉著錄：

> 《藝文類聚》一百卷，唐弘文館學士長沙歐陽詢信本撰。……其所載詩文賦頌之屬，多今世所無之文集。

《藝文類聚》所載，「多今世所無之文集」，其書爲後人研究工作增加無數文獻資料，

則其價值甚大，故爲振孫所稱道。

振孫既重視子學著述之內容富贍可觀，則舉凡其書疏淺，鄙俚者皆非之。前引《解題》卷十二〈曆象類〉「《金大明曆》一卷」條，振孫已斥其書「疏淺，無足取」。

同書卷十二〈音樂類〉著錄：

《琴經》一卷，託名諸葛亮。淺俚之甚。

又著錄：

《琴曲詞》一卷，不知作者。凡十一曲，辭皆鄙俚。

卷十四〈雜藝類〉著錄：

《射評要略》一卷，稱李廣撰，固依託也。而亦鄙淺亡奇。

上述諸書以其內容「疏淺」、「鄙俚」之甚，故振孫皆斥責之。

振孫於子學之著述，亦重其論議詳盡曲當且有發明。其於孟子書推崇備至無論矣，而於其餘諸家亦然。《解題》卷十三〈醫書類〉著錄：

《李氏集驗背疽方》一卷，泉江李迅嗣立撰，凡五條，其論議詳盡曲當。

又著錄：

《傷寒微旨論》二卷，不著作者。〈序〉言元祐丙寅，必當時名醫也。其書頗有發明。

上述二書，其一則「論議詳盡曲當」，另一則「頗有發明」，故皆獲振孫所推賞。

惟於其書無高論，無發明者，振孫則批評之。《解題》卷九〈儒家類〉著錄：

《周簡惠聖傳錄》一卷，參政荊溪周葵惇義撰。自堯、舜至孔、孟聖傳正統，爲絕句詩二十章，而各著其說，自爲一家，然無高論。

《解題》卷十二〈神仙類〉著錄：

《道樞》二十卷，曾慥端伯撰。慥自號至游子，采諸家金丹、大藥、修鍊、般運之術，爲百二十二篇。初無所發明，獨黜采御之法，以爲殘生害道云。

上述二家之書，其一雖能「自爲一家」，「然無高論」；另一雖「獨黜采御之法」，然「無所發明」；其書瑕瑜互見，皆不免振孫所批評矣。

振孫雖主張著述須論議詳盡曲當而有發明，惟此顯與論議新奇而多穿鑿傅會者歧趨。前引《解題》卷十二〈曆象類〉「《天象義府》九卷」條，宜黃布衣應亘撰此書，振孫雖稱其書「考究甚詳」，然以其「論議新奇，而多穿鑿傅會」，因亦抨擊甚烈，認爲「幾於矯誣」也。

五、主張讀子書須兼事校讎，著子書者須有義例

中國古籍，其間文字脫誤，疊出屢見，而以子書尤然；故振孫讀子書，每細加校勘，《解題》中頗記其事。其書卷十二〈卜筮類〉著錄：

> 《易林》十六卷，漢小黃令梁焦延壽贛撰。又名《大易通變》。……
> 求之累年，寶慶丁亥始得之莆田。皆韻語古雅，頗類《左氏》所載〈繇辭〉。
> 或時援引古事，間嘗筮之，亦驗。頗恨多脫誤。嘉熙庚子從湖守王寺丞侑
> 借本，兩相校，十得八九。其中亦多重複，或諸卦數爻共一繇，莫可考也。

此振孫讀子書重校勘之一例也。

又《解題》同卷同類著錄：

> 《京氏參同契律曆志》一卷，虞翻注。專言占象而不可盡通。字亦多
> 誤，未有別本校。

此則振孫致憾於其書「字亦多誤」，然「未有別本校」也。

《解題》卷九〈道家類〉著錄：

> 《鶡子》一卷，鶡熊爲周文王師，封於楚，爲始祖。〈漢志〉云爾。
> 書凡二十二篇，今書十五篇。陸佃農師所校。

又著錄：

> 《鶡子注》一卷，唐鄭縣尉逄行珪撰。止十四篇，蓋中間以二章合而
> 爲一，故視陸本又少一篇。此書甲乙篇次，皆不可曉，二本前後亦不同，
> 姑兩存之。

上引二條可考見振孫校讀《鶡子》，深知其書〈漢志〉著錄凡二十二篇，今僅十五篇；又以陸佃校本校逄行珪《鶡子注》，知注本「中間以二章合而爲一，故視陸本又少一篇」。而二本篇次，「前後亦不同」。此振孫校讀子書又一例也。是振孫讀子書重視校讎，殆可知矣。

至於振孫於子書之著作，則重視其有義例。前引《解題》卷十四〈類書類〉著錄《蒙求》、《諸史提要》、《錦繡萬花谷》諸書，因無義例，無倫類，故不免振孫之譏彈。惟〈類書類〉另著錄以下諸書，則以有義例，有倫類而爲振孫見許：

> 《文選雙字類要》三卷，蘇易簡撰。摘取雙字，以類編集。
>
> 《選腴》五卷，天台王若撰。以五聲韻編集《文選》中字。淳熙元年序。
>
> 《觀史類編》六卷，呂祖謙撰。初輯此篇爲六門，曰〈擇善〉，曰〈儆
> 戒〉，曰〈閫範〉，曰〈治體〉，曰〈論議〉，曰〈處事〉。而〈閫範〉最先
> 成，既別行，今推五門，而〈論議〉分上、下卷。
>
> 《帝王經世圖譜》十卷，著作佐郎金華唐仲友與正撰。凡天文、地理、

　　禮樂、刑政、陰陽、度數、兵農、王霸，本之經典，兼采傳注，類聚群分，
　　凡百二十二篇。

上述諸書，或「以類編集」，或「類聚群分」，義例清晰，倫類秩然，其見許於振孫，
殆有由也。

　　綜上五類，均屬振孫研治子學之主張，惟僅列舉其犖犖大者，至微末次要之見
地，暫不及云。

第三章　陳振孫之子學

　　今人陳樂素先生撰〈《直齋書錄解題》作者陳振孫〉一文，[註1] 文中「二、述作」項下有謂：

　　　　直齋於學，以經爲主，而並好文史。

旨哉樂素之言。今考振孫之著述，於經則有《書解》、《易解》、《繫辭錄》，於史則有《直齋書錄解題》、《白文公年譜》、《史鈔》、《吳興氏族志》、《吳興人物志》，於文則有《玄眞子漁歌碑傳集錄》、《華勝碑記》、〈玉臺新詠集後序〉、〈崇古文訣序〉、〈寶刻叢編序〉、〈陳忠肅公祠堂記〉、〈皇祐新樂圖記題識〉、〈吳興張氏十詠圖跋及詩〉、〈律呂之說定於太史公考〉、〈貢法助法考〉、〈重建碧瀾堂記〉，[註2] 雖上述著述有所散佚，然樂素謂振孫於學，「以經爲主，而並好文史」，殆得其眞。

　　振孫於子學無專著，故其成就不逮經、史、文學遠甚。惟振孫子學之論文，則尚存有〈關尹子跋〉及〈易林跋〉。《關尹子》一書，《解題》著錄於〈道家類〉，《易林》一書則著錄於〈卜筮類〉。倘能深考振孫此二篇跋文，亦可從中揣摩出直齋治子之心法。故不吝辭費，先迻錄其文，並於適當處略下案語，以作考論。

　　振孫〈關尹子跋〉全文，首見今人張心澂《偽書通考》1957 年 11 月 3 版修訂本〈子部‧道家類〉中。振孫所以撰作此〈跋〉，其主要目的乃在證實宋時流傳《關尹子》一書之非眞。〈跋〉可分四段，首段云：

　　　　周關令尹喜，蓋與老子同時，啓老子著書言道德者。按〈漢志〉有《關
　　尹子》九篇，而〈隋〉、〈唐〉及〈國史志〉皆不著錄，意其書亡久矣。

案：〈關尹子跋〉此段文字，與《解題》卷九〈道家類〉「《關尹子》九卷」條所著錄者，無一字相異。考振孫於此段伊始，所言關尹「啓老子著書言道德」事，殆據司

〔註 1〕見載民國 35 年 11 月 20 日《大公報‧文史周刊》。
〔註 2〕請參考拙著《陳振孫之生平及其著述研究》第六章〈陳振孫之其他著作〉。

－17－

馬遷《史記》。《史記》卷六十三〈老子韓非列傳〉第三載:「老子脩道德,其學以自隱無名爲務。居周久之,見周之衰,迺遂去。至關,關尹令喜曰:『子將隱矣,彊爲我著書。』於是老子迺著書上、下篇,言道德之意,五千餘言而去,莫知其所終。」此即振孫立說之本。至振孫言〈漢志〉著錄此書,而〈隋〉、〈唐志〉及〈國史志〉皆不著錄,亦有所依據。〔註3〕因自隋、唐以來,史志皆不著錄此書,故振孫乃「意其書亡久矣」。由上述考論視之,是振孫之治子書,倘有所立說,必依據於典籍;至其辨子書眞僞之法,則考之於史志著錄而察其流變,多方比勘以明其眞相,然後加以推判以顯其情實,是則振孫之治子書態度謹嚴、矜愼,殆可知矣。

〈關尹子跋〉次段云:

> 徐藏子禮得之於永嘉孫定。首載劉向校定〈序〉,篇末有葛洪〈後序〉。未知孫定從何傳授,殆皆依託也。〈序〉亦不類向文。

案:此段續考徐所得之《關尹子》而評其非眞,證據有二:一是此書來歷不明,蓋「未知孫定從何傳授」;二是其書〈序〉文可疑,因「〈序〉亦不類(劉)向文」。明人宋濂《諸子辨》亦考及此書,《諸子辨》曰:「《關尹子》一卷,周關令尹喜所撰。喜與老聃同時,著書九篇,頗見之〈漢志〉,自後諸史無及之者,意其亡已久矣。今所傳者,以〈一宇〉、〈二柱〉、〈三極〉、〈四符〉、〈五鑑〉、〈六匕〉、〈七釜〉、〈八籌〉、〈九藥〉爲名,蓋徐藏子禮得于永嘉孫定,未知定又果從何而得也。前有劉向〈序〉,稱蓋公授曹參,參薨,書葬;孝武帝時,有方士來上,淮南王安祕而不出;向父德治淮南王事,得之。文既與向不類,事亦無據,疑即定之所爲也。」據《諸子辨》此條所述,可知宋濂所考論,多據振孫〈跋〉而有所發揮,然濂疑此書「即定之所爲」,則未必是。《四庫全書總目》卷一百四十六〈子部〉五十六〈道家類〉「《關尹子》一卷」條即駁斥之,謂:「定爲南宋人,而《墨莊漫錄》載黃庭堅詩『尋詩訪道魚千里』句,已稱用《關尹子》語,則未必出於定,或唐、五代間方士解文章者所爲也。」是宋濂所疑,固未易成立。

〈關尹子跋〉第三段云:

> 今考其書,時取釋氏及神仙方伎家,如「識想起滅」暨「嬰兒慈女」、「金樓絳宮」之類,周時或無是語也。至「豆中攝鬼」,「杯中釣魚」,又似漢、晉間左慈、郭景純事。豈本書存而附益之歟?抑假託者歟?

案:此段振孫列舉此書「時取釋氏及神仙方伎家」之「語」,及有「似漢、晉間左慈、

〔註3〕《漢書》卷三十〈藝文志〉第十〈諸子略・道家〉著錄:「《關尹子》九篇。名喜,爲關吏,老子過關,喜去吏而從之。」惟〈隋志〉、兩〈唐志〉及〈宋國史藝文志〉均不著錄此書。

郭景純」之「事」等實例,以證明其書爲假託,或書存而後人有所附益。而《諸子辨》亦以爲然,宋濂曰:「間讀其書,多法釋氏及神仙方伎家,而藉吾儒言文之。如『變識爲智』、『一息得道』、『嬰兒蕊女』、『金樓絳宮』、『青蛟白虎』、『寶鼎紅爐』、『誦咒土偶』之類,聃之時無是言也。其爲假託,蓋無疑者。或妄謂二家之說時祖于此,過矣。」是《諸子辨》所舉例證,雖有溢出振孫〈跋〉語之外,然其肯定此書爲假託,則與振孫全同。倘謂宋濂作論深受振孫所影響,應可無疑也。

〈關尹子跋〉第四段云:

> 然文詞峻潔,闡揚道意,深得二氏肯綮,非冥契玄解者不能作也。謂
> 爲關令書,則不可必爾。丁丑夏日志。

案:末段結處回應前文,認爲今本《關尹子》確非關令書。然此書雖屬僞書,仍有其學術價值,故振孫給與頗高之評價。《四庫全書總目》「《關尹子》一卷」條所評亦謂:「其書雖出於依託,而核其詞旨,固遠出《天隱》、《無能》諸子上,不可廢也。」則紀昀所論,殆與振孫同調矣。

綜上所述,可知振孫撰作此〈跋〉,其目的固在辨證《關尹子》一書之非眞,由是亦可推知振孫之治子學,絕未忽略辨僞求眞之工序。至振孫辨子書之眞僞,其所采用之方法亦有跡可尋。蓋先考之史志,以探求其書存亡之實況;又考其書傳授之蹤跡,以推判有否依託之可能;再考究其書之文體,及書中用語與記事,以辨析其書之眞僞。倘其書亡佚已久,且未悉傳授蹤跡,而文體又不類作者,且書中之用語及記事顯與撰人時代不符。統上數點以推,則其書之非眞固無所遁形,固可定讞其必僞也。

〈易林跋〉一文,則見載於朱彝尊《經義考》卷六「《易林變占》」條,該條於「陳振孫曰」下載:

> 又名《大易通變》。唐會昌景寅越五雲谿王俞序。凡四千九十六卦,蓋一卦可以變六十四也。舊見沙隨程氏所紀:「紹興初,諸公以《易林》筮時事,奇驗。」求之多年,寶慶丁亥始得其書於莆田,錄而藏之。皆韻語古雅,頗類《左氏》所載〈繇辭〉。間嘗筮之,亦驗。獨恨多脫誤,無他本是正。嘉熙庚子自吳門歸雪川,偶爲鄉守王寺丞侑道之,因以家藏本見假,雖復多脫誤,而用兩本參互相校,十頗得八九,於是兩家所藏皆成全書。其間亦多重複,或數爻共一繇,莫可稽究。校畢,歸其書王氏,而誌其校正本末於此。淳祐辛丑五月。

案:此〈跋〉蓋寫就於宋理宗淳祐元年辛丑(1241)五月,其時振孫剛解浙西提舉任,返歸故里未久,此據〈跋〉中「嘉熙庚子自吳門歸雪川」一語可推知。嘉熙庚

子，即嘉熙四年（1240）；吳門，即平江府，乃浙西提舉治所地；雪川，即吳興，振孫故里也。振孫治此書，頗重視其效用，故或以此書箴時事；亦注意其書所用之文體，謂其書「皆韻語古雅，頗類《左氏》所載〈繇辭〉」；最後則以書中多脫誤，乃借王侑家藏本參校，結果「十頗得八九，於是兩家所藏皆成全書」。是則振孫治子學，既重視其書之效用，又注意其書之文體。至書中有所脫誤，則再三校讎之，必得其善而後已。

綜上所考，則振孫治子學之心法，除探究其書之義理、效用、文體外，尤參用辨偽、校讎之法，以考訂其書真偽及訛脫也。

以下試分七項以探討振孫之子學：

一、儒 家

振孫治儒家之學，頗重視其學之授受源流。《解題》卷九〈儒家類〉著錄：

> 《孔子家語》十卷，孔子二十二世孫孔猛所傳。魏散騎常侍王肅為之注。肅闢鄭學，猛嘗受學於肅。肅從猛得此書，與肅所論多合，從而證之，遂行於世。

是《家語》一書，傳自孔猛，猛從肅受學，故肅得其書而為之注，以作闢鄭之資。此漢、魏間《家語》一書之授受源流也。

《解題》同卷〈儒家類〉又著錄：

> 《皇極經世書》十二卷，邵雍堯夫撰。其學出於李之才挺之，之才受之穆脩伯長，脩受之种放明逸，放受之陳摶。蓋數學也……其子伯溫為之《敘系》，具載〈先天〉、〈後天〉、〈變卦〉、〈反對〉諸圖，又為〈易學辨惑〉一篇，敘傳授本末真偽。

是邵雍一派，乃《易》學之數學派。其學創始於陳摶，歷种放、穆脩、李之才，而傳至邵雍，雍又傳其子伯溫。此北宋康節一派學術授受源流也。

振孫對於儒家類之書，就其《解題》著錄者觀之，則頗推許劉向《新序》及呂祖謙《少儀外傳》二書。《解題》卷九〈儒家類〉著錄：

> 《新序》十卷，漢護都水使者光祿大夫劉向子政撰。舜、禹以來迄于周，嘉言善行，往往在焉。其書最為近古。

又著錄：

> 《少儀外傳》二卷，呂祖謙撰。雜取經傳嘉言善行，切於立身應世者，皆博學切問之事也，而大要以謹厚為本。

蓋上述二書，皆記錄先聖之嘉言懿行，甚有裨益於立身應世。又以前書「最為近古」，

而後書「以謹厚爲本」，故振孫皆推譽之。

惟楊簡慈湖之學，則深受振孫所抨擊。《解題》同卷同類著錄：

> 《先聖大訓》六卷，龍圖閣學士慈谿楊簡敬仲撰。取《禮記》、《家語》、《左傳》、《國語》而下諸書，凡稱孔子之言，皆類爲此編。然聖人之言，旨意未易識也。「喪欲速貧，死欲速朽」，自門弟子已不能知其有爲而言，況於百氏所記。其間淺陋依託，可勝道哉！多聞闕疑，庶乎其弗畔也。

此乃抨擊《先聖大訓》一書，因其將「百氏所記」、「淺陋依託」之說，視作「聖人之言」，殊失「多聞闕疑」之旨也。

《解題》同卷同類著錄：

> 《慈湖遺書》三卷，楊簡撰。前二卷雜說，末一卷遺文。慈湖之學，專主乎心之精神，是謂聖一。語其誨人，惟欲發明本心而有所覺。然其稱學者之覺，亦頗輕於印可。蓋其用功偏於上達，受人之欺而不疑。竊嘗謂誠明一理，焉有誠而不明者乎？當淳熙中，象山陸九淵之學盛行於江西，朱侍講不然之。朱公於前輩不肯張無垢，於同流不肯陸象山，爲其本原未純故也。象山之後，一傳而慈湖，遂如此。甚矣，道之不明，賢知者過之也！

此又痛斥慈湖「專主乎心之精神」之學，且上及其師陸象山，以爲象山之學「其本原未純」，而慈湖誨人，「惟欲發明本心而有所覺」，「其用功偏於上達，受人之欺而不疑」，乃「賢知者過之」也。

至《孔叢子》一書之撰人，振孫則有所考證。《解題》卷九〈儒家類〉著錄：

> 《孔叢子》七卷，孔氏子孫雜記其先世系言行之書也。《小爾雅》一篇，亦出於此。《中興書目》稱漢孔鮒撰，一名《盤盂》。案〈孔光傳〉，夫子八世孫鮒，魏相順之子，爲陳涉博士，死陳下，則固不得爲漢人。而其書紀鮒之沒，第七卷號〈連叢子〉者，又記太常臧而下數世，迄於延光三年季彥之卒，則又安得以爲鮒撰。案〈儒林傳〉所載爲博士者，又曰孔甲，顏注曰：「將名鮒，而字甲也。」今考此書稱子魚名鮒，陳人，或謂之子鮒，或稱孔甲，然則顏監未嘗見此書耶？〈藝文志〉有孔甲〈盤盂〉二十六篇，本注謂黃帝史，或曰夏帝孔甲，似皆非也。其書蓋田蚡所學者，與孔鮒初不相涉也。《中興書目》乃曰「一名〈盤盂〉」，不知何據？豈以〈漢志〉所謂孔甲，即陳王博士之孔甲邪？

案：此書《中興館閣書目》稱「漢孔鮒撰」，惟鮒爲「陳涉博士，死陳下」，絕非漢人；又此書記孔臧而下數世，迄於漢光武帝「延光三年」（124）孔季彥之卒，則此

書絕非鮒撰，固甚明矣。故振孫以爲此書，「蓋田蚡所學者，與孔鮒初不相涉」，則《中興書目》之說，已被振孫所推翻而未能成立。

二、道 家

振孫於道家莊子，備極推崇。《解題》卷四〈正史類〉著錄：

> 《史記》一百三十卷，漢太史令夏陽司馬遷子長撰。……竊謂著書立言，述舊易，作古難。〈六藝〉之後有四人焉：摭實而有文采者，左氏也；憑虛而有理致者，莊子也；屈原變〈國風〉、〈雅〉、〈頌〉而爲〈離騷〉；及子長易編年而爲紀傳，皆前未有其比，後可以爲法，非豪傑特起之士，其孰能之？

是振孫推舉莊書爲「憑虛而有理致」，又稱莊子爲「豪傑特起之士」也。

有關莊子之時代及郭象之注《莊》，振孫亦有說。《解題》卷九〈道家類〉著錄：

> 《莊子》十卷，蒙漆園吏宋人莊周撰。案《史記》與齊宣、梁惠同時，則亦當與孟子相先後矣。

又著錄：

> 《莊子注》十卷，晉太傅主簿河南郭象子玄撰。案本傳，向秀解義未竟而卒，頗有別本遷流，象竊以爲己注，乃自注〈秋水〉、〈至樂〉二篇，又易〈馬蹄〉一篇，其餘點定文句而已。其後秀義別出，故今有向、郭二《莊》，其義一也。

是振孫以爲莊子之時代，「當與孟子相先後」；又謂郭竊向秀解義以爲己注，而「自注〈秋水〉、〈至樂〉」，「又易〈馬蹄〉一篇」；則今見之郭注《莊子》，固非全竊向秀者也。

振孫於老子書，其推譽之情，亦不在莊書之下。《解題》同卷同類著錄：

> 《老子解》二卷，葉夢得撰。其說曰：「孔子稱竊比於我老、彭，孟子闢揚、墨，而不及老氏。老氏之書，孔、孟所不廢也。」

又著錄：

> 《老子新解》二卷，蘇轍撰。東坡〈跋〉曰：「使戰國有此書，則無商鞅、韓非；使漢初有此書，則孔、老爲一；使晉、宋間有此書，則佛、老不爲二。」

上所引雖屬東坡、夢得譽《老》之言，亦必爲振孫所首肯也。

至兼注《易》、《老》之王弼，其注《老子》一書，振孫亦有所評論，《解題》同卷同類著錄：

　　　　《老子注》二卷，魏王弼撰。魏、晉之世，玄學盛行，弼之談玄，冠
　　　　於流輩，故其注《易》，亦多玄義。晁說之以道曰：「弼本深於《老子》，
　　　　而《易》則未也。其於《易》，多假諸《老子》之旨；而《老子》無資於
　　　　《易》。其有餘不足之迹可見矣。」

是王弼假《老》而注《易》，其注《老》則無資於《易》；是其《老》學之成就，則
在《易》學上也。

　　　　《亢倉子》、《文子》、《鶡冠子》等書之眞偽，振孫皆嘗考之。《解題》同卷同類
著錄：

　　　　　　《亢倉子》三卷，何粲注。首篇所載，與《莊子‧庚桑楚》同。「亢
　　　　倉」者，「庚桑」聲之變也，其餘篇亦皆依此。唐柳子厚辨其非劉向、班
　　　　固所錄，是矣。今〈唐志〉有王士元《亢倉子》二卷，注云：「天寶元年，
　　　　詔號《莊子》爲《南華眞經》，《列子》、《沖虛》，《文子》、《通玄》，《亢倉
　　　　子》、《洞靈眞經》。然《亢倉子》，求之不獲。襄陽處士王士元謂：『《莊子》
　　　　作〈庚桑子〉，太史公《列子》作〈亢倉子〉，其實一也。』乃取諸子文義
　　　　類者補其亡。然則今之《亢倉》，士元爲之也。宗元，唐人，豈偶不之知
　　　　耶？

　　又著錄：

　　　　　　《文子》十二卷，題默希子注。案〈漢志〉有《文子》九篇，老子弟
　　　　子，與孔子同時，而稱周平王問，似依託者也。又案《史記‧貨殖傳》徐
　　　　廣注：「計然，范蠡師，名鈃。」裴駰曰：「計然，葵邱濮上人，姓辛氏，
　　　　字文子。」默希子引以爲據。然自班固時已疑其依託，況又未必當時本書
　　　　乎？至以文子爲計然之字，尤不可攷信。柳子厚亦辨其爲駁書，而亦頗有
　　　　取焉。默希子，不著名氏，晁公武曰：「唐徐靈府自號也。」

　　又著錄：

　　　　　　《鶡冠子》三卷，陸佃解。案〈漢志〉：鶡冠子，楚人，居深山，以
　　　　鶡爲冠。今書十九篇，韓史部稱十有六篇，故陸謂非其全也。韓公頗道其
　　　　書。至柳柳州則曰盡鄙淺言也，好事者僞爲其書，反用〈鵬賦〉以文飾之。
　　　　其好惡不同如此。自今攷之，柳說爲長。

是直齋以爲《亢倉子》，其書依託，襄陽處士王士元「取諸子文義類者補其亡」而爲
之；《文子》書，亦似依託，而默希子「以文子爲計然之字，尤不可攷信」；至《鶡
冠子》，韓愈「頗道其書」，柳宗元則以爲「好事者僞爲其書，反用〈鵬賦〉以文飾
之」，「自今考之，柳說爲長」。

三、法　家

　　振孫於《解題》中，所著錄法家類書僅爲《管子》、《商子》、《愼子》、《韓子》四家。其所考證，以《管子》、《愼子》二家爲最詳。

　　振孫治《管子》，殊不以《漢書·藝文志》列於道家爲然。《解題》卷十〈法家類〉著錄：

> 《管子》二十四卷，齊相管夷吾撰。唐房玄齡注。案〈漢志〉，《管子》八十六篇，列於道家。〈隋〉、〈唐志〉著之法家之首。今篇數與〈漢志〉合，而卷視〈隋〉、〈唐〉爲多。管子似非法家，而世皆稱管、商，豈以其操術用心之同故耶？然以爲道則不類，今從〈隋〉、〈唐志〉。

是管子雖「似非法家」，「以爲道則不類」，若不得已，振孫寧「從〈隋〉、〈唐志〉」而著之法家。

　　至愼到，振孫辨其非瀏陽人。《解題》同卷同類著錄：

> 《愼子》一卷，趙人愼到撰。……案莊周、荀卿書皆稱田駢、愼到。到，趙人；駢，齊人，見《史記·列傳》。今《中興館閣書目》乃曰瀏陽人。瀏陽在今潭州，吳時始置縣，與趙南北了不相涉，蓋據書坊所稱，不知何謂也。

是愼到，趙人。瀏陽與趙，「南北了不相涉」，《中興館閣書目》謂到瀏陽人，蓋受書坊所紿也。

四、名　家

　　《解題》著錄名家類書籍，計有《公孫龍子》、《鄧析子》、《尹文子》、《人物志》、《廣人物志》五種。振孫評《公孫龍子》，以爲「其說淺陋迂僻」，「首敘孔穿事，文意重複」，《解題》卷十〈名家類〉著述：

> 《公孫龍子》三卷，趙人公孫龍爲白馬非馬，堅白之辨者也。其爲說淺陋迂僻，不知何以惑當時之聽。〈漢志〉十四篇，今書六篇。首敘孔穿事，文意重複。

是振孫於公孫龍書，對其學說及文筆，均深表不滿矣。

　　於《尹文子》，振孫則考及尹文其人當「先公孫龍」，而斥仲長氏之誤。《解題》同卷同類著錄：

> 《尹文子》三卷，齊人尹文撰。〈漢志〉：「齊宣王時人，先公孫龍。」今本稱仲長氏撰定，魏黃初末得於繆熙伯；又言與宋鈃、田駢同學於公孫

龍，則不然也。龍書稱尹文，乃借文對齊宣王語，以難孔穿，其人當在龍
先。班〈志〉言之是矣。

是振孫據《公孫龍子·跡府》篇稱引尹文對齊宣王事，以證尹文乃齊宣王時人，故
「其人當在龍先」，是仲長氏誤也。

五、墨家、縱橫家

振孫於《墨子》，則斥為「邪說詖行」，至韓愈謂「孔、墨相為用」，振孫大不以
為然，而獨表彰孟子能衛道以闢揚、墨。《解題》卷十〈墨家類〉僅著錄《墨子》一
書，曰：

> 《墨子》三卷，宋大夫墨翟撰。孟子所謂邪說詖行，與揚朱同科者也。
> 韓史部推尊孟氏，而〈讀墨〉一章，乃謂孔、墨相為用，何哉？……方揚、
> 墨之盛，獨一孟子訟言非之，諄諄焉惟恐不勝。今揚朱書不傳，《列子》
> 僅存，其餘墨氏書傳於世者亦止於此。《孟子》越百世益光明，遂能上配
> 孔氏，與《論語》並行。異端之學，安能抗吾道哉！

是振孫固視《墨子》為「異端之學」也。

《解題》卷十〈縱橫家類〉，亦僅著錄《鬼谷子》一書，曰：

> 《鬼谷子》三卷，戰國時，蘇秦、張儀所師事者，號鬼谷先生，其地
> 在潁川陽城，名氏不傳於世。此書〈漢志〉亦無有，〈隋〉、〈唐志〉始見
> 之。〈唐志〉則直以為蘇秦撰，不可考也。〈隋志〉有皇甫謐、樂壹二家注，
> 今本稱陶弘景注。

是振孫謂鬼谷先生名氏不傳，而以為其書真偽不可考。

六、農　家

《解題》卷十〈農家類〉前有小序，曰：

> 農家者流，本於農稷之官，勤耕桑以足衣食。神農之言，許行學之。
> 漢世《野老》之書，不傳於後。而〈唐志〉著錄，雜以歲時、月令及相牛
> 馬諸書，是猶薄有關於農者。至於錢譜、相貝、鷹、鶴之屬，於農何與焉？
> 今既各從其類，而花果栽植之事，猶以農圃一體，附見於此，其實則浮末
> 之病本者也。

是振孫頗重農家，以為其學「勤耕桑以足衣食」。惟於〈唐志〉將「錢譜、相貝、鷹、
鶴」之書著錄於〈農家類〉，則甚表不滿，認為此類書「於農何與焉」？而於著錄花

木栽植類書籍，亦斥爲「浮末之病本者」。

《解題》著錄農家類書籍凡三十七種，而其最推崇者，厥爲《齊民要術》一書。《解題》著錄云：

> 《齊民要術》十卷，後魏高陽太守賈思勰撰。起自耕農，終於醯醢資生之業，靡不畢書，凡九十三篇。其曰：「治生之道，不仕則農。」蓋名言也。

是振孫重農並推譽賈書之證。

振孫於蠶事亦甚爲重視，《解題》既著錄孫光憲《蠶書》二卷，又著錄《秦少游蠶書》，云：

> 《秦少游蠶書》一卷，見少游《淮海集》第六卷。〈序〉略曰：「予閒居，婦善蠶，從婦論蠶，作《蠶書》。考之〈禹貢〉，揚、梁、幽、雍不貢繭物，兗篚織文，徐篚玄纖縞，荊篚玄纁璣組，豫篚纖纊；青篚檿絲，皆繭物也。而桑土既蠶，獨言於兗，然則九州蠶事，兗爲最乎？予游濟、河之間，見蠶者豫事時作，一婦不蠶，比屋詈之。故知兗人可爲蠶師。今予所書，有與吳中蠶家不同者，皆得之兗人也。」

是秦少游《蠶書》所記者乃兗人養蠶術，其中「有與吳中蠶家不同者」。然「九州蠶事，兗爲最」，故少游此書實具參考價值。

《解題》卷十〈農家類〉中亦著錄花果栽植之書，然振孫多不中意，且有所批評，所著錄如：

> 《冀王宮花品》一卷，題景祐元年滄州觀察使記。以五十種分爲三等九品，而「潛溪緋」、「平頭紫」居正一品，「姚黃」反居其次，不可曉也。

此則批評其品第間之失也。

又著錄：

> 《洛陽貴尚錄》一卷，殿中丞新安丘濬道源撰。專爲牡丹作也。其書援引該博，而迂怪不經。

此批評其書雖「援引該博」，惟「迂怪不經」。

又著錄：

> 《越中牡丹花品》二卷，僧仲休撰。其〈序〉言：「越之所好尚惟牡丹，其絕麗者三十二種。始乎郡齋，豪家名族。梵宇道宮，池臺水榭，植之無間。來賞花者，不問親疏，謂之看花局。澤國此月多有輕雲微雨，謂之養花天。里語曰：『彈琴種花，陪酒陪歌。』」末稱：「丙戌歲八月十五日移花日序。」丙戌者，當是雍熙三年也。越在國初繁富如此，殆不減洛

中。今民貧至骨，種花之風遂絕。何今昔之異耶？其故有二：一者鏡湖爲
田，歲多不登；二者和買土著，數倍常賦。勢不得不貧也。

案：越在北宋雍熙間，植花賞花，至爲繁富，其盛處「殆不減洛中」；惟迄南宋，則
「民貧至骨，種花之風遂絕」。何今昔之異耶？蓋花果栽植，「浮末之病本者也」！
振孫深惡痛絕之情可見。

七、雜　家

　　振孫於雜家類之書，最推崇者乃司馬光所撰《徽言》三卷，余於第二章〈陳振
孫研治子學之主張〉中已略及之。《解題》卷十〈雜家類〉著錄：

　　　　《徽言》三卷，司馬光手鈔諸子書，題其末曰：「余此書類舉人所鈔
　　　書，然舉人所鈔獵其辭，余所鈔覈其意；舉人志科名，余志道德。」其書
　　　「迂叟年六十八」，蓋公在相位時也。方機務填委，且將屬疾，而好學不
　　　厭，克勤小物如此。所鈔自《國語》而下六書，其目三百一十有二，小楷
　　　端重，無一筆不謹，百世之下，使人肅然起敬。

是振孫重溫公之書，尤重溫公其人也。

　　至李涪《刊誤》、李匡文《資暇集》、丘光庭《兼明書》、蘇鶚《蘇氏演義》諸書，
以其能「考究書傳，訂正名物，辨證訛謬，有益見聞」，振孫亦給予好評，《解題》
同卷同類著錄：

　　　　《刊誤》二卷，唐國子祭酒李涪撰。《資暇集》二卷，唐李匡文濟翁
　　　撰。《兼明書》二卷，唐國子太學博士丘光庭撰。《蘇氏演義》十卷，唐光
　　　啓進士正功蘇鶚德祥撰。此數書者皆考究書傳，訂正名物，辨證訛謬，有
　　　益見聞。尤梁谿以家藏本刻之當塗。

惟於黃朝英《緗素雜記》十卷，其書雖亦「辨正名物」，然其學「迂僻」，振孫則嚴
斥之。《解題》同類同卷著錄：

　　　　《緗素雜記》十卷，建安黃朝英士俊撰。有陳與者爲之〈序〉，言甲
　　　辰六試禮部不利。蓋政、宣中士子也。其書亦辨正名物，而學頗迂僻。言
　　　《詩》「芍藥」、「握椒」之義，鄙褻不典。王氏之學，前輩以資戲笑，而
　　　朝英以爲得詩人深意，其識可見矣。

蓋朝英治王安石字學，振孫素惡荊公，故謂其「學頗迂僻」，又斥其「言《詩》『芍
藥』、『握椒』之義，鄙褻不典」也。

　　葉適《習學記言》「義理未得爲純明正大」，至其篤信並推崇《子華子》，而不悟
其爲僞，振孫則力辨其失。《解題》同類同卷著錄：

　　　　《習學記言》五十卷，寶文閣學士龍泉葉適正則撰。自《六經》、諸
史、子以及《文鑑》皆有論說，大抵務爲新奇，無所蹈襲。其文刻削精工，
而義理未爲純明正大也。自孔子之外，古今百家隨其淺深，咸有遺論，無
得免者。而獨於近世所傳《子華子》篤信推崇之，以爲眞與孔子同時，可
與《六經》並考，而不悟其爲僞也。且既曰：「其書甚古，而文與今人相
近。」則亦知之矣。遠自《七略》，下及〈隋〉、〈唐〉、〈國史〉諸志、李
邯鄲諸家書目皆未之有，豈不足以驗其非古，出於近世好事能文者之所
爲，而反謂：「孟、荀以來無道之者，蓋望而棄之也。」不亦惑乎！

案：《子華子》一書之非眞，振孫於《解題》卷十〈雜家類〉「《子華子》十卷」條辨
之明矣，余於第二章〈陳振孫研治子學之主張〉已引及之，茲不贅。葉適不悟其書
爲僞，反謂其人「與孔子同時」，其書「可與《六經》並考」，故振孫歷舉諸證而辨
其失當也。

　　程敦厚爲人凶險，所撰《義林》一卷，《解題》卷十〈雜家類〉猶著錄之，曰：

　　　　《義林一卷》，眉山程敦厚子山撰。其上世東坡外家也。子山爲人凶
險，與眉守邵溥有隙，以匹絹爲匿名書，誣以罪狀，抵帥蕭振。振逮溥繫
獄鞠之。或教溥一切誣服，得不以鍛鍊死獄。上朝議，以匿名不當受，而
制司非得旨不應擅逮繫郡守，遂兩罷之。溥雖得弗問，而終無以自明，憤
訴于天。子山之居極爲壯麗，一夕爐於火。後夗秦檜至右史，後復得罪，
謫知安遠縣以沒。

敦厚以匿名書誣人罪狀，又附秦檜至右史，是其人固不足道。振孫均詳記其事，以
資知人論世；然猶著錄其書，蓋不欲以人廢言耶？

八、小說家

　　振孫於小說家之書，多輕鄙不屑之甚。《解題》卷十一〈小說家類〉著錄《神異
記》、《十洲記》，即評「二書詭誕不經，皆假託也」；又著錄《洞冥記》，亦謂「凡若
是者，藏書之家備名數而已，無之不足爲損，有之不足爲益」；至著錄洪邁《夷堅志》
四百二十卷，更抨擊曰：「遊戲筆端，資助談柄，猶賢乎已可也，未有卷帙如此其多
者，不亦謬用其心也哉！」此事余於第二章〈陳振孫研治子學之主張〉已詳及之。

　　惟振孫於小說類之書，則頗推崇《封氏見聞記》及《老學庵筆記》，《解題》同
類同卷著錄：

　　　　《封氏見聞記》二卷，唐吏部郎中封演撰。前記典故，末及雜事，頗
有可觀。

《老學庵筆記》十卷，陸游務觀撰。生識前輩，年登耄期，所記所聞，

殊可觀也。

殆二書記聞可觀，故見重於振孫也。

至歐陽修撰《歸田錄》之方法，亦爲振孫重視。《解題》同類同卷著錄：

《歸田錄》二卷，歐陽修撰。……公自爲〈序〉，略曰：「《歸田錄》

者，朝廷之遺事，史官之所不記，與士大夫談笑之餘而可錄者，錄之以備

閒居之覽也。」又曰：「唐李肇〈國史補序〉云：『言報應、敍鬼神、述夢

卜、近怪異，悉去之；記事實、探物理、辨疑惑、示勸戒、采風俗、助談

笑，則書之。』余之所錄，大抵以肇爲法，而小異於肇者，不書人之過惡，

以爲職非史官，而掩惡揚善，君子之志也，覽者詳之。」

是歐公撰《歸田錄》之法，一依李肇「言報應、敍鬼神、述夢卜、近怪異，悉去之；

記事實、探物理、辨疑惑、示勸戒、采風俗、助談笑，則書之」，而其異於肇者，即

爲「不書人之過惡」，及「掩惡揚善」。振孫於此條中，詳引歐〈序〉以言之，固可

推知歐公此撰書方法，必爲振孫所珍視也。

振孫於小說，凡其書不著名氏者，則多設法以考其撰人。如《延漏錄》一書，

振孫用內證法加以考覈，乃疑其書爲章望之作，或章氏後人「當時場屋有聲者」所

作。《解題》同類同卷著錄：

《延漏錄》一卷，不著名氏。其間稱伯公邱公，知其爲章得象之姪也。

後題此書，疑章望之，然未敢必。望之者，字表民，用邱公廕入官，歐陽

公爲作《字說》者也。以宰相嫌，遂不仕。《錄》中又記皇祐中與滕元發

同試，滕首冠而己被黜。藉令非望之，亦當時場屋有聲者。章氏雋才固多

也。

《槁簡贅筆》二卷，初亦不知何人作，經振孫多方考證，則知爲章淵所撰。《解

題》同類同卷著錄：

《槁簡贅筆》二卷，承議郎章淵伯深撰。始得此書於程文簡氏，不知

何人作，文簡題其後，以其中稱「先丞相申公」，知其爲章子厚子孫也。

余又以其書考之，言「先祖光祿，元祐三年省試，東坡知舉，擢爲第一」，

則又知其爲援之孫也。後以問諸章，始得其名字。其人博學有文，以場屋

待士薄，如防寇盜，用蔭入仕，遂不就舉。居長興，故〈序〉稱若溪草堂。

淵自號懲室子。〈序〉言錄爲五卷，今此惟分上、下卷。

至《碧雲騢》一書，或題梅堯臣撰，振孫不以爲然，亦細考其作者。《解題》同

類同卷著錄：

《碧雲騢》一卷，題梅堯臣撰。以廄馬爲書名，其說曰：「世以旋毛爲醜，此以旋毛爲貴，雖貴矣，病可去乎？」其不遜如此，聖俞必不爾也。所記載十餘條，公卿多所毀訝，雖范文正亦所不免。或云實魏泰所作，託之聖俞。王性之辨之甚詳，而《邵氏聞見後錄》乃不然之。

是此書或云魏泰所作，而託之梅聖俞，振孫所見與王性之同。

晁公武《郡齋讀書記》著錄《胠說》一書，誤題張唐英君房撰，振孫則力辨其非。《解題》同類同卷著錄：

《乘異記》三卷，南陽張君房撰。咸平癸卯序，取「晉之《乘》」之義也。君房又有《胠說》，家偶無之。晁公武《讀書志》以《胠說》爲張唐英君房撰。又言君房著《名臣傳》、《蜀檮杌》、《雲笈七籤》行於世。按君房，祥符、天禧以前人，楊大年〈改閣忙令〉所謂「紫微失卻張君房」者，即其人也。常爲御史屬，坐鞫獄貶秩，因編修《七籤》，得著作佐郎。〈七籤序〉自言君房蓋其名，非字也。唐英字次功，熙、豐年間人，丞相張商英天覺之兄，作《名臣傳》、《蜀檮杌》者，與君房了不相涉，不知晁何以合爲一人也。其誤明矣。

是張唐英字次功，不字君房，神宗熙、豐間人；張君房，真宗祥符、天禧間人；且「〈七籤序〉自言君房蓋其名，非字也」。則張唐英、張君房二人，了不相涉，晁〈志〉「合爲一人」，其誤甚明矣。

《解題》同類同卷著錄：

《傳奇》六卷，唐裴鉶撰。高駢從事也。尹師魯初見范文正〈岳陽樓記〉，曰：「傳奇體爾。」然文體隨時，要之理勝爲貴，文正豈可與傳奇同語哉！蓋一時戲笑之談耳。〈唐志〉三卷，今六卷，皆後人以其卷帙多而分之也。

案：「文體隨時，要之理勝爲貴」，此或振孫研治小說而提出相關之文學理論耶？

九、神仙家

振孫於神仙家多致不滿，余於第二章中已言及其痛斥杜光庭非有道之士，又指責白玉蟾「得罪亡命，蓋姦妄流」。是故其於神仙類書，少所許可。即一向被認爲劉向撰之《列仙傳》二卷，亦疑爲贗作，謂「似非向書，西漢人文章不爾也」。而魏伯陽所撰《周易參同契》三卷，亦僅言「其書因《易》以言養生，後世言修鍊者祖之」而已。

惟以下四書，則稍獲振孫好評，《解題》卷十二〈神仙類〉著錄：

《參同契考異》一卷，朱熹撰。以其詞韻皆古奧難通，讀者淺聞，妄
輒更改，比他書尤多舛誤，合諸本更相讎正，其諸同異，皆並存之。

此稱朱子所作《考異》具讎正舛誤，同異並存之功。

《雲笈七籤》一百二十四卷，集賢校理張君房撰。凡經法、符籙、修
養、服食以及傳記，無不畢錄。祥符中，君房貶官，會推崇聖祖，朝廷以
祕閣道書付杭州，俾戚綸等校正。王欽若薦君房專其事，銓次爲此書。

此則稱《雲笈七籤》內容豐贍，於「凡經法、符籙、修養、服食傳記，無不畢錄」
也。

《悟眞篇集注》五卷，天台張伯端平叔撰。一名用成。熙寧中遇異
人於成都，所著五七言詩及《西江月》百篇，末卷爲禪宗歌頌，以謂學
道之人不通性理，獨修金丹，則性命之道未全。有葉士表、袁公輔者，
各爲之注。

此頗推許伯端書末卷禪宗歌頌之部，以其主張學道之人須通理性，如「獨修金丹，
則性命之道未全」。

《道樞》二十卷，曾慥端伯撰。慥自號至游子，采諸家金丹、大藥、
修鍊、般運之術，爲百二十二篇。初無所發明，獨點采御之法，以爲殘生
害道云。

此雖評《道樞》二十卷，「初無所發明」，惟仍稱其書「獨黜采御之法，以爲殘生害
道」爲可貴也。

十、釋　氏

振孫於釋氏之書，評價不高，於其教義，亦未見推許。余於第二章中已論及之。
惟振孫於一己所藏之釋氏類書，於著錄之時，則頗重視其書之版本。《解題》卷十二
〈釋氏類〉著錄：

《石本金剛經》一卷，南唐保大五年壽春所刻。乾道中劉岑季高再刻
於建昌軍。不分三十二分，相傳以爲最善。

《遺教經》一卷，佛涅槃時所說。唐碑本。以下三種同。

《阿彌陀經》一卷，唐陳仁稜所書。刻於襄陽。

《金剛經》一卷，唐武敏之所書。在長安。

《金剛經》一卷，唐鄔彤所書。在吳興墨妙亭。

以上所著錄之佛經有唐碑本、南唐保大五年刻本、乾道中刻本，均應爲善本。而陳
仁稜、武敏之、鄔彤諸人，亦必一代之書法家也。

　　佛經來華，每須梵華對翻，其書有一譯以至多譯者，振孫頗能留意及之。《解題》同類同卷著錄：

　　　　《六譯金剛經》一卷，此《經》前後六譯，各有異同，有弘農楊顗者集爲此本。太和中，中貴人楊永和集右軍書，刻之興唐寺。

是此書集前後六譯而成，振孫著錄甚翔實也。

　　至譯經有潤文者，振孫亦記其事。《解題》同類同卷著錄：

　　　　《萬行首楞嚴經》十卷，唐天竺般剌密諦、烏長國彌迦釋迦譯語，宰相房融筆受。所謂譯經潤文者也。

是此《經》本般剌密諦、彌迦釋迦二人所譯，而房融筆受並潤色其文字也。

　　佛經中亦有集注之本，其中張戒集注《楞伽經》，振孫則予好評。《解題》同類同卷著錄：

　　　　《楞伽經》四卷，有宋、魏、唐三譯。宋譯四卷，唐譯七卷，正平張戒集注。蓋以三譯參校研究，得舊注本，莫知誰氏，頗有倫理，亦多可取，句讀遂明白。其八卷者，分上、下也。

是此集注之書，有倫理，多可取，句讀明白，故振孫揭其勝處以詒讀者。

十一、兵　家

　　振孫治兵家之書，於《六韜》謂「其辭鄙俚」，於《黃石公三略》謂其「傅會依託」，於《李衛公問對》更斥其「假託」，「文辭淺鄙尤甚」，則其於兵家類書多不中意。《解題》卷十二〈兵家類〉「《李衛公問對》三卷」條中且評及《武經》七書，其著錄曰：

　　　　《李衛公問對》三卷，唐李靖對太宗，亦假託也。文辭淺鄙尤甚。今武舉以七書試士，謂之《武經》。其間《孫》、《吳》、《司馬法》或是古書，《三略》、《尉繚子》亦有可疑，《六韜》、《問對》僞妄明白，而立之學官，置師弟子伏而讀之，未有言其非者，何也？何薳《春渚紀聞》言：其父去非爲武學博士，受詔校七書，以《六韜》、《問對》爲疑，白司業朱服。服言：「此書行之已久，未易遽廢。」遂止。後爲徐州教授，與陳師道爲代，師道言：「聞之東坡，世所傳王通《元經》、關子明《易傳》及李靖《問對》皆阮逸僞撰，逸嘗以草示奉常公云。」奉常公者，老蘇也。

是七書中，僅《孫》、《吳》、《司馬法》或是古書可據，《黃石公三略》、《尉繚子》均「可疑」，而《六韜》、《問對》更「僞妄明白」。故振孫頗致怨武舉將此七書試士，尤其批評以《武經》「立之學官，置師弟子伏而讀之」，而「未有言其非者」。

振孫且明引何薳《春渚紀聞》，以證《問對》乃北宋人阮逸所僞撰，蓋逸嘗以草示蘇洵。是《武經》七書，多在振孫貶斥之列。

至於《陰符經》，振孫亦謂爲非古書。《解題》同類同卷著錄：

> 《陰符玄機》一卷，即《陰符經》也。監察御史新安朱安國注。此書出於李筌，云得於驪山老姥。舊〈志〉皆列於〈道家〉。安國以爲兵書之祖。要之非古書也。

大抵振孫於唐太宗以前所撰之兵書，多疑其僞託不足據也。

十二、曆　象

振孫對歷代曆象類書籍之批評，可謂毀譽參半。余於第二章中曾列舉振孫評應垣《天象義府》爲「傅會」、「矯誣」，評楊忠輔《統天曆》所附〈神殺〉一篇爲「陰陽拘忌」、爲「俚俗」，評《金大明曆》爲「疎淺無足取」。至對《開禧曆》，亦曾作頗嚴厲之批評，《解題》卷十二〈曆象類〉著錄：

> 《開禧曆》三卷、《立成》一卷，大理評事鮑澣之撰進，時開禧三年。詔附《統天曆》推算。至今頒曆，用《統天》之名，而實用此曆。當時緣金人閏月與本朝不同，故於此曆加五刻。天道有常，而造術以就之，非也。大抵中興以來，雖屢改曆，而日官淺鄙，不知曆象之本，但模襲前曆，而於氣朔，皆一時遷就爾。

振孫於此條中，不惟批評《開禧曆》強加五刻，以遷就金人閏月與宋朝不同；又批評南宋中興以來，日官淺鄙，不知曆象之本，僅知模襲前曆以作遷就之失當。

惟於下列曆書，振孫則頗爲推譽。《解題》同類同卷著錄：

> 《天經》十九卷，同州進士王及甫撰進。不知何人。其書定是非，協同異，由博而約，儒者之善言天者。

> 《統天曆》一卷，冬官正楊忠輔撰，丞相京鏜表進。其〈曆議〉甚詳，至於星度，明言不曾測驗，無候簿可以立術，最爲不欺。

> 《數術大略》九卷，魯郡秦九韶道古撰。前世算術，自〈漢志〉皆屬曆譜家。要之數居六藝之一，故今《解題》列之〈雜藝類〉。惟《周髀經》爲蓋天遺書，以爲曆象之冠。此書本名〈數術〉，而前二卷《大衍》、《天時》二類，於治曆測天爲詳，故亦置之於此。秦博學多能，尤邃曆法，凡近世諸曆，皆傳於秦。所言得失，亦悉著其語云。

案：《天經》一書，評論得當，博約得體；《統天曆》，其〈曆議〉最詳，言星度最爲不欺；而秦九韶則邃於曆法，其所撰《數術大略》於近世諸曆至具影響，故振孫皆

給予佳評。

十三、陰陽家

振孫於陰陽家之書，亦至不滿意。余於第二章中引及其評《廣濟陰陽百忌曆》諸書，或謂爲「不經」，或譏其「鄙俚」，其厭惡之情有溢於辭表者。至陰陽家書所言，振孫亦不之信。《解題》卷十二〈陰陽家類〉著錄：

> 《五星命書》一卷，不著名氏。歌訣頗詳，然未必驗也。
>
> 《怡齋百中經》一卷，東陽術士曹東野。自言今世言五星者，皆用唐《顯慶曆》曆法，更本朝，前後無慮十餘變，而《百中經》猶守舊曆，安得不差？於是用見行曆法推算。其說如此，未之能質也。

是振孫不信陰陽家書之證。

惟《解題·陰陽家類》前有小序，從中可見振孫對陰陽家學術源流亦有獨特之見地。其著錄曰：

> 自司馬氏論九流，其後劉歆《七略》、班固〈藝文志〉，皆著陰陽家。而「天文」、「曆譜」、「五行」、「卜筮」、「形法」之屬，別爲〈數術略〉。其論陰陽家者流，蓋出於羲和之官，欽若昊天，曆象日月星辰。拘者爲之，則牽於禁忌，泥於小數。至其論數術，則又以爲羲和、卜史之流。而所謂《司星子韋》三篇，不列於「天文」，而著之「陰陽家」之首。然則陰陽之與數術，亦未有以大異也。不知當時何以別之。豈此論其理，彼具其術耶？今〈志〉所載二十一家之書皆不存，無所考究，而〈隋〉、〈唐〉以來子部，遂闕「陰陽」一家。至董逌《藏書志》始以「星占」、「五行」書爲〈陰陽類〉。今稍增損之，以「時日」、「祿命」、「遁甲」等備陰陽一家之闕，而其他數術，各自爲類。

是振孫考〈漢志〉，認爲其〈諸子略〉有陰陽家，而又別爲〈數術略〉，二者皆同出於「羲和之官」；且《司馬子韋》三篇本天文之書，而〈漢志〉不列於〈數術〉，而「著於『陰陽家』之首」。由是振孫乃推判陰陽之與數術，「亦未有以大異」；又推判二者之相異，不過爲陰陽家「論其理」，而數術家「具其術」。是則陰陽之與數術，同源而異流耳。振孫有此一說，道前人之未嘗道，亦足以發潛德之幽光矣。

十四、卜筮、形法

振孫於卜筮之書，最當意者厥爲焦延壽《易林》十六卷，振孫既爲之撰〈跋〉，

又著錄於《解題》，歷稱此書「凡四千九十六卦，其辭假出於經史，其意雅通於神祇」；又謂「南渡諸人以《易林》筮國事，多奇驗」，而己「間嘗筮之，亦驗」。是振孫篤信《易林》，並用以筮事可知。

惟於其他卜筮書則不然。《解題》卷十二〈卜筮類〉著錄：

> 《京氏參同契律曆志》一卷，虞翻注。專言占象而不可盡通。字亦多
> 誤，未有別本校。

是虞翻所注此書，以其「專言占象而不可盡通」之故，乃不爲振孫所推許。

至形法類之書，振孫亦嫌其鄙俗、依託，如本書第二章中所引稱郭景純《續葬書》一卷，《解題》即作上述之批評。惟《狐首經》一卷，雖亦後人依託，振孫則頗爲稱道。《解題》卷十二〈形法類〉著錄：

> 《狐首經》一卷，不著名氏。稱郭景純序，亦依託也。胡汝嘉始序而
> 傳之。其文亦雅馴，言頗有理。《陰陽備用》中全載。

是振孫以此書「文亦雅馴，言頗有理」，故推譽之。

十五、醫　書

振孫於醫書之蒐求甚爲重視，《解題》著錄多達八十七種，惟部分醫書，既「別未有發明」，且「淺俚無高論」，則不免振孫之譏評，余於第二章中已略有揭示。然醫書中精品，振孫則給予較高之評價。《解題》卷十三〈醫書類〉著錄：

> 《傷寒論》十卷，漢長沙太守南陽張機仲景撰。建安中人。其文辭簡
> 古奧雅。又名《傷寒卒病論》，凡一百一十二方。古今治傷寒者，未有能
> 出其外也。
>
> 《本草衍義》十卷，通直郎寇宗奭撰。援引辨證，頗可觀采。
>
> 《傷寒微旨論》二卷，不著作者。〈序〉言元祐丙寅，必當時名醫也。
> 其書頗有發明。

上引三書，或以「文辭簡古奧雅」，或「援引辨證，頗可觀采」，或「頗有發明」，故振孫皆肯定其成就。

振孫研治醫書，於其書之源流及歷代注者之情況，均甚爲措意。《解題》同類同卷著錄：

> 《黃帝內經素問》二十四卷，黃帝與岐伯問答。《三墳》之書無傳，
> 尚矣，此固出於後世依託，要是醫書之祖也。唐太僕令王砅注，自號啓元
> 子。案：〈漢志〉但有《黃帝內》、《外經》，至〈隋志〉乃有《素問》之名，
> 又有全元起《素問注》八卷。嘉祐中，光祿卿林億、國子博士高保衡承詔

校定、補注，亦頗采元起之說附見其中，其爲篇八十有一。王砅，寶應中
人也。

是《黃帝內經》，宋世所見者固出依託，然其書〈漢志〉嘗著錄，唐太僕令王砅曾作
注；至《素問》一書，〈隋志〉已有其名，全元起有注，嘉祐間林億、高保衡又有補
注。振孫均考之甚詳。

於《難經》，振孫亦有考。《解題》同類同卷著錄：

> 《難經》二卷，渤海秦越人撰，濟陽丁德用補注。〈漢志〉亦但有《扁
> 鵲內》、《外經》而已。〈隋志〉始有《難經》，〈唐志〉遂題云秦越人，皆
> 不可考。德用者，乃嘉祐中人也。〈序〉言：「太醫令呂廣重編此《經》，
> 而楊元操復爲之注，覽者難明，故爲補之，且間爲之圖。」八十一難，分
> 爲十三篇，而首篇爲〈診候〉最詳，凡二十四難。蓋脈學自扁鵲始也。「難」，
> 當作去聲讀。

是《難經》，〈隋志〉始行著錄，〈唐志〉題秦越人撰，宋前已有楊元操注；嘉祐間，
以覽者難明，丁德用又復作補注。

至宋仁宗之仁民澤物，校訂及摹印板行醫書，振孫則大爲褒譽與表彰。《解題》
同類同卷著錄：

> 《外臺祕要方》四十卷，唐鄴郡太守王燾撰。自爲〈序〉，天寶十一
> 載也。其書博采諸家方論，如《肘後》、《千金》，世尚多有之；至於《小
> 品》，深師崔氏、許仁則、張文仲之類，今無傳者，猶間見於此書。大凡
> 醫書之行於世，皆仁廟朝所校定也。按《會要》：「嘉祐二年，置校正醫書
> 局于編修院，以直集賢院掌禹錫、林億校理，張洞校勘，蘇頌等並爲校正。
> 後又命孫奇、高保衡、孫兆同校正。每一書畢，即奏上，億等皆爲之〈序〉，
> 下國子監板行。并補注《本草》、修《圖經》、《千金翼方》、《金匱要略》、
> 《傷寒論》，悉從摹印。天下皆知學古方書。」嗚呼！聖朝仁民之意溥矣。

觀是，則仁宗仁民之意實至溥矣！

十六、音 樂

振孫重古樂而輕俗樂，因是，《解題》卷十四〈音樂類〉前所撰小序，力斥〈隋
志〉、〈新〉、〈舊唐志〉以俗樂充〈樂類〉之不當；即陳暘《樂書》二百卷，其書因
「雅、俗、胡部音器、歌舞，下及優伶、雜戲，無不備載」，振孫亦評其「蕪穢」。
上述種種，余於第二章中已論述及之。

振孫對以下樂書亦至感不滿，《解題》同類同卷著錄：

《琴經》一卷，託名諸葛亮。淺俚之甚。

《琴曲詞》一卷，不知作者。凡十一曲。辭皆鄙俚。

《大晟樂書》二十卷，大中大夫開封劉炳子蒙撰。「大晟」者，本方士魏漢津妄出新意，以祐陵指節定尺律，傅會身爲度之說。炳爲大司樂，精爲緣飾。又有《圖譜》一卷。

是前二書鄙俚之甚，而後書則傅會緣飾，振孫皆一一揭示其弊病而批評之。

振孫於樂書較表推許與敬重者，厥爲《琴史》與《皇祐新樂圖記》二書，《解題》同類同卷著錄：

《琴史》六卷，吳郡朱長文伯原撰。唐、虞以來迄于本朝，琴之人與事備矣。

《皇祐新樂圖記》三卷，屯田員外郎阮逸、光祿寺丞胡瑗撰。凡十二篇，首載詔旨，次及律度量衡、鍾磬、鼓鼎、鸞刀，圖其形製，刊板頒之天下。虎丘寺有本，當時所頒，藏之名山者也。其末志頒降歲月，實皇祐五年十二月二十一日，用蘇州觀察使印，長、貳押字。余平生每見承平故物，未嘗不起敬，因錄藏之，一切依元本摹寫，不少異。

蓋《琴史》一書，綜輯唐、虞以來琴之人與事，內容富贍可觀；《皇祐新樂圖記》則仁廟所頒降者，承平故物，乃不免振孫推許並表敬重之意。

振孫於仁宗景祐、皇祐間二度制樂事，亦曾就《景祐廣樂記》、《大樂演義》二書，詳加考論。《解題》同類同卷著錄：

《景祐廣樂記》八十卷，翰林院侍講學士馮元等撰。闕八卷。景祐元年，判太常寺燕肅建言鍾律不調，欲以王朴《律準》更加攷詳。詔宋祁與集賢校理李照共領其事。照言朴律太高，比之古樂，約高五律，遂欲改定大樂，制管鑄鍾，并引校理轟冠卿爲檢討官。又詔元等修撰《樂書》，爲一代之典。三年七月，書成。然未幾，照樂廢不用。

《大樂演義》三卷，成都房審權撰。皇祐中宋祁、田況薦益州進士房庶曉音律，上其《樂書補亡》三卷。庶自言得古本《漢書》，云：「度起於黃鍾之長，以子穀秬黍中者，一黍之起，積一千二百黍之廣，度之九十分，黃鍾之長，一爲一分。」今本脫「之起，積一千二百黍」八字。故前世累黍爲尺以制律。是律生於尺，非尺生於律也。且「一爲一分」者，蓋九十分之一也，後世誤以一黍爲一分，非是。當以秬黍中者一千二百實管中，黍盡得九十分，爲黃鍾之長九寸，加一以爲尺，則律定矣。惟范鎮是之。時胡瑗、阮逸制樂，已有定議，遂格不行，詳見《國史·律曆志》。審權，

庶之子也，元豐四年爲此書，以述父之意。其後元祐初，范蜀公老矣，自
爲新樂，奏之於朝，蓋用其說云。」

是振孫曾就《景祐廣樂記》，以考景祐元年燕肅建言用王朴《律準》攷詳鐘律，亦考
及馮元等修撰《樂書》，爲一代之典事；其後又就《大樂演義》，考及皇祐中房庶上
言定律事，後以胡瑗、阮逸已有定議，遂格而不行。是知振孫於朝廷制樂之大典，
亦甚留意也。

十七、雜　藝

振孫於雜藝之事，最輕視書法家，認爲書法家不擅小學，「偏旁之未審，何取其
爲法書」？甚者指其「玩物喪志，本無足云」。余於第二章中已述及之。

振孫對同時人周越之書法，亦給予「俗甚」之劣評。《解題》卷十四〈雜藝類〉
著錄：

> 《古今法書苑》十卷，主客郎中臨淄周越撰。越與兄起皆有書名。起
> 書未見，越書間有之，俗甚。

惟於黃伯恩《法帖刊誤》一書，則評價較高。《解題》同類同卷著錄：

> 《法帖刊誤》二卷，黃伯思長睿撰。《淳化法帖》出於待詔王著去取。
> 時秘府墨迹眞贗雜居，著不能辨也。但欲備晉、宋間名迹，遂至以江南人
> 一手僞帖，竄入其間，鄙惡之甚。米南宮辨之，十已得七八；至長睿，益
> 精詳矣。

蓋振孫既致怨於王著之不愼去取，「遂至以江南人一手僞帖，竄入」《淳化法帖》中，
伯思隨米芾後而刊誤精詳，故振孫推許之也。

振孫於名畫論著，頗不見重張彥遠《歷代名畫記》，嫌其傲也。《解題》同類同
卷著錄：

> 《歷代名畫記》十卷，唐張彥遠撰。彥遠家世藏法書、名畫，收藏鑒
> 識，自謂有一日之長。既作《法書要錄》，又爲此《記》，且曰：「有好事
> 者傳余二書，書畫之事畢矣。」

是振孫頗不以彥遠高自標許爲然也。

於《益州名畫錄》一書，振孫則嘗辨《中興館閣書目》著錄之誤，《解題》同類
同卷著錄：

> 《益州名畫錄》三卷，黃休復撰。《中興書目》以爲李略撰，而謂休
> 復書今亡。案：此書有景祐三年〈序〉，不著名氏，其爲休復所錄甚明。
> 又有休復自爲〈後序〉，則固未嘗亡也。未知題李略者，與此同異？

是《中興館閣書目》謂「休復書今亡」，固不符於事實。

振孫於品水煎茶一事，亦屬當道本行。《解題》同類同卷著錄：

> 《煎茶水記》一卷，唐涪州刺史張又新撰。本刑部侍郎劉伯芻稱水之
> 與茶，宜者凡七等。又新復言得李季卿所筆錄陸鴻漸《水品》凡二十，歐
> 公〈大明水記〉嘗辨之，今亦載卷末。余足跡所至不廣，於水品僅嘗三四，
> 若惠山泉甘美，置之第二不忝，特未知康王谷水何如爾。其次，吳淞第四
> 橋水亦不惡。虎丘劍池殊未佳，而在第四，已不可曉。至於雪水，清甘絕
> 佳，而居其末，尤不可曉也。大抵水活而後宜茶，活而不清潔猶不宜，故
> 乳泉、石池、漫流者為上，為其活且潔也。若夫天一生水，烝為雲雨，水
> 之活且潔者，何以過此？余嘗用淨器承雨水，試以烹煎，不減雪水。故知
> 又新之說妄也。

據上所載，則振孫於陸羽《水品》之品水高下，殊未甚信服。至其謂「大抵水活而
後宜茶，活而不清潔猶不宜」；又謂「余嘗用淨器承雨水，試以烹煎，不減雪水」，
此不惟經驗之談，亦茶道當行之語也。

十八、類　書

振孫於類書，亦多未當意，余於第二章已述及之。惟振孫於類書何時立類於史
志及其成書之源流，則知之較審。《解題》卷十四〈類書類〉著錄：

> 《語麗》十卷，梁湘東王功曹參軍朱澹遠撰。……案前〈志〉有雜家
> 而無類書，《新唐書·志》始別出為一類。此書乃猶列雜家，要之實類書也。
>
> 《修文殿御覽》三百六十卷，北齊尚書左僕射范陽祖珽孝徵等撰。案
> 〈唐志〉類書，在前者有《皇覽》、《類苑》、《華林遍略》等六家，今皆不
> 存。則此書當為古今類書之首。

是則史志立類書類，蓋始自〈新唐志〉；而類書類書籍，祖珽撰《修文殿御覽》前，
已有《皇覽》等六家矣。此類書修撰之始也。

振孫於本朝詔命修撰類書之事，則至為注意，《解題》中均詳予著錄。《解題》
同類同卷著錄：

> 《太平御覽》一千卷，翰林學士李昉、扈蒙等撰。以前代《修文御覽》、
> 《藝文類聚》、《文思博要》及諸書，參詳條次修纂。本號《太平總類》。
> 太平興國二年受詔，八年書成，改名《御覽》。或言國初古書多未亡，以
> 《御覽》所引用書名故也；其實不然，特因前諸家類書之舊爾。以《三朝
> 國史》攷之，館閣及禁中書總三萬六千餘卷，而《御覽》所引書多不著錄，

蓋可見矣。

是《太平御覽》一書成於宋太宗太平興國八年，所據以修纂者乃《修文御覽》、《藝文類聚》、《文思博要》諸書。惟《太平御覽》中所引書名，實皆因諸家類書之舊，殊非「國初古書多未亡」也，故不可據依《太平御覽》以考北宋國初古書之存佚。

又載：

> 《冊府元龜》一千卷，景德二年命資政殿學士王欽若、知制誥楊億修歷代君臣事迹，八年而成。總五十部，部有〈總序〉；一千一百四門，門有小序。賜名製〈序〉。所采正經史之外，惟取《戰國策》、《國語》、《韓詩外傳》、《呂氏春秋》、《管》、《晏》、《韓子》、《孟子》、《淮南子》及《修文殿御覽》。每門具進，上親覽，摘其舛誤，多出手書，或詔對，指示商略。

是《冊府元龜》成於真宗景德八年，其書所采資料除正經、正史外，尚取《戰國策》、《國語》等書。此書之修撰，真宗至為關注，除「賜名製〈序〉」外，每門具進，均親加御覽，且「摘其舛誤」，「或詔對，指示商略」。

又載：

> 《天和殿御覽》四十卷，侍讀學士臨川晏殊等天聖中受詔，取《冊府元龜》，撮其要者，分類為二百十五門。天和者，禁中便殿也。

是《天和殿御覽》修撰於仁宗天聖中，其書乃就《冊府元龜》撮要而成，僅四十卷，故不逮《元龜》遠矣。

振孫於倪思所撰類書二種則頗見重視。《解題》同類同卷著錄：

> 《遷史刪改古書異辭》十二卷，倪思撰。以遷《史》多易經語，更簡嚴為平易體，當然也。然易辭而失其義，書事而與經異者多，不可以無攷，故為是編。經之外與他書異者，亦并載焉。

> 《馬班異辭》三十五卷，倪思撰。以班史仍《史記》之舊而多刪改，大抵務趨簡嚴，然或刪而遺其事實，或改而失其本意。因其異，則可以知其筆力之優劣，而又知作史述史之法矣。

是倪思所撰前書，乃就《史記》刪改古書異辭而作考證，大凡「易辭而失其義，書事而與經異」，並「經之外與他書異者」皆考之；後書則考《史》、《漢》異辭，且因其異而論馬、班「筆力之優劣」，並從中探求「作史述史之法」。是倪氏此二書之撰作，有其匠心獨運而獨具工力之處，故振孫雖無甚褒譽，惟亦未見有所貶抑之辭也。

綜上所述，則振孫之子學，庶幾可窺其概略矣。

第四章　陳振孫之子學目錄學

陳振孫乃南宋目錄學名家，與撰《郡齋讀書志》之晁公武齊名。有關陳振孫於宋代目錄學史上之地位，《解題》之體制、《解題》經錄之分類、《解題》經錄著錄書名之方式、《解題》經錄撰寫解題之義例各項，余前撰作《陳振孫之經學及其〈直齋書錄解題〉經錄考證》第四章〈陳振孫之經學目錄學〉已考論及之。繼後，余又於《陳振孫之史學及其〈直齋書錄解題〉史錄考證》第四章〈陳振孫之史學目錄學〉中，考論及《解題》史錄之分類、《解題》史錄著錄書名之方式、《解題》史錄撰寫解題之義例三項。此章則考論振孫之子學目錄學，擬就《解題》子錄之分類、《解題》子錄著錄書名之方式、《解題》子錄撰寫解題之義例三項予以闡述。

一、《解題》子錄之分類

吾國目錄書籍以四部分類法著錄群書，肇始於晉荀勗因鄭默《中經》所撰之《中經新簿》。惟荀氏《中經新簿》四部分類，乃以經、子、史、集爲序。至李充撰《晉元帝四部書目》始有所更定，清錢大昕〈補元史藝文志序〉曰：

> 晉荀勗撰《中經簿》，始分甲、乙、丙、丁四部，而子猶先於史。至李充爲著作郎，重分四部。《五經》爲甲部，《史記》爲乙部，諸子爲丙部，詩賦爲丁部，而經、史、子、集之次始定。

是李充更定荀《簿》後，乃以經、史、子、集爲序也。

振孫《解題》一書，分經、史、子、集四錄著錄群書，其書雖不稱「部」而改稱「錄」，然分類方法，實以李充書爲榘矱也。振孫之前，恪守四部分類法以著錄群書之目錄書籍，現存者計有《隋書·經籍志》、《舊唐書·經籍志》、《新唐書·藝文志》、《崇文總目》、《郡齋讀書志》等五種。茲謹將《解題》子錄分類，與上述五書子部分類，列表以作比較，藉觀《解題》子錄分類法之傳承與獨創所在，及此六種

目錄書籍於子部分類上彼此之分合異同與正誤得失。

	隋 志	舊唐志	新唐志	崇文總目	讀書志	解 題
子 部 分 類	儒家類	儒家類	儒家類	儒家類	儒家類	儒家類
	道家類	道家類	道家類	道家類	道家類	道家類
	法家類	法家類	法家類	法家類	法家類	法家類
	名家類	名家類	名家類	名家類	名家類	名家類
	墨家類	墨家類	墨家類	墨家類	墨家類	墨家類
	縱橫家類	縱橫家類	縱橫家類	縱橫家類	縱橫家類	縱橫家類
	雜家類	雜家類	雜家類	雜家類	雜家類	農家類
	農家類	農家類	農家類	農家類	農家類	雜家類
	小說家類	小說類	小說類	小說類	.小說類	小說家類
	兵家類	天文類	天文占數類	兵家類	天文類	神仙類
	天文類	曆算類	曆算類	類書類	星曆類	釋氏類
	曆數類	兵書類	兵書類	算術類	五行類	兵書類
	五行類	五行類	五行類	藝術類	兵家類	曆象類
	醫方類	雜藝術類	雜藝術類	醫書類	類書類	陰陽家類
		事類	類書類	卜筮類	藝術類	卜筮類
		經脈類	明堂經脈類	天文占數類	醫書類	形法類
		醫術類	醫術類	曆數類	神仙類	醫書類
				五行類	釋書類	音樂類
				道書類		雜藝類
				釋書類		類書類

　　綜觀上表所列，是〈儒家〉、〈道家〉、〈法家〉、〈名家〉、〈墨家〉、〈縱橫家〉、〈雜家〉、〈農家〉八類皆六書所同有，其稱謂亦相同，而其排列次第則僅《解題》將〈農家〉移至〈雜家〉之前。《解題》於〈農家類〉前有小序曰：

　　　　農家者流，本於農稷之官，勤耕桑以足衣食。神農之言，許行學之。
　　漢世《野老》之書，不傳於後。而〈唐志〉著錄，雜以歲時、月令及相牛
　　馬諸書，是猶薄有關於農者。至於錢譜、相貝、鷹、鶴之屬，於農何與焉？
　　今既各從其類。而花果栽植之事，猶以農圃一體，附見於此，其實則浮末
　　之病本者也。

是則《解題》之〈農家類〉，其所著錄有異於兩〈唐志〉者，蓋其於「歲時、月令及相牛馬諸書」，與及「錢譜、相貝、鷹、鶴之屬」，皆不見收也。

〈小說家類〉，兩〈唐志〉、《崇文總目》、《讀書志》皆稱〈小說類〉。〈兵書類〉，〈隋志〉、《崇文總目》、《讀書志》皆稱〈兵家類〉。〈曆象類〉，〈隋志〉、《崇文總目》稱〈曆數類〉，兩〈唐志〉稱〈曆算類〉，《讀書志》稱〈星曆類〉。〈天文類〉，〈新唐志〉、《崇文總目》稱〈天文占數類〉。〈天文〉、〈五行〉兩類乃《解題》所獨闕，惟《解題》有〈陰陽家類〉、〈形法類〉，則為其餘五家所無；另有〈卜筮類〉，則亦《崇文總目》與《解題》所存，而餘四家均已闕載。《解題》於〈陰陽家類〉亦有小序曰：

> 自司馬氏論九流，其後劉歆《七略》、班固〈藝文志〉，皆著陰陽家。而〈天文〉、〈曆譜〉、〈五行〉、〈卜筮〉、〈形法〉之屬，別為〈數術略〉。其論陰陽家者流，蓋出於羲和之官，欽若昊天，曆象日月星辰。拘者為之，則牽於禁忌，泥於小數。至其論數術，則又以為羲和卜史之流。而所謂《司星子韋》三篇，不列於〈天文〉，而著於〈陰陽家〉之首。然則陰陽之與數術，亦未有以大異也，不知當時何以別之。豈此論其理，彼具其術耶？今〈志〉所載二十一家之書皆不存，無所考究，而〈隋〉、〈唐〉以來子部，遂闕陰陽一家。至董逌《藏書志》始以「星占」、「五行」書為〈陰陽類〉。今稍增損之，以「時日」、「祿命」、「遁甲」等備陰陽一家之闕，而其他數術，各自為類。

是振孫以為《七略》、班〈志〉既著陰陽家於〈諸子略〉，又別為〈數術略〉，而二者「未有以大異」；惟陰陽家，「〈隋〉、〈唐〉以來子部」已闕；至董逌《廣川藏書志》始以星占、五行書為〈陰陽類〉。是故振孫亦於《解題》特闢〈陰陽家類〉，以著錄星占、五行、時日、祿命、遁甲之書，又另闢〈曆象〉、〈卜筮〉、〈形法〉，「各自為類」，以載數術書籍。

〈算術類〉為《崇文總目》所僅有，其餘五書均從闕。惟《解題》實著錄有夏侯陽撰《算經》三卷、張丘建撰《算經》三卷、蔣舜元撰《應用算法》一卷，皆收歸〈雜藝類〉。疑振孫以其數量殊尟，故不另闢〈算術類〉，而將此三書歸於〈雜藝類〉。

〈醫書類〉，〈隋志〉稱〈醫方類〉，兩〈唐志〉稱〈醫術類〉。惟《舊唐書》另出〈經脈類〉，《新唐書》另出〈明堂經脈類〉，則似為餘四家所無。其實《解題》著錄有《黃帝內經素問》二十四卷、《難經》二卷、《脈訣機要》三卷、《脈要新括》一卷於〈醫書類〉，經脈類書籍已在其中，或亦以所著錄之書數量殊少，故不另出類耳。

〈音樂類〉乃振孫所獨創，其餘五書均無此類。《解題》於〈音樂類〉有小序，曰：

> 劉歆、班固雖以《禮》、《樂》著之〈六藝略〉，要皆非孔氏之舊也。然《三禮》至今行於世，猶是先秦舊傳。而所謂《樂》六家者，影響不復存矣。實公之〈大司樂章〉既已見於《周禮》，河間獻王之〈樂記〉亦已錄於《小戴》，則古樂已不復有書。而前〈志〉相承，迺取樂府、教坊、琵琶、羯鼓之類，以充〈樂類〉，與聖經並列，不亦悖乎！晚得鄭子敬氏《書目》獨不然，其爲說曰：「儀注、編年，各自爲類，不得附於《禮》、《春秋》，則後之樂書，固不得列於〈六藝〉。」今從之，而著於〈子錄·雜藝〉之前。

案：其餘五書所以獨闕〈音樂類〉之故，蓋其將樂府、教坊、琵琶、羯鼓等俗樂書籍，仍收歸《經部·樂類》項下，「與聖經並列」；惟其歸類殊屬不倫，故振孫批評爲「不亦悖乎」！振孫實依鄭寅《鄭氏書目》，獨創〈音樂類〉，以收「後之樂書」，列之〈雜藝錄〉之前。考《四庫全書總目》卷一百十三〈子部〉二十三〈藝術類〉二有案語，曰：

> 案《羯鼓錄》、《樂府雜錄》，《新唐書·志》皆入〈經部·樂類〉，雅鄭不分，殊無條理。今以類入之於〈藝術〉，庶各得其倫。

是紀氏亦批評〈新唐志〉爲「雅鄭不分，殊無條理」，所見與振孫固同。惟《四庫全書總目》不設〈音樂類〉，故將俗樂之書盡歸入〈藝術類〉。

至於〈雜藝類〉，〈隋志〉無，兩〈唐志〉稱〈雜藝術類〉，《崇文總目》、《讀書志》稱〈藝術類〉。〈類書類〉，〈隋志〉亦無，〈舊唐志〉稱〈事類〉，餘書均稱〈類書類〉。〈神仙類〉，〈隋志〉、兩〈唐志〉均無，《崇文總目》稱〈道書類〉，《讀書志》、《解題》稱〈神仙類〉。〈釋氏類〉，〈隋志〉、兩〈唐志〉亦無，《崇文總目》、《讀書志》則稱〈釋書類〉。

綜上所述，《解題》子錄所獨創者爲〈音樂類〉。振孫獨創此類以收樂府、教坊、琵琶、羯鼓等俗樂，俾上述類書不得「與聖經並列」，由是雅鄭分途，各得其倫。是其分類見地殊卓絕於〈隋志〉等五書。至《解題》於〈農家類〉不收歲時、月令、相牛馬、錢譜、相貝、鷹、鶴諸書；又不遵〈隋〉、〈唐志〉以來子部不闢陰陽家舊習，仍闢〈陰陽家類〉以收星占、五行、時日、祿命、遁甲書籍，在在均顯示振孫目錄分類學有其一己之見地，絕不盲從前人，而依書歸類，另闢新途，甚副實事求是之旨。故《解題·子錄》著錄之書，其所隸類，多較〈隋志〉等五書爲合理。

二、《解題》子錄著錄書名之方式

《解題》經錄著錄書名之方式凡四種，史錄著錄書名之方式凡九種，余嘗考之詳矣。〔註1〕至子錄著錄書名之方式，固有同於經、史二錄者，亦有溢出二錄之外者，今依式舉例，詳述如下：

甲、先著錄書名，後著錄卷數，如：

《孔子家語》十卷　見〈儒家類〉

《老子道德經》二卷　見〈道家類〉

《管子》二十四卷　見〈法家類〉

乙、一書中如包含兩種以上之內容，或有其他附錄之材料者，則一併著錄，如：

《程氏遺書》二十五卷、《附錄》一卷、《外書》十三卷　見〈儒家類〉

《玉泉筆端》三卷，又別一卷　見〈小說家類〉

《楊公遺訣曜金歌》并《三十六象圖》一卷　見〈形法類〉

丙、一書兼包兩種以上不同之部分，惟撰者同屬一人，其著錄方式如：

《演蕃露》十四卷、《續》六卷　見〈雜家類〉　案：此書程大昌撰。《演蕃露》與
　　《續》，乃一書之兩部分。

《源髓歌》六卷、《後集》三卷　見〈陰陽家類〉　案：此書沈芝撰。《源髓歌》與
　　《後集》，乃一書之兩部分。

《選奇方》十卷、《後集》一卷　見〈醫書類〉　案：此書余綱撰。《選奇方》與《後
　　集》，乃一書之兩部分。

丁、同條著錄兩書以上，而撰人同屬一人。其方式為：

《周子通書》一卷、《太極圖說》一卷　見〈儒家類〉　案：二書同屬周敦頤撰。

《閏禧曆》三卷、《立成》一卷　見〈曆象類〉　案：二書同屬鮑澣之撰。

《本草節要》三卷、《明堂鍼灸經》二卷、《膏肓灸法》二卷　見〈醫書類〉　案：
　　以上三書同屬莊綽撰。

戊、同條著錄兩書，而撰者分屬兩人者。其方式為：

《世說新語》三卷、《敘錄》二卷　見〈小說家類〉　案：《世說新語》，劉義慶撰；
　　《敘錄》，汪藻撰。

〔註1〕請參考《陳振孫之經學及其〈直齋書錄解題〉經錄考證》第四章〈陳振孫之經學目
　　錄學〉一〈有關《解題》之體制〉，及《陳振孫之史學及其〈直齋書錄解題〉史錄考
　　證》第四章〈陳振孫之史學目錄學〉二〈《解題》史錄著錄書名之方式〉。

己、同條著錄五書，而卷數則合爲一卷者。其方式爲：

《弟子職等五書》一卷　見〈雜家類〉　案：此條所著錄之五書爲：《管子·弟子職》、
班氏《女誡》、呂氏《鄉約》、《鄉禮》及司馬氏《居家雜儀》。

三、《解題》子錄撰寫解題之義例

《解題》子錄撰寫解題義例，有因襲經、史二錄之法者，亦有因應書籍之不同，
而有所創新突破者。茲各予考論，並略舉例證說明如下：

甲、著錄撰人之義例

1、每書必著錄人之時代、宦歷、籍貫、姓名、別字，亦有增記謚號者。如撰人有
別號亦記之。惟上述任何一項有不詳悉者，則付之闕如。撰人爲本朝人，一律
不著錄其時代。撰人爲重見者，則僅著其時代及姓名；本朝人則僅著姓名。

　　　　《鹽鐵論》十卷，漢廬江太守丞汝南桓寬次公撰。　見〈儒家類〉　案：
此條乃著錄撰人時代、宦歷、籍貫、姓名、別字之例。

　　　　《老子道德經》二卷，周柱下史李耳伯陽撰。昔人言謚曰「聃」，故世
稱老聃。　見〈道家類〉　案：此條乃增記謚號之例。

　　　　《糖霜譜》一卷，遂寧王灼晦叔撰。……灼自號頤堂。　見〈農家類〉
案：此條乃記別號之例。

　　　　《呂氏春秋》二十六卷，秦相呂不韋撰。　見〈雜家類〉　案：此條乃闕
籍貫、別字之例。

　　　　《劉子》五卷，劉晝孔昭撰。　見〈雜家類〉　案：此條乃闕時代、宦歷、
籍貫之例。

　　　　《北齊還冤志》二卷，顏之推撰。　見〈小說家類〉　案：此條所著之「顏
之推」，乃時代、宦歷、籍貫、別字均闕之例。

　　　　《熙寧收熙河陣法》三卷，觀文殿學士九江王韶子純撰。　見〈兵書類〉
案：王韶，北宋人，故不著其時代。

　　　　《歷代名畫記》十卷，唐張彥遠撰。　見〈雜藝類〉　案：撰人重見，僅
著錄其時代及姓名。

　　　　《皇祐樂府奏議》一卷，胡瑗撰。　見〈音樂類〉　案：胡瑗，重見，本
朝人，僅著其姓名。

2、其書撰者不止一人，則詳舉各人姓名，或稱某某等撰。如撰者不可考，則云無名氏，不知何人所錄，不知何人所集，不知作者，不知名氏，不知何人撰，不著名氏。亦有既知撰人姓名矣，而不知其生平事蹟者，則云未詳何人，未知何時人，不知何人。撰人疑而未可信者，則云稱某某，不知何人；題某某，不知何人；或稱某某，而不著名。

　　《皇祐新樂圖記》三卷，屯田員外郎阮逸、光祿寺丞胡瑗撰。　見〈音樂類〉

　　《修文殿御覽》三百六十卷，北齊尚書左僕射范陽祖珽孝徵等撰。　見〈類書類〉　案：以上二條均撰者不止一人之例。

　　《荔枝故事》一卷，無名氏。　見〈農家類〉

　　《龜山別錄》二卷，不知何人所錄。　見〈儒家類〉

　　《諸儒鳴道集》七十二卷，不知何人所集。　見〈儒家類〉

　　《灌畦暇語》一卷，不知作者。　見〈雜家類〉

　　《墨客揮犀》十卷、《續》十卷，不知名氏。　見〈雜家類〉

　　《製瑟法》一卷，不知何人撰。　見〈音樂類〉

　　《無能子》三卷，不著名氏。　見〈道家類〉　案：以上七條均撰人不可考之例。

　　《莊子十論》，題李士表撰，未詳何人。　見〈道家類〉

　　《開顏集》三卷，校書郎周文規撰，未知何時人。　見〈雜家類〉

　　《天經》十九卷，同州進士王及甫撰進，不知何人。　見〈曆象類〉　案：以上三條均知撰者姓名而不知其生平之例。

　　《山齋愚見十書》一卷，稱灌圃耐得翁，不知何人。　見〈小說家類〉

　　《參同契解》一卷，題紫陽先生，不知何人。　見〈神仙類〉

　　《萱堂香譜》一卷，稱侯氏萱堂，而不著名。　見〈雜藝類〉　案：以上三條均撰人疑而未可信之例。

3、其書著錄撰人，亦有兼及撰人身分、職業、及其所交師友、門人者。

　　《孔子家語》十卷，孔子二十二世孔猛所傳。　見〈儒家類〉

　　《玄真子外篇》三卷，唐隱士金華張志和撰。　見〈道家類〉

　　《桐譜》一卷，銅陵逸民陳翥撰。　見〈農家類〉

《女誡》一卷，漢曹世叔妻班昭，固之妹也。　見〈雜家類〉

《天文考異》二十五卷，昭武布衣鄒淮撰。　見〈曆象類〉

《千金方》三十卷，唐處士京兆孫思邈撰。　見〈醫書類〉

《琴義》一卷，稱野人劉籍撰。　見〈音樂類〉

《浸銅要略》一卷，張甲撰……甲，參政子公之祖。　見〈雜藝類〉　案：以上八條均記撰人身分之例。

《莊子疏》三十卷，唐道士西華法師陝郡成玄英子實撰。　見〈道家類〉

《筍譜》一卷，僧贊寧撰。　見〈農家類〉

《小兒醫方妙選》三卷，成安大夫惠州團練使張渙撰。　見〈醫書類〉　案：以上三條均記撰人職業之例。

《胡子知言》一卷，五峰胡宏仁仲撰。文定公安國之季子，張南軒從之遊。　見〈儒家類〉

《花譜》二卷，滎陽張峋子堅撰。……峋與其弟嶧子望同登進士第。嶧嘗從邵康節學。　見〈農家類〉　案：以上二條均記撰人從師之例。考峋亦從康節學，疑「嶧」字乃「峋」之訛。

《正蒙書》十卷，崇文校書長安張載子厚撰。凡十九篇。范育、呂大臨、蘇昞爲〈前〉、〈後序〉，皆其門人也。　見〈儒家類〉

《觀物外篇》六卷，康節門人太常寺簿張嶧子望記其言，雖十纔一二，而足以發明成書。　見〈儒家類〉　案：以上二條均記門人之例。

4、其書於撰人、撰人之家世、家學、宦歷、遭遇等，皆有所記述，如遇疑問或必要時，並作考證。

《槁簡贅筆》二卷，承議郎章淵伯深撰。始得此書於程文簡氏，不知何人作，文簡題其後，以其中稱「先丞相申公」，知其爲章子厚子孫也。余又以其書考之，言「先祖光祿，元祐三年省試，東坡知舉，擢爲第一」，則又知其爲援之孫也。後以問諸章，始得其名字。其人博學有文，以場屋待士薄，如防寇盜，用蔭入仕，遂不就舉，居長興，故〈序〉稱若溪草堂。淵自號懲窒子。　見〈小説家類〉　案：此條考證撰人之例。

《劉先生談錄》一卷，知秀州韓瓘德全撰。瓘，億之曾孫，絳之孫。　見〈儒家類〉

《圖畫見聞志》六卷，太原郭若虛撰。元豐中〈自序〉稱「大父司徒公」，未知何人。郭氏在國初無顯人，但有郭承祐耳。 見〈雜藝類〉 案：以上二條均考撰人家世之例。

《道山清話》一卷，〈跋〉語稱：「大父國史在館閣久，多識前輩，著《館秘錄》、《曝書記》，與此而三，兵火散失。」 見〈小說家類〉

《法帖要錄》十卷，唐大理卿河東張彥遠愛賓撰。彥遠，宏靖之孫。三世相門。其父文規嘗刺湖州，著《吳興雜錄》。 見〈雜藝錄〉 案：以上二條均考撰人家學之例。

《曲洧舊聞》一卷、《雜書》一卷、《骫骳説》一卷，直秘閣新安朱弁少章撰。弁於晦庵爲從父，建炎丁未使金，留十七年，既歸而卒。 見〈小說家類〉 案：此條記撰人宦歷之例。

《鄧析子》二卷，鄭人鄧析。《左氏傳》：鄭駟歂嗣子太叔爲政，殺鄧析，而用其竹刑。即此人也。《列子》、《荀子》以爲子產所殺，顏師古辨之矣。 見〈名家類〉

《摭言》十五卷，唐王定保撰。……定保，光化三年進士，爲吳融子華婿，喪亂後入湖南，棄其妻弗顧，士論不齒。 見〈小說家類〉 案：以上二條均考撰人遭遇之例。

5、其他有關撰人之卒年、志節、治學、初仕、封號、賜名、避諱改姓氏，外此之著述、親屬及其誌墓者，亦兼考論之。

《耄智餘書》三卷，太子少保致仕澶淵晁迥德遠撰。迥善養生，兼通釋、老書，年至八十四，子孫多聞人。 見〈雜家類〉 案：此條記撰人卒年之例。

《義林》一卷，眉山程厚子山撰。其上世東坡外家也。子山爲人凶險，與眉守邵溥有隙，以匹絹爲匿名書，誣以罪狀，抵帥蕭振。……子山之居極壯麗，一夕燬於火。後附秦檜至右史，後復得罪，謫知安遠縣以沒。 見〈雜家類〉 案：此條記撰人志節之例。

《法書撮要》十卷，吳興蔡耑山父撰。以書家事實，分門條類，亦無所發明。淳熙中人，云紹聖御史之孫，吾鄉不聞有此人也，當攷。然其名耑而字山父，「耑」者，物之初生，從「屮」，不從「山」也。偏旁之未審，何取其爲法書？余於小學家黜書法於〈雜藝〉，有以也。 見〈雜藝類〉 案：此條記撰人治學之例。

　　《元城語錄》三卷，右朝散郎維揚馬永卿大年撰。永卿初仕亳州永城主簿。　見〈儒家類〉　案：此條乃記撰人初仕之例。

　　《商子》五卷，秦相衛公孫鞅撰。或稱商君者，其封邑也。　見〈法家類〉

　　《後六帖》三十卷，知撫州孔傳世文撰。……傳襲封衍聖公。　見〈類書類〉　案：以上二條均記撰人封號之例。

　　《柏臺雜著》一卷，石公弼撰。……公弼本名公輔，改賜今名。　見〈小說家類〉　案：此條乃記撰人賜名之例。

　　《殷芸小說》十卷，宋殷芸撰。……或稱商芸者，宣祖廟未祧時避諱也。見〈小說家類〉　案：此條乃記撰人避諱改姓氏之例。

　　《蘭亭博議》十五卷，淮海桑世昌澤卿撰。……又嘗爲《西湖記逸》，考林逋遺事甚詳。　見〈雜藝類〉　案：此條記撰人外此著述之例。

　　《耕織圖》一卷，於潛令鄞樓璹壽玉撰。玫媿參政之伯父也。　見〈農家類〉

　　《農器譜》三卷、《續》二卷，未陽令曾之謹撰。安止之姪孫也。　見〈農家類〉　案：以上二條均記撰人親屬之例。

　　《禾譜》五卷，宣德郎溫陵曾安止移忠撰。……右丞黃履安中誌其墓。見〈農家類〉　案：此條記誌墓之例。

乙、著錄書籍之義例

　　《解題》子錄著書籍之義例，與經錄、史錄有所異同。茲亦予以考論，並舉例說明如下：

1、於所錄之書名，如遇隱晦難曉者則解說之，同書異名則作闡說，偶亦記及其書之篇目。

　　《甘澤謠》一卷，唐刑部郎中袁郊撰。……以其春雨澤應，故有甘澤成謠之語，遂以名其書。　見〈小說家類〉　案：此條乃解說書名之例。

　　《聲隅子》二卷，蜀人黃晞撰。聲隅，其自號也。……書名《歇歂瑣論》，凡十篇。　見〈雜家類〉

　　《尚書故實》一卷，唐李綽撰。又名《尚書談錄》。　見〈小說家類〉　案：以上二條均闡說同書異名之例。

《小學書》四卷，朱熹所集古聖格言至論以教學者，皆成童幼志進學之序也。〈內篇〉曰〈立教〉、〈明倫〉、〈敬身〉、〈稽古〉，〈外篇〉曰〈嘉言〉、〈善行〉。　見〈儒家類〉

《藝苑雌黃》二十卷，建安嚴有翼撰。大抵辨正訛謬，故曰「雌黃」。其目：〈子史〉、〈傳注〉、〈詩詞〉、〈時序〉、〈名數〉、〈聲畫〉、〈器用〉、〈地理〉、〈動植〉、〈神怪〉、〈雜事〉。　見〈雜家類〉　案：以上二條均記篇目之例。

2、從不同角度以論說書籍之內容，間亦考及著者撰書之目的。

《潛虛》一卷，司馬光撰。言物皆祖於虛，《玄》以準《易》，《虛》以準《玄》。　見〈儒家類〉　案：此據主旨言其書內容之例。

《兼山遺學》六卷，河南郭雍錄其父忠孝之遺書。前二卷爲〈易蓍卦〉，次爲〈九圖〉，又次〈說春秋〉，又次爲〈性說〉三篇，末卷問答、雜說。　見〈儒家類〉　案：此據每卷所述以言其書內容之例。

《參同契分章通眞義》三卷、《明鏡圖訣》一卷，眞一子彭曉秀川撰。……〈序〉稱「廣政丁未以《參同契》分十九章而爲之注，且爲圖八環，謂之《明鏡圖》」。　見〈神仙類〉　案：此條乃引〈序〉以論說書籍內容之例。

《尊孟辨》七卷，建安余允文隱之撰。以司馬光有《疑孟》及李遘泰伯《常語》、鄭厚叔友《折衷》，皆有非《孟》之言，故辨之，爲五卷。後二卷則王充《論衡·刺孟》及東坡《論語說》中與《孟子》異者，亦辨焉。　見〈儒家類〉　案：此條言撰書目的之例。

3、既論說書籍之內容矣，亦有兼考及其書之學術源流，及記述學術上紛爭者。

《皇極經世書》十二卷，邵雍堯夫撰。其學出於李之才挺之，之才受之穆脩伯長，脩受之种放明逸，放受之陳摶，蓋數學也。　見〈儒家類〉　案：此條乃考究學術源流之例。

《慈湖遺書》三卷，楊簡撰。……慈湖之學，專主乎心之精神，是謂聖一。語其晦人，惟欲發明本心而有所覺。然其稱學者之覺，亦頗輕於印可。蓋其用功偏於上達，受人之欺而不疑。竊嘗謂誠明一理，焉有誠而不明者乎？當淳熙中，象山陸九淵之學盛行於江西，朱侍講不然之。朱前輩不肯張無垢，於同流不肯陸象山，爲其本原未純故也。象山之後，一傳而慈湖，遂如此。甚矣，道之不明，賢知者過之也！　見〈儒家類〉　案：此條記學術紛爭之例。

4、亦有引用史志、公私書目及相關書籍以說明問題者，惟上述所引如有錯誤，則訂正之。

　　《啓顏錄》八卷，不知作者。雜記詼諧調笑事。〈唐志〉有侯白《啓顏錄》十卷，未必是此書，然亦多有侯白語，但訛謬極多。　見〈小說家類〉

案：此條引史志以說明問題之例。

　　《慎子》一卷，趙人慎到撰。〈漢志〉四十二篇，先於申、韓，申、韓稱之。……《崇文總目》言三十七篇。　見〈法家類〉　案：此條引公家書目以說明問題之例。

　　《紀聞譚》三卷，蜀潘遠撰。《館閣書目》按李淑作潘遺。今考《邯鄲書目》亦作潘遠，其曰「遺」者，本誤也。　見〈小說家類〉　案：此條引私家書目以說明問題之例。

　　《忘筌書》二卷，浦城潘植子醇撰。多言《易》，亦涉異端，凡五十一篇。此書載《鳴道集》，爲九十二篇，附見者又十有三，而《館閣書目》又稱七十七篇，皆未詳。　見〈儒家類〉　案：此條引相關書籍以說明問題之例。

　　《乘異記》三卷，南陽張君房撰。……君房又有《脞說》，家偶無之。晁公武《讀書志》以《脞說》爲張唐英君房撰。又言君房著《名臣傳》、《蜀檮杌》、《雲笈七籤》行於世。按君房，祥符、天禧以前人，楊大年〈改閑忙令〉所謂「紫微失卻張君房」者，即其人也。嘗爲御史屬，坐鞫獄貶秩，因編修《七籤》，得著作郎。〈七籤序〉自言君房，蓋其名，非字也。唐英字次功，熙、豐間人，丞相商英天覺之兄，作《名臣傳》、《蜀檮杌》者，與君房了不相涉，不知晁何以合爲一人也。其誤明矣。　見〈小說家類〉　案：此條訂正書目錯誤之例。

5、於其書體、卷數、書後所附材料均有所考論，有時並述及作注者、輯書者、間亦考及同書名而不同撰人之問題。

　　《傳奇》六卷，唐裴鉶撰。高駢從事也。尹師魯初見范文正〈岳陽樓記〉，曰「傳奇體爾。」然文體隨時，要之理勝爲貴，文正豈可與傳奇同語哉！蓋一時戲笑之談耳。　見〈小說家類〉　案：此條考論書體之例。

　　《三朝經武聖略》十五卷，天章閣侍講王洙撰。……《中興書目》云十卷，李淑《書目》十五卷。今本與《邯鄲》卷數同。　見〈兵書類〉　案：此條考論卷數之例。

　　《烏臺詩話》十三卷，蜀人朋九萬錄東坡下御史獄公案，附以初舉發章疏及謫官後表章、書啓、詩詞等。　見〈小說家類〉　案：此條考論書後所附材料之例。

　　《曾子》二卷，凡十篇，具《大戴禮》，後人從其中錄出別行。慈谿楊簡注。　見〈儒家類〉　案：此條記作注者之例。

　　《石林過庭錄》二十七卷，葉夢得與諸子講說者，其中子模編輯之。　見〈雜家類〉　案：此條記輯書者之例。

　　《菊譜》一卷，彭城劉蒙撰。凡三十五品。　見〈農家類〉。

　　《菊譜》一卷，史正志志道撰。孝廟朝爲發運使者也。　見〈農家類〉

案：上述二條記同書名不同撰人之例。

6、於編書過程、成書之法、書之作年、撰序之年、表上之年均有所考述，間亦考及撰序、跋者。

　　《呂氏讀書記》七卷，呂祖謙撰。乾道癸巳、淳熙乙未家居日閱之書，隨意手筆，或數字，或全篇。蓋偶有所感發，或以備遺忘者。　見〈儒家類〉

案：此考述編書過程之例。

　　《晞顏錄》一卷，張栻取經傳中凡言及顏子者，錄爲一編。　見〈儒家類〉　案：此條考述成書法之例。

　　《石林燕語》十五卷，葉夢得少蘊撰。宣和五年所作也。　見〈小說家類〉　案：此條記書作年之例。

　　《桐譜》一卷，銅陵逸民陳翥撰。皇祐元年序。　見〈農家類〉　案：此條記撰序年之例。

　　《匡謬正俗》八卷，唐秘書監琅邪顏籀師古撰。其子符璽郎楊庭永徽二年表上之　見〈雜家類〉　案：此條記表上年之例。

　　《劉子》五卷，劉晝孔昭撰。播州錄事參軍袁孝政爲〈序〉。　見〈雜家類〉　案：此條記撰序者之例。

　　《中說注》十卷，正議大夫淄川龔鼎臣輔之撰。……李格非〈跋〉云：龔自謂明道間得唐本於齊州李冠，比阮本改正二百餘處。　見〈儒家類〉　案：此條記撰跋者之例。

7、於著錄之書多作評論，或抑或揚，或抑揚兼備，間亦有指出其書之特點者。

　　《老子新解》二卷，蘇轍撰。東坡跋曰：「使戰國有此書，則無商鞅、韓非；使漢初有此書，則孔、老爲一；使晉、宋間有此書，則佛老不爲二。」見〈道家類〉　案：此褒譽之例。

　　《冷齋夜話》十卷，僧惠洪撰。所言多誕妄。　見〈小說家類〉　案：

此貶抑之例。

《洛陽貴尚錄》一卷，殿中丞新安丘濬道源撰。專爲牡丹作也。其書援引該博而迂怪不經。　見〈農家類〉　案：此抑揚兼備之例。

《容齋隨筆》、《續筆》、《三筆》、《四筆》各十六卷、《五筆》十卷，翰林學士鄱陽洪邁景盧撰。每編皆有小序。《五筆》未成書。　見〈雜家類〉　案：此條記書特點之例。

8、於著錄之書，有記其得書原由者，稿藏處亦間記之。得書偶考及其板本，如本之未善，則更求之。

《金匱要略》三卷，張仲景撰，王叔和集，林億等校正。此書王洙於館閣蠹簡中得之，曰《金匱玉函略方》。　見〈醫書類〉。

《龐氏家藏祕寶方》五卷，蘄水龐安時安常撰。……此書南城吳炎晦父錄以見遺。　見〈醫書類〉　案：以上二條均記得書原由之例。

《徽言》三卷，司馬光手鈔諸子書，……眞蹟藏邵康節家，其諸孫遵守。漢嘉從邵氏借刻，攜其板歸越，今在其群從述尊古家。　見〈雜家類〉。　案：此條記稿藏處之例。

《信齋百中經》一卷，不著名氏。安慶府本。　見〈醫書類〉　案：此條記板本之例。

《易林》十六卷，漢小黃令梁焦延壽贛撰。……求之累年，寶慶丁亥始得之莆田。……頗恨多脫誤。嘉熙庚子從湖守王寺丞侑借本，兩相校，十得八九。　見〈卜筮類〉　案：此條記更求善本之例。

9、於著錄之書，就其歸類、眞僞、存佚，甚而對書之內容增損改定，書之刊刻，與書中所涉人物均有所考述。

《管子》二十四卷，齊相管夷吾撰。唐房玄齡注。案〈漢志〉，《管子》八十六篇，列於道家。〈隋〉、〈唐志〉著之法家之首。……管子似非法家，而世皆稱管、商，豈以其操術用心之同故耶？然以爲道則不類，今從〈隋〉、〈唐志〉。　見〈法家類〉案：此條考書歸類之例。

《雲仙散錄》一卷，稱唐金城馮贄撰。天復元年敘。馮贄者，不知何人。自言「取家世所蓄異書，撮其異說」，而所引書名，皆古今所不聞；且其記事造語，如出一手，正如世俗所行東坡《杜詩注》之類。然則所謂馮贄者，及其所蓄書，皆子虛烏有也，亦可謂枉用其心者矣。　見〈小說家類〉　案：

此條考書及撰人真偽之例。

　　《玄真子外篇》三卷，唐隱士金華張志和撰。〈唐志〉：「《玄真子》十二卷。」今纔三卷，非全書也。既曰〈外篇〉，則必有〈內篇〉矣。　見〈道家類〉　案：此條考書存佚之例。

　　《錢氏小兒藥證真訣》三卷，太醫丞東平錢乙仲陽撰。宣教郎大梁閻季忠集。上卷言證，中卷敘嘗所治病，下卷為方。季忠亦頗附以己說，且以劉斯立所作〈仲陽傳〉附於末，宣和元年也。　見〈醫書類〉

　　《觀史類編》六卷，呂祖謙撰。初輯此篇為六門，曰〈擇善〉，曰〈儆戒〉，曰〈閫範〉，曰〈治體〉，曰〈論議〉，曰〈處事〉。而〈閫範〉最先成，既別行，今惟五門，而〈論議〉分上、下卷。　見〈類書類〉　案：以上二條均記書內容增損改定之例。

　　《石本金剛經》一卷，南唐保大五年壽春所刻。乾道中劉岑高再刻於建昌軍。　見〈釋氏類〉　案：此記書刊刻之例。

　　《補江總白猿傳》一卷，無名氏。歐陽紇者，詢之父也。詢貌類獼猿，蓋嘗與長孫無忌互相嘲謔矣。此《傳》遂因其嘲，廣之以實其事，託言江總，必無名子所為也。　見〈小說家類〉　案：此條記述書中所涉人物之例。

丙、其他著錄義例

1、《解題》子錄有原注。

　　《桯史》十五卷，岳珂撰。「桯史」者，猶言柱記也。原註：《說文》：「桯，床前几也。」　見〈小說家類〉　案：此《解題》有原注之例。

2、《解題》子錄用互著法。

　　《易傳積算法雜占條例》一卷，漢京房撰。詳已見〈易類〉。世所傳京氏遺學不過如此而已。　見〈卜筮類〉　案：此《解題》用互著法之例。

3、《解題》子錄有記振孫未見之書。

　　《劍溪野語》三卷，延平陳正敏撰。自號遯翁。別有《遯齋閑覽》十四卷，未見。　見〈小說家類〉

　　《燕語攷異》十卷，成都宇文紹英撰。舊聞汪玉山嘗辨駁《燕語》之誤，而未之見也。　見〈小說家類〉　案：以上二條均記振孫未見書之例。

　　綜上所述，則有關《解題》子錄之分類、《解題》子錄著錄書名之方式、《解題》子錄撰寫解題之義例，均一一舉例予以說明，並略加考論，其中不乏與經、史二錄

有所異同者。統此以觀，則於振孫子學目錄學，庶幾可知其梗概矣。

第五章　《直齋書錄解題》子錄考證

儒家類

孔子家語十卷

《孔子家語》十卷，孔子二十二世孫猛所傳。魏散騎常侍王肅為之注。肅闢鄭學，猛嘗受學於肅。肅從猛得此書，與肅所論多合，從而證之，遂行於世。云博士安國所得壁中書也，亦未必然。其間所載，多已見《左氏傳》、《大戴禮》諸書云。

廣棪案：《漢書》卷三十〈藝文志〉第十〈六藝略・論語〉著錄：「《孔子家語》二十七卷。」師古曰：「非今所有《家語》。」是顏師古已明言唐時所見之《家語》，已非〈漢志〉著錄《家語》二十七卷之舊。唐魏徵等撰《隋書》，其書卷三十二〈志〉第二十七卷〈經籍〉一〈經・論語〉著錄：「《孔子家語》二十一卷，王肅解。」其〈小序〉曰：「其《孔叢》、《家語》，並孔氏所傳仲尼之旨。」是〈隋志〉所載之《家語》二十一卷，亦即顏師古注《漢書》時所得讀之《家語》。〈漢志〉作二十七卷，而〈隋志〉僅得二十一卷，故師古曰「非今所有《家語》」也。至〈小序〉所言「孔氏」，應指孔猛。是唐人仍認為此二十一卷《家語》，乃猛所傳，用以述「仲尼之旨」者。惟至五代，劉昫撰《舊唐書》，其書卷四十八〈志〉第二十六〈經籍〉上〈甲部經錄・論語類〉八著錄：「《孔子家語》十卷，王肅注。」是五代時，《家語》已由唐時之二十一卷，又變為十卷。而其變更之由，至不可考。嗣後，歐陽修《新唐書・藝文志》、晁公武《郡齋讀書志》、

馬端臨《文獻通考·經籍考》均著錄作「王肅注《孔子家語》十卷」，與《解題》同。獨鄭樵《通志》卷六十三〈藝文略〉第一〈經類〉第一〈論語·續語〉著錄作「《孔子家語》二十一卷，<small>王肅注</small>。」《通志》於此處所著錄者，恐僅逐錄〈隋志〉，非樵眞能得讀唐時二十一卷《家語》也。晁氏《郡齋讀書志》卷第四〈論語類〉「《孔子家語》十卷」條曰：「右魏王肅序注，凡四十四篇。劉向校錄止二十七篇，後肅得此於孔子二十四世孫猛家。」《讀書志》此條所記「二十七篇」乃「二十七卷」之誤，而其「二十四世」，又「二十二世」之誤也。孫猛《郡齋讀書志校證》曰：「按〈漢志·六藝略·論語家〉作《孔子家語》二十七卷，此『篇』當『卷』之誤。又，師古注：『非今所有《家語》』。師古所云今之《家語》，即王肅《家語》，爲肅僞託。公武以之與〈漢志〉《家語》相比，誤矣。」是公武仍不以爲此書乃王肅僞託也。然此書實肅所僞託，故直齋謂「其間所載，多已見《左氏傳》、《大戴禮》諸書」，是直齋已疑此書乃肅掇《左傳》、《大戴》諸書而成。清人姚際恆《古今僞書考·經類》「《孔子家語》」條曰：「〈漢志〉：『《孔子家語》二十七卷。』顏師古曰：『非今所有《家語》也』。案：〈唐志〉有王肅註《家語》十卷，此即肅掇拾諸傳記爲之，託名孔安國作〈序〉，即師古所謂今之《家語》是也。今世所傳《家語》，又非師古所謂今之《家語》也。司馬貞與師古同爲唐人，貞作《史記索隱》，所引《家語》，今本或無，可驗也。元王廣謀有《家語註》。明何孟春亦註《家語》，其言曰：『未必非廣謀之庸妄，有所刪除而致然。』此言良是。然則今世《家語》，殆元王廣謀本也。」是姚氏亦以《家語》「即肅掇拾諸傳記爲之」。至姚氏謂「今世《家語》，殆元王廣謀本」，則恐非是。紀昀《四庫全書總目》卷九十一〈子部〉一〈儒家類〉著錄：「《孔子家語》十卷，<small>內府藏本</small>。魏王肅註。肅字子雍，東海人，官至中領軍散騎常侍。事蹟具《三國志》本傳。是書肅〈自序〉云：『鄭氏學行五十載矣。義理不安，違錯者多，是以奪而易之。孔子二十二世孫有孔猛者，家有其先人之書，昔相從學。頃還家，方取以來。與予所論，有若重規疊矩。』云云。是此本自肅始傳也。考《漢書·藝文志》有《孔子家語》二十七卷，顏師古註云：『非今所有《家語》。』《禮·樂記》稱：『舜彈五弦之琴，以歌南風。』鄭註：『其詞未聞。』孔穎達《疏》載肅作《聖證論》，引《家語》阜財解慍之詩以難康成。又載馬昭之說，謂《家語》，王肅所增加，非鄭所見。故王柏《家語考》曰：『四十四篇之《家語》，乃王肅自取《左傳》、《國語》、《荀》、《孟》、二《戴記》割裂織成之。孔衍之〈序〉，亦王肅自爲也。』獨史繩祖《學齋佔畢》曰：『《大戴》一書，雖列之十四經，然其書大抵雜取《家語》之書分析而爲篇目。其〈公冠篇〉載

成王冠，視辭內有「先帝」及「陛下」字，周初豈曾有此？《家語》止稱王字，
當以《家語》爲正。』云云。今考『陛下離顯先帝之光曜』已下，篇內已明云
孝昭〈冠辭〉。繩祖誤連爲祝庸之言，殊未之考。蓋王肅取〈公冠篇〉爲〈冠頌〉，
已誤合孝昭〈冠辭〉於成王〈冠辭〉，故刪去『先帝』、『陛下』字，竄改『王』
字。《家語》襲《大戴》，非《大戴》襲《家語》。就此一條，亦其明證。其割裂
他書，亦往往類此。反覆考證，其出於肅手無疑。特其流傳已久，且遺文軼事
往往多見於其中，故自唐以來知其僞而不能廢也。」是《四庫全書總目》經反
覆考證，亦謂此書「出於肅手無疑」。今人張舜徽先生《漢書藝文志通釋》二〈六
藝略〉（七）〈論語〉「《孔子家語》二十七卷」條曰：「按：《禮記·樂記·正義》
引魏博士馬昭曰：『《家語》，王肅所增加，非鄭所見。』」又曰：「肅私定以難鄭
玄。《孔子家語》雖名見〈漢志〉，其書早佚。魏人所見，已非二十七卷之舊。
實即王肅所依託以攻駁鄭學者，馬昭諸儒，已論及矣。清代學者如范家相撰《家
語證僞》十卷，孫志祖撰《家語疏證》六卷，皆以《家語》爲王肅僞作。孫氏
《疏證》，尤爲精博。集群書之異詞，以證肅之竄改謬妄，以明《家語》之非古
本。其力闢王說，實所以翼鄭學也。」足資參考。

肅，東海人，父朗。

案：肅傳附陳壽《三國志》卷十三〈魏書〉十三〈鍾繇華歆王朗傳〉第十三。
其中〈王朗傳〉云：「王朗字景興，東海郯人也。……太和二年薨，諡曰成侯。
子肅嗣。」又陳《志》〈王肅傳〉云：「肅字子雍。……黃初中，爲散騎黃門侍
郎。太和三年，拜散騎常侍。」與《解題》合。

曾子二卷

《曾子》二卷，<small>館臣案：《唐書·藝文志》及《文獻通考》俱作二卷，原本作十卷，誤，
今改正。</small>凡十篇，具《大戴禮》，後人從其中錄出別行。

廣棪案：晁公武《郡齋讀書志》卷十〈儒家類〉「《曾子》二卷」條著錄：「右曾
子者，魯曾參也。舊稱曾參所撰，其〈大孝篇〉中乃有樂正子春事，當是其門
人所纂爾。《漢·藝文志》：『《曾子》十八篇。』〈隋志〉：『《曾子》二卷、《目》
一卷。』〈唐志〉：『《曾子》二卷。』今此書亦二卷，凡十篇，蓋唐本也，視〈漢〉
亡八篇，視〈隋〉亡《目》一篇。考其書已見於《大戴禮》，世人久不讀之，文
字謬誤爲甚。乃以《大戴禮》參校之，其所是正者，至於千有餘字云。」晁〈志〉

所記，較《解題》爲詳。高似孫《子略》卷一「《曾子》條曰：「曾子者，曾參與其弟子公明儀、樂正子春、單居離、曾元、曾華之徒，講論孝行之道、天地事務之原，凡十篇。自〈修身〉至于〈天圓〉，已見於《大戴禮》篇，爲四十九、爲五十八，他又雜見於《小戴禮》，略無少異，是固後人掇拾以爲之者歟？劉中壘父子秦漢《七略》，已不能致辨於斯，況他人乎？然董仲舒對策已引其言，有曰：『尊其所聞則高明，行其所知則光大。』則書固在董氏之先乎？又其言曰：『君子愛日，及時而成，難者不避，易者不從；且就業，夕自省，可謂守業；年三十、四十無藝，則無藝矣；五十不以善聞，則無聞矣。』質者『吾日三省吾身』，何其辭費耶！予讀先太史《史記註·七十二弟子傳》，參字子輿，晉灼讀音如宋昌驂乘之參，因併及之。」是似孫亦以此書爲「後人掇拾以爲之者」也。

慈谿楊簡註。

　案：周中孚《鄭堂讀書記》卷三十六〈子部〉一之上〈儒家類〉一周至元「《曾子註釋》四卷《文選樓叢書》本。」條著錄：「國朝阮元撰。元仕履見《禮類》。案《大戴禮》載《曾子》十八篇。〈隋志〉、〈新〉、〈舊唐志〉、〈崇文目〉、〈讀書志〉、《通志》、《通考》、〈宋志〉俱作二卷。《書錄解題》載《曾子》十卷，蓋據楊氏簡注本也。陳氏云：『凡十篇，具《大戴禮》，後人從其中錄出別行。』王厚齋《漢志考證》亦同此說。故宋以後之曾子，止有《大戴》之十篇。自北周盧氏辨有注後，至近時孔巽軒、王實齋始相繼補注。若《曾子》單注本，則僅有《書錄解題》所載楊氏注十卷而已。」是則振孫所藏者乃楊簡注本。楊注此書前，有北周盧辨注本；而清世則有孔廣森巽軒、王聘珍實齋補注本，及阮元注釋本。所惜盧、孔、王、阮注本均存，而楊注本反不經見，恐已散佚。

晏子春秋十二卷

《晏子春秋》十二卷，廣棪案：盧校注：「余所見止七卷。」齊大夫平仲晏嬰傳。〈漢志〉八篇，但曰《晏子》。〈隋〉、〈唐〉七卷，始號《晏子春秋》。今卷數不同，未知果本書否？館臣案：《崇文總目》謂：「其書已亡，世所傳者，蓋後人采嬰行事而成。」故柳宗元謂：「墨氏之有齊人者為之，非嬰所自著也。」

　廣棪案：《漢書》卷三十〈藝文志〉第十〈儒家〉著錄：「《晏子》八篇。名嬰，諡平仲，相齊景公，孔子稱善與人交，有〈列傳〉。」是〈漢志〉著錄《晏子》爲八

篇，並謂晏嬰諡平仲，有〈列傳〉於《史記》。然司馬貞《史記索隱》曰：「名嬰，平諡，仲字。」蓋疑班固誤也。考《隋書》卷三十四〈志〉第二十九〈經籍〉三〈子〉著錄：「《晏子春秋》七卷，齊大夫晏嬰撰。」〈舊〉、〈新唐志〉同。是此書〈隋〉、〈唐志〉均作七卷。考《史記・管晏列傳》：「太史公曰：『吾讀管氏〈牧民〉、〈山高〉、〈乘馬〉、〈輕重〉、〈九府〉及《晏子春秋》，詳哉其言之也。』」是始稱此書爲《晏子春秋》者，乃太史公，非〈隋〉、〈唐志〉，《解題》誤矣。晁公武《郡齋讀書志》卷第十一〈墨家類〉著錄：「《晏子春秋》十二卷，右齊晏嬰也。嬰相景公，此書著其行事及諫諍之言。昔司馬遷讀而高之，而莫知其所以爲書。或曰晏子爲之，而人接焉，或曰晏子之後爲之。唐柳宗元謂遷之言不然，以爲『墨子之徒有齊人者爲之。墨好儉，晏子以儉名於世，故墨子之徒尊著其事，以增高爲己術者。且其旨多尚同、兼愛，非樂、節用、非厚葬久喪、非儒、明鬼，皆出《墨子》，又往往言墨子聞其道而稱之，此甚顯白。自向、歆、彪、固皆錄之爲儒家，非是。後宜列之墨家。』今從宗元之說。」是公武亦疑及此書，且據宗元說，出《晏子》於儒家而入墨家。

荀子二十卷

《荀子》二十卷，楚蘭陵令荀況撰。〈漢志〉作《孫卿子》，云：「齊稷下祭酒。」其曰「孫」者，避宣帝諱也。

廣校案：《漢書》卷三十〈藝文志〉第十〈儒家〉著錄：「《孫卿子》三十三篇。名況，趙人，爲齊稷下祭酒，有〈列傳〉。」顏師古注曰：「本曰荀卿，避宣帝諱，故曰孫。」漢宣帝名詢，蓋避「詢」字也。《史記・孟子荀卿列傳》載：「荀卿，趙人。年五十，始來游學於齊。……田駢之屬皆已死。齊襄王時，而荀卿最爲老師。齊尚脩列大夫之缺，而荀卿三爲祭酒焉。齊人或讒荀卿，荀卿乃適楚，而春申君以爲蘭陵令。」是況三爲齊祭酒，後由齊適楚，始爲蘭陵令。故〈漢志〉稱之爲「齊稷下祭酒」，直齋稱「楚蘭陵令荀況」也。

至楊倞始改爲《荀卿》。

案：楊倞〈荀子注序〉略云：「蓋以自備省覽，非敢傳之將來，以文字煩多，故分舊十二卷爲二十卷，又改《孫卿新書》爲《荀卿子》，其篇第亦頗有移易，使以類相從云。」考《隋書》卷三十四〈志〉第二十九〈經籍〉三〈子〉著錄：「《孫卿子》十二卷，楚蘭陵令荀況撰。」《舊唐書・經籍志》同。《新唐書》卷五十九

《志》第四十九〈藝文〉三著錄：「《荀卿子》十二卷，荀況。」是此書原十二卷，至楊倞作注，始分爲二十卷，並改書名爲《荀卿子》。〈新唐志〉著錄作「《荀卿子》」，猶依楊倞；《解題》謂「至楊倞始改爲《荀卿》」，「卿」下闕「子」字。

荀子注二十卷

《荀子注》二十卷，唐大理評事楊倞注。

廣棪案：倞，兩《唐書》無傳。《新唐書》卷五十九〈志〉第四十九〈藝文〉三著錄：「楊倞注《荀子》二十卷，汝士子，大理評事。」所記此書卷數與倞之官職與《解題》同。《四庫全書總目》卷九十一〈子部〉一〈儒家類〉一著錄：「《荀子》二十卷，內府藏本。……楊倞所注亦頗詳洽。《唐書‧藝文志》以倞爲楊汝士子，而〈宰相世系表〉則載楊汝士三子：一名知溫，一名知遠，一名知至，無名倞者。〈表〉、〈志〉同出歐陽修手，不知何以互異。意者倞或改名，如溫庭筠之一名岐歟？」《四庫全書總目》改名之說，固事理之所有，然未確指倞所改之名爲何。余嘉錫《四庫提要辨證》卷十〈子部〉一〈儒家類〉一「《荀子》二十卷」條曰：「案郝懿行《荀子補注》後附〈與李璋煜書〉，論楊倞始末，首敘璋煜之說，與《提要》此節相同。郝氏申論之云：『余謂〈志〉、〈表〉互異，當由史氏未詳，故闕然弗備。又按《唐書》倞不立傳，當由仕宦未達，無事實可詳。汪氏容甫據《古刻叢鈔》載〈唐故蔚州刺史馬公墓志銘〉，其文則楊倞所作，題云：『朝散大夫、使持節汾州諸軍事、守汾州刺史楊倞撰。』結銜較《荀子》加詳。汪氏又據〈志〉載會昌四年，定爲武宗時人。案汪氏說見《述學補遺‧荀卿子通論後》。然則此恐別一楊倞，若〈藝文志〉注《荀子》之人，止題大理評事，而無朝散大夫以下銜者，蓋非一人可知矣。汪孟慈案名喜孫，即容甫中之子。深以此說爲不然，因言〈藝文志〉但云楊汝士子，安不知有兩楊汝士也？余無以應之。』勞格《唐郎官石柱題名考》卷二十五主客郎中楊倞條下云：『石刻〈唐馬公紓墓誌銘〉，朝請大夫、使持節汾州諸軍事、守汾州刺史楊倞撰。原注：《古刻叢鈔》會昌四年。《會要》三十九長慶三十年正月，刑部又請奏大理司直楊倞等詳正敕格。沈亞之〈送韓北渚赴江西序〉北渚賓仕於江西府，其友相與訊其將處者爲誰歟？曰有弘農生倞耳。夫弘農，愼於其道，不欺者也。北渚之往，吾無虞其類之患。原注：《沈下賢集》九。《新書‧藝文志‧丙部‧子錄‧儒家類》楊倞注《荀子》二十卷。原注：汝士子，守大理評事。〈序〉末題歲在戊戌大唐睿聖文武皇帝元和十三年十二月。案倞，〈新表〉失載，郝懿行疑撰〈馬紓墓誌〉

者別一楊倞，汪喜孫疑有兩楊汝士，似俱非。』其所考證，較《提要》及汪氏、郝氏之說加詳。即其所引諸書考之，倞蓋於元和中官大理評事時注《荀子》，〈唐志〉即據其注書時結銜之。其後長慶時遷大理司直，會昌中出守汾州。其官主客郎中，則不知何時，要當在出守之前後也。據沈亞之文，則又嘗爲江西幕僚，特不知其爲何官耳。若〈新志〉謂爲楊汝士子，自當是〈世系表〉越公房之楊汝士，蓋〈志〉書某人子，必其人見於本史。汝士，《新書》附見〈楊虞卿傳〉，故舉其名。若如汪喜孫之說，爲別一不知名之楊汝士，則必不注爲汝士子。〈志〉中撰書人多矣，固未嘗一一著其爲某人子也。若以〈世系表〉不載而疑之，則〈表〉與〈志〉、〈傳〉牴牾處甚多，蓋呂夏卿雖熟於譜學，而其撰〈世系表〉亦止就諸家譜牒錄之，未暇博考群書，不足據以爲定也。況《提要》改名之說，固亦事理之所有乎？郝氏以注《荀子》之楊倞爲憲宗元和時人，而撰〈馬紓墓誌〉者爲武宗會昌時人，遂疑爲別一楊倞。汪孟慈以郝氏攻駁其父之說，心不能平，而無以折之，因造爲兩楊汝士之說，以與郝氏相枝拄。要之，皆意氣之爭，而未嘗考之於事實者。考《新書》楊汝士本傳云：『開成初，由兵部侍郎爲東川節度使。』開成元年下距會昌四年僅九年，則其子固宜尚在。即自倞注《荀子》時之元和十三年起算，至會昌四年，亦僅二十六年，倞於是時固未爲甚老也，安見其非一人耶？《唐摭言》卷八〈別頭及第〉條記會昌四年王起奏五人，其一爲楊知至，注云：『刑部尚書汝士之子。』據〈世系表〉，知至爲汝士第三子，尚是倞之弟。知至於會昌四年方始及第，則倞於是年官刺史，猶爲早達矣。《唐書》汝士本傳云：『子知溫、知至悉以進士第入官，知溫終荊南節度使，知至爲宰相劉瞻所善，以比部郎中知制誥。瞻得罪亦貶瓊州司馬，累擢戶部侍郎。』《通鑑》卷二百五十二懿宗咸通十一年書：『貶比部郎中知制誥楊知至於嶺南』，又卷二百五十三云：『僖宗乾符四年十二月，王仙芝寇荊南，節度使楊知溫，知至之兄也。以文學進，不知兵。或告賊至，知溫以爲妄，不設備。五年春正月丁酉朔大雪，知溫方受賀，賊已至城下，遂陷羅城，將佐共治子城而守之，請知溫出撫士卒。知溫紗帽皁裘而行，見士卒拒載，猶賦詩示幕僚。』知溫、知至至懿、僖時尚存，則倞於武宗時爲刺史，尚遠在其前，固不足怪。然則注《荀子》與撰〈馬紓墓誌〉者，不害其爲一人。汪容甫之言，原無繆誤。郝有傳者，〈志〉亦不舉其所終之官。況倞本無傳，石刻又出於元、明之間，撰〈藝文志〉時固未之見者乎？勞氏以郝氏及孟慈之說爲俱非，誠確不可易。余故推明其意，更爲之考定如此，且以裨《提要》之闕焉。」是余氏亦同意《四庫全書總目》改名之說，以倞爲汝士子，所考綦詳，然亦未確指所改之名，意者倞乃知遠乎？

案劉向〈序〉，校中書三百二十二篇，以校除複重二百九十篇，定著三十二篇。

案：向《別錄・孫卿書錄》曰：「護左都水使者，光祿大夫臣向言：所校讎中《孫卿書》凡三百二十二篇，以相較除復重二百九十篇，定著三十二篇。皆以定，殺青簡書，可繕寫。」《解題》據《別錄》。

〈隋志〉為十二卷。

案：《隋書》卷三十四〈志〉第二十九〈經籍〉三〈子〉著錄：「《孫卿子》十二卷，楚蘭陵令荀況撰。」今人高正《荀子版本源流考》二「十二卷本系統」載：「《隋志・經籍志》著錄本：《孫卿子》十二卷，《隋書・經籍志・子部・儒家》著錄：『《孫卿子》十二卷，楚蘭陵令荀況撰。』此乃系統版本之最早著錄。其後，《舊唐書・經籍志丙部・子錄・儒家類》亦著錄：『《孫卿子》十二卷，荀況撰。』《群書治要》或即據此本節錄，文字與今本小異。此本蓋據劉向校定本，又將三十二篇分爲十二卷。或言十二卷亦劉向所分，但無實據可尋。究竟何時何人分卷，各卷所含之篇目如何，已難查考。」是倞之前將《別錄》本三十二篇分作十二卷，究屬何時何人所爲，今已無從考究矣。

至倞始分為二十卷而注釋之。

案：倞〈荀子注序〉曰：「以文字煩多，故分舊十二卷爲二十卷，又改《孫卿新書》爲《荀卿子》。」是倞以十二卷《孫卿新書》「文字煩多」，乃分爲二十卷《荀卿子》，並從而注釋之。高正《荀子版本源流考》二「十二卷本系統」載：「《孫卿新書》本：《孫卿新書》十二卷，唐楊倞〈荀子注序〉曰：『故分舊十二卷三十二篇爲二十卷，又改《孫卿新書》爲《荀子》。』此本乃楊倞據以作注之底本。其內容保存於楊氏注文之中，大致仍其原貌，其訛誤衍奪之處，從楊注本亦可知，唯分卷狀況仍無從查考。」蓋自倞分十二卷爲二十卷，《孫卿新書》十二卷之分卷原貌，乃無法考知矣。

淳熙中，錢佃耕道用元豐監本參校，刊之江西漕司，其同異著之篇末，凡二百二十六條，視他本最為完善。

案：錢佃，《宋史》無傳。昌彼得等編《宋人傳記資料索引》載：「錢佃字仲耕，常熟人，俁弟。第進士，歷官臨安尹，擢吏部郎中，累遷吏、兵、工三部侍郎，出爲江西轉運副使，繼使福建，再使江西，累官婺州守。州饑，勸分移粟，活七十餘萬口。政爲諸郡最，朱熹極稱之。佃忠信篤厚，根於天性，臨政不求赫赫聲，恆以字民爲先。官至中奉大夫，秘閣修撰。年六十二卒。有《易解》、《詞科類要》、《文集》。」然未記佃有校刊此書事。高正《荀子版本源流考》六「南

宋錢佃本系統」載：「錢佃江西漕司刊本：《荀子》二十卷，唐楊倞注，南宋錢佃考異，南宋淳熙八年刊。此本原刻今未見。據北京圖書館所藏清士禮居摹抄錢本，及上海圖書館所藏清乾隆嘉善謝氏刻本中之韓應陛、宋公威綠色筆錢本校文，可大致得知其概貌及文字特點。摹抄本之後有錢佃刊書跋文，清蔣光煦所輯《涉聞梓舊·斠補隅錄》及繆荃孫所輯《對雨樓叢書》中亦均收此〈跋〉。錢〈跋〉曰：『右《荀卿子》書，楊倞注，凡三十二篇，爲二十卷，並劉向篇目。舊嘗患此書無善本，求之國子監，亦未嘗版行。比集諸家所藏，得二浙、江西、蜀本凡四，增寡同異，莫適取正。末乃於廬陵學官藏書中得元豐國子監刻者，遂取以爲據。然猶有謬誤，用諸本參校，凡是正一百五十有四字。其有疑而未決者，並世俗所習熟而未定，如「青出于藍而青于藍」者，監本所出而文義或非，如「美善相樂」者，皆不敢沒其實，著之卷末又一百二十有六條。雖未敢以爲盡善，然耳目所及，此已特爲精好。謹刻之江西計臺，俾學者得以考訂而誦習焉。淳熙八年六月丙午，吳郡錢佃謹識。』」是則此書乃宋孝宗淳熙八年（1181）辛丑六月錢佃任江西轉運副使時刊於江西漕司。

賈子十一卷

《賈子》十一卷，館臣案：《崇文總目》云：「〈隋〉、〈唐志〉皆九卷，《新唐書·藝文志》作十卷，此本作十一卷，疑誤。」長沙王太傅洛陽賈誼撰。

　　廣棪案：《漢書》卷三十〈藝文志〉第十〈儒家〉著錄：「《賈誼》五十八篇。」《漢書》卷四十八〈賈誼傳〉第十八亦謂誼「凡所著述五十八篇」，與〈漢志〉同。至《隋書》卷三十四〈志〉第二十九〈經籍〉三〈子〉則著錄：「《賈子》十卷，《錄》一卷。漢梁太傅賈誼撰。」是唐時已將誼之著述五十八篇分爲十卷，另《錄》一卷。《舊唐書》卷四十七〈志〉第二十七〈經籍〉下〈儒家類〉著錄：「《賈子》九卷，賈誼撰。」《新唐書》卷五十九〈志〉第四十九〈藝文〉三〈儒家類〉著錄：「賈誼《新書》十卷。」是〈舊〉、〈新唐志〉著錄卷數均與《解題》不同，而〈新唐志〉又名此書爲《新書》。誼，《漢書》有傳，《漢書》卷四十八〈賈誼傳〉第十八載：「賈誼，雒陽人也。」又載：「於是天子議以誼任公卿之位。絳、灌、東陽侯、馮敬之屬盡害之，乃毀誼言曰：『雒陽之人，年少初學，專欲擅權，紛亂諸事。』於是天子後亦疏之，不用其議，以誼爲長沙王太傅。」《解題》所稱誼官職與之同。

〈漢志〉五十八篇，今書首載〈過秦論〉，末為〈弔湘賦〉，餘皆錄《漢書》語，且略節誼本傳於第十一卷中。

案：《文獻通考》卷二百八〈經籍考〉三十五〈子儒家〉著錄：「《賈誼新書》十卷。《崇文總目》：『漢〈賈誼傳〉本七十二篇，劉向刪定為五十八篇。〈隋〉、〈唐〉皆九卷，別本或為十卷。』」是五十八篇者乃劉向所刪定。王應麟《漢藝文志考證》卷五〈儒〉載：「《賈誼》五十八篇。〈本傳〉：『凡所著述五十八篇。』今《新書》十卷，〈事勢〉、〈連語〉、〈離事〉，凡五十八篇。或取《漢書‧誼傳》附于後。」疑應麟所得讀之《賈子》亦為十一卷之本，與直齋同。蓋以五十八篇為十卷，《漢書‧誼傳》附後為一卷也。

其非《漢書》所有者，輒淺駁不足觀，決非誼本書也。

案：朱子《語錄》曰：「《賈誼新書》除了《漢書》中所載，餘亦難得粹者，看來只是賈誼一雜記稿耳，中間事事有些箇。」又曰：「問《新書》？曰：『此賈誼平日記錄稿草也。其中細碎俱有，〈治安策〉中所言多在焉。』」《文獻通考》引。《解題》所論與朱子《語錄》意同。然《四庫全書總目》則頗不以《語錄》、《解題》之說為然。《總目》其書卷九十一〈子部〉一〈儒家類〉一「《新書》十卷通行本。」條云：「朱子《語錄》曰：『《賈誼新書》除了《漢書》中所載，餘亦難得粹者，看來只是賈誼一雜記稿耳，中間事事有些個。』陳振孫亦謂：『其非《漢書》所有者，輒淺駁不足觀，決非誼本書。』今考《漢書》誼本傳〈贊〉，稱：『凡所著述五十八篇，掇其切於世事者著於傳。』應劭《漢書注》亦於〈過秦論〉下註曰：『賈誼書第一篇名也。』則本傳所載皆五十八篇所有，足為顯證。〈贊〉又稱：『三表五餌以係單于。』顏師古註所引賈誼書，與今本同。又〈文帝本紀〉註引賈誼書：『衛侯朝於周，周行人問其名。』亦與今本同，則今本即唐人所見，亦足為顯證。然決無摘錄一段立一篇名之理，亦決無連綴十數篇合為奏疏一篇上之朝廷之理。疑誼〈過秦論〉、〈治安策〉等，本皆為五十八篇之一。後原本散佚，好事者因取本傳所有諸篇，離析其文，各為標目，以足五十八篇之數，故餖飣至此。其書不全真，亦不全偽。朱子以為雜記之稿，固未核其實；陳氏以為決非誼書，尤非篤論也。且其中為《漢書》所不載者，雖往往類《說苑》、《新序》、《韓詩外傳》。然如〈青史氏〉之記，具載胎教之古禮。〈修政語〉上、下兩篇，多帝王之遺訓。〈保傅篇〉、〈容經篇〉，並敷陳古典，具有源本。其解《詩》之〈騶虞〉、《易》之潛龍、亢龍，亦深得經義。又安可盡以淺駁不粹目之哉！雖殘闕失次，要不能以斷爛棄之矣。」可資參考，然《四庫

全書總目》所辨，似仍未足推翻朱子、直齋之說也。

鹽鐵論十卷

《鹽鐵論》十卷，漢廬江太守丞汝南桓寬次公撰。本始元年，召問賢良、文學，對願罷鹽鐵、榷酤、均輸，與御史大夫弘羊相詰難，於是止罷榷酤，而鹽鐵卒不變。故〈昭紀贊〉曰：「議鹽鐵而罷榷酤」也。及宣帝時，寬推衍增廣，著數萬言，凡六十篇。

> 廣棪案：《漢書》卷七〈昭帝紀〉第七載：「始元元年，……閏（九月），……舉賢良，問民所疾苦、冤、失職者。」又〈昭帝紀〉：「贊曰：『……舉賢良、文學，問民間疾苦，議鹽鐵而罷榷酤，號曰「昭」，不亦宜乎？』」即記此事。《郡齋讀書志》卷第十〈儒家類〉「《鹽鐵論》十卷」條著錄：「右漢桓寬撰。按班固曰：『所謂鹽鐵議者，起始元中，徵文學、賢良，問以治亂，皆對願罷郡國鹽鐵、酒榷、均輸，務本抑末，毋與天下爭利，然後教化可興。御史大夫桑弘羊以為此乃所以安邊境，制四夷，國家大業，不可廢也。當時相詰難，頗有其議文。至宣帝時，汝南桓寬次公治《公羊春秋》，舉為郎，至廬江太守丞。博通善屬文，推衍鹽鐵之議，增廣條目，極其論難，著數萬言，亦欲以究治亂，成一家之法焉。』凡六十篇。」所記與《解題》略同。

其末曰〈雜論〉。班書取以為論贊。其言：「桑大夫據當世，合時變，上權利之略，雖非正法，鉅儒宿學不能自解，博物通達之士也。」

> 案：《鹽鐵論》六十篇，〈雜論〉在第六十。中云：「桑大夫據當世，合時變，推道術，尚權利，辟略小辯，雖非正法，然巨儒宿學，惡然不能自解，可謂博物通士矣。」《解題》據〈雜論〉而文字略有所刪定。

嗚呼，世之小人何嘗無才！以《熙寧日錄》言之，王安石之辯，雖曰儒者，其實桑大夫之流也。霍光號知時務，與民更始，而鹽鐵之議，乃俾先朝首事之臣，與諸儒議論，廣棪案：盧校本作「論議」。反覆不厭，或是或非，一切付之公論，而或行或否，未嘗容心焉。以不學無術之人，而暗合乎《孟》、《莊子》父臣父政之義。曾謂元祐諸賢，而慮不及此乎！

> 案：直齋素惡安石，此條乃借題發揮抨擊熙寧新政矣。文中所評論霍光，雖取材於《漢書》，而所論則不盡同於班固。《漢書・昭帝紀》贊曰：「昔周成以孺子繼統，而有管、蔡四國流言之變。孝昭幼年即位，亦有燕、蓋、上官逆亂之謀。

成王不疑周公，孝昭委任霍光，各因其時以成名，大矣哉！承孝武奢侈餘敝師旅之後，海內虛耗，戶口減半。光知時務之要，輕繇薄賦，與民休息。至始元、元鳳之間，匈奴和親，百姓充實。舉賢良文學，問民所疾苦，議鹽鐵而罷榷酤，尊號曰『昭』，不亦宜乎！」又《漢書》卷六十八〈霍光金日磾傳〉第三十八，贊曰：「霍光以結髮內侍，起於階闥之間，確然秉志，誼形於主。受襁褓之託，任漢室之寄，當廟堂，擁幼君，摧燕王，仆上官，因權制敵，以成其忠。處廢置之際，臨大節而不可奪，遂匡國家，安社稷。擁昭立宣，光爲師保，雖周公、阿衡，何以加此！然光不學亡術，闇於大理，陰妻邪謀，立女爲后，湛溺盈溢之欲，以增顛覆之禍，死財三年，宗族誅夷。哀哉！」是孟堅之評霍光，實事求是，有臧有否，而終瑕不掩瑜；而直齋則欲明揭安石之短，故僅取光之長處以相角，即光之不學無術，亦認爲「暗合《孟子》、《莊子》父臣父政之義」，故評論結果乃大相逕庭若此。

新序十卷

《新序》十卷，漢護都水使者、光祿大夫劉向子政撰。

廣棪案：《隋書》卷三十四〈志〉第二十九〈經籍〉三〈子〉著錄：「《新序》三十卷，《錄》一卷。劉向撰。」《舊唐書·經籍志》、《新唐書·藝文志》同。惟《通志》卷六十六〈藝文略〉第四〈儒術〉著錄：「《新序》二十卷，《錄》一卷，劉向撰。」其「二十卷」恐乃「三十卷」之誤。《漢書》卷三十〈藝文志〉第十著錄：「劉向所序六十七篇。《新序》、《說苑》、《世說》、《列女傳頌圖》也。」顧實《漢書藝文志講疏》曰：「稱《新序》者，蓋猶今之叢書也。〈本傳〉云：『向采傳記，著《新序》、《說苑》凡五十篇。序次《列女傳》凡八篇，著〈疾讒〉、〈摘要〉、〈救危〉及〈世頌〉凡八篇。』〈疾讒〉、〈摘要〉、〈救危〉、〈世頌〉，蓋皆《世說》中篇目，即《世說》也。〈隋志〉：『《新序》三十卷，《說苑》二十卷。』卷即是篇，是五十篇。合《世說》八篇，《列女傳》八篇，凡十六篇。又加《列女傳圖》一篇，恰符〈漢志〉六十七篇之數。今《世說》八篇亡，《列女傳圖》一篇亦亡，《新序》亡二十篇，存十篇，凡餘三十八篇。」是則《新序》原三十篇，後亡二十篇，至宋已僅存十篇矣。向字子政，本名更生，爲楚元王交四世孫，事蹟附《漢書》卷三十六〈楚元王傳〉第六。劉向《別錄》今見存之《戰國策書錄》、《管子書錄》、《晏子敘錄》等，向自署職銜均作「護左都水使者、光祿大夫」，《解題》脫「左」字。

舜、禹以來迄于周，嘉言善行，往往在焉。其書最為近古。_{館臣案：曾鞏〈序〉}略曰：「向之序此書，於今最為近古，雖不能無失，然遠至舜、禹，而次及於周、秦以來，古人嘉言善行，亦往往而有也。」此云「自舜、禹以來迄於周」，疑有脱句。 廣棪案：盧校注：「蓋節其語而失之。」

　　案：曾鞏〈新序目錄序〉曰：「劉向所集次《新序》三十篇，《錄》一篇，隋、唐之世尙爲全書，今可見者十篇而已。臣既考正其文字，『待文王而興者，凡民也，豪傑之士雖無文王猶興。』漢之士豈無明先王之道以一之者哉？亦其出於是時者豪傑之士少，故不能特起於流俗之中，絕學之後也。蓋向之序此書，於今爲最爲近古，雖不能盡失，然遠至舜、禹，而次及周、秦以來，古人之嘉言善行，亦往往而在也，要在愼取之而已。故臣既惜其不可見者，而校其可見特詳焉，亦足以知臣之攻其失者。豈好辯哉，蓋臣之不得已也。編校書籍臣曾鞏上。」《解題》實據鞏〈序〉隱括。

說苑二十卷

《說苑》二十卷，劉向撰。

> 廣棪案：《隋書》卷三十四〈志〉第二十九〈經籍〉三〈子〉著錄：「《說苑》二十卷，劉向撰。」與《解題》同。惟〈舊唐志〉卷四十七〈志〉第二十七〈經籍〉下〈儒家類〉著錄：「《說苑》三十卷，劉向撰。」《新唐書・藝文志》同。疑〈舊〉、〈新唐志〉作三十卷，乃二十卷之誤。

〈序〉言：「臣向校中書《說苑》、《雜事》，除去與《新序》複重者，其餘淺薄不中義理，別集以為百家後，今_{廣棪案：盧校本「今」為「令」。是。}以類相從，更以造新事，凡二十篇、七百八十四章，號曰《說苑》。」_{廣棪案：盧校注：「宋本作《新苑》，故下云云。」}

　　案：劉向〈說苑序奏〉曰：「護左都水使者、光祿大夫臣向言：所校中書《說苑》、《雜事》，及臣向書、民間書、誣校讎，其事類眾多，章句相溷，或上下謬亂，難分別次序。除去與《新序》復重者，其餘者淺薄，不中義理，別集以爲百家，後令以類相從，一一條別篇目，更以造新事十萬言以上，凡二十篇、七百八十四章，號曰《新苑》，皆可觀。臣向昧死。」《解題》殆據此隱括。

案〈漢志〉，劉向所序六十七篇，謂《新序》、《說苑》、《世說》、《列女傳頌圖》也。

案：《漢書》卷三十〈藝文志〉第十〈諸子略・儒家〉著錄：「劉向所序六十七篇。《新序》、《說苑》、《世說》、《列女傳頌圖》也。」《解題》全據〈漢志〉。

今本南豐曾鞏序，言《崇文總目》存者五篇，從士大夫得十五篇，與舊為二十篇。未知即當時篇章否？《新苑》之名亦不同。

案：曾鞏〈說苑序〉曰：「劉向所序《說苑》二十篇。《崇文總目》云：『今存者五篇，餘皆亡。』臣從士大夫間得之者十有五篇，與舊爲二十篇，正其脫謬，疑者闕之，而敘其篇目。」《解題》據此櫽括。考《崇文總目》卷三〈儒家類〉著錄：「《說苑》五卷。原釋：漢劉向撰。向，成帝時典秘書，採傳記百家之言，掇其正辭美義可爲勸戒者，以類相從，爲《說苑》二十篇，今存者五卷。見《文獻通攷》、《南豐文集》。《書錄解題》並引末句。」錢東垣輯釋本。是《崇文總目》著錄正作五卷。又據上引劉向〈說苑序奏〉謂號《說苑》爲《新苑》，故《解題》乃有「《新苑》之名亦不同」之說。

法言十卷

《法言》十卷，館臣案：《唐書・藝文志》作六卷。**漢黃門郎蜀揚雄子雲撰。凡十三篇。**

廣棪案：《漢書》卷三十〈藝文志〉第十〈諸子略・儒家〉著錄：「揚雄所序三十八篇。《太玄》十九、《法言》十三、《樂》四、《箴》二。」是〈漢志〉已作十三篇。《舊唐書》卷四十七〈志〉第二十七〈經籍〉下著錄：「《揚子法言》六卷，揚雄撰。」《新唐書・藝文志》同。是《法言》有六卷本，疑篇數與十卷本相同，而分卷有所不同耳。

篇各有〈序〉，本在卷末，如班固〈敘傳〉，然今本分冠篇首，自宋咸始也。

案：《法言》有宋咸註，並撰〈序〉，中曰：「觀夫《詩》、《書》小序，並冠諸篇之前，蓋所以見作者之意也。《法言》每篇之〈序〉皆子雲親旨，反列於卷末，甚非聖賢之法，今升之於章首，取合經義第次之由。」是將《法言》諸〈序〉分冠篇首，始自宋咸。《四庫全書總目》卷九十一〈子部〉一〈儒家類〉一「《法言集註》十卷通行本。」條云：「舊本十三篇之序列於書後，蓋自《書序》、《詩序》以來，體例如是。宋咸不知《書序》爲僞《孔傳》所移，《詩序》爲毛公所移，乃謂子雲親旨，反列卷末，甚非聖賢之旨，今升之章首，取合經義。其說殊謬。」是宋咸不明古書體例，隨意移易《法言》諸篇序文位置，

故不免《四庫全書總目》譏評也。咸,《宋史》無傳,清陸心源《宋史翼》卷二十三〈儒林〉一有傳。今人昌彼得等編《宋人傳記資料》載:「宋咸字貫之,建陽人,樂子。天聖二年進士,知邵武軍,立學置田養士。移守韶州,奏除悍卒,境內肅然。狄青經制廣西,移咸為漕,以功轉職方員外郎,奏乞於境管立學,賜經史以變夷風。官至都官郎中。有《易訓》、《毛詩正紀外義》、《論語增注》、《法言注》、《朝制要覽》、《延年集》及《劍池編》諸書。」天聖,宋仁宗年號。則咸乃北宋人。

法言注十三卷、音義一卷

《法言注》十三卷、《音義》一卷,晉尚書郎李軌宏範注。

廣棪案:《隋書》卷三十四〈志〉第二十九〈經籍〉三〈子〉著錄:「《揚子法言》十五卷、《解》一卷,揚雄撰,李軌注。」所著錄卷數與《解題》不同,又《解》一卷,亦《解題》所未著錄。《舊唐書》卷四十七〈志〉第二十七〈經籍〉下〈儒家類〉著錄:「《揚子法言》六卷,揚雄撰。又十卷,宋衷注。又十三卷,李軌注。」其所著錄李軌注,十三卷,與《解題》同。《新唐書》卷五十九〈志〉第四十九〈藝文〉三〈儒家類〉著錄:「李軌注《法言》三卷。」所著錄之「三卷」,應為「十三卷」也。晁公武《郡齋讀書志》卷第十〈儒家類〉著錄:「《李氏注法言》十三卷。右漢揚雄撰。晉祠部郎中李軌注。」則卷數與《解題》同。考周中孚《鄭堂讀書記補逸》卷二十〈子部‧儒家類〉著錄:「《揚子法言》十三卷、《音義》一卷,石研齋秦氏刊宋治平監本。漢揚雄撰,晉李軌注。《音義》,不著撰人姓氏。雄,仕履見〈經部‧小學類〉。軌,字宏範,江夏人,東晉時,官祠部郎中,歷尚書郎、都亭侯。〈漢志〉載《法言》十三篇,本傳又備列其目。而〈隋志〉云:『《揚子法言》十五卷,《解》一卷,揚雄撰,李軌注。』五字乃三字之誤也。其《解》一卷,〈唐志〉以下俱不載,蓋已佚矣。《舊唐書‧志》亦載:『《揚子法言》十三卷,李軌注。』而《新唐書‧志》作三卷,則又脫十字矣。《崇文總目》、衢本《讀書志》亦俱作十三卷,《書錄解題》又有《音義》一卷,陳氏云:『此本歷景祐、嘉祐、治平三降詔,更監學、館閣兩制校定,然後頒行,與建寧四注本不同。錢佃得舊監本刻之,與《孟》、《荀》、《文中子》為四書。』《通考》所引同。自宋以後,其本罕傳;至嘉慶己卯,江都秦恩復得宋槧,稍有修版,尚不失治平之真。其篇題下各有注,為他本所無;而每篇之〈序〉,總列於卷末,非如宋咸本之已經移易。秦氏因為之影摹重雕,其修版則仍而不改,並

所訛誤，舉摘二十餘條；附其〈自序〉之後。原附有《音義》一卷，諸家書目俱不言誰撰，或有以爲亦宏範撰者。然其首著宏範仕履，及其著作，而中又多引天復本。天復乃唐昭宗年號，則非李撰明甚。溫公集注〈序〉謂：『出於故相宋公庠家。』當是宋初人作也。蓋《法言》之注，莫古於宏範，而莫備於溫公矣。是刻之前十二年丁卯年，先有徐飴盦養原重刻本，初嚴道甫、吳徵墊兩家俱有校宋本；盧抱經嘗借以校明世德堂所刊四注本，增注三十餘條，改正四百餘處，復從吳槎客借元刻纂圖互注本，參校訛字，後李生甫廎芸得其本，以畀飴盦覆校而刻之，並爲《考異》一卷，《附考》一卷系於後。飴盦、生甫俱有〈跋〉，以較此本，大約相同，但非仿宋耳。」李軌，《晉書》無傳，周氏所記仕履，較《讀書志》、《解題》爲詳；又謂《音義》一卷非宏範撰，亦允洽。

此本歷景祐、嘉祐、治平三降詔，更監學、館閣兩制校定，然後頒廣棪案：盧校本作「板」。**行。**

案：景祐、嘉祐，宋仁宗年號；治平，宋英宗年號。司馬光《溫公集注法言序》曰：「景祐四年，詔國子監校《揚子法言》；嘉祐二年七月，始校畢，上之；又詔直秘閣呂夏卿校定，治平元年上之；又詔內外制看詳，二年上之，然後命國子監鏤版印行。」《解題》殆據溫公〈序〉。考傅增湘《藏園群書題記》卷第六〈儒家類〉有〈宋本揚子法言跋〉，曰：「《揚子法言注》十三卷、《音義》一卷，宋刊本，半葉十行，每行十六七至二十字，注雙行二十五六七字，亦有少至二十一字者，白口，左右雙闌，板心記字數，不分大小。下記刊工姓名。卷一第一行題『揚子法言學行卷第一』，次行題『李軌注』，低六七格不等。每卷後空一行標書名卷第幾，不附篇名。宋諱玄、弘、殷、匡、敬、貞、勗、恆，皆缺末筆。《音義》後列國子監校勘官銜名，自主簿文效至判國子監蔡抗十九人，凡二十六行。下空三行，又列參知政事趙概、歐陽修，同中書門下平章事曾公亮、韓琦四人銜名，凡八行。蓋源出汴京國子監刊本也。刊工有殷忠、金祖、王植、沈定、王壽、李洪、朱玩、吳中、李正、章宇、王椿、王用、李度、李恂、高俊、何澄、張世榮、張謙、孫日新、王正、李元、李信、李倚、嚴忠、秦顯、章忠、張用、莫珍、趙旦、吳寶、宋裕、李倍諸人名。」《解題》所著錄者，疑與傅氏所跋者爲同一板本。

與建寧四注本不同。

案：顧廣圻《思適齋集》卷九〈序‧重刻治平監本揚子法言並音義序代秦敦甫〉曰：「《揚子法言》十三卷，自侯芭、宋衷之注既亡，存者莫先於晉李軌宏範注。

宋景祐、嘉祐、治平三降詔，更監學、館閣兩制，校定板行，最爲精詳。有《音義》一卷，不題撰人名氏，其中多引天復本。天復者，唐昭宗紀元，而王建在蜀稱之。然則謂蜀本也。撰人當出五代、宋初閒矣。司馬溫公言宋庠家所有，逮陳振孫《書錄解題》所載，皆即自其本，當時固盛行也。外此有唐柳宗元、宋宋咸、吳秘注，建寧人合李注爲四注本，《書錄解題》云與此不同。」是則建寧四注本者，乃指建寧人合李軌、柳宗元、宋咸、吳秘四家注而板行之本。

錢佃得舊監本刻之，與《孟》、《荀》、《文中子》爲四書。

　　案：傅增湘《藏園群書題記》卷第六〈子部〉一〈儒家類・臨何義門校揚子法言跋〉云：「《揚子法言》宋刊本。舊藏於海源閣楊氏，近歲以聊城被兵散出，爲邢君贊亭所得，余曾得假觀，即世所稱淳熙八年錢佃重刻之治平監本也。留置案頭，把玩連月，手爲題識以歸之。顧以方從事他書，未遑肆力丹鉛。頃贊亭復收得何屺瞻手校本，審其所據，即治平監本，乃取舊藏世德堂本移錄於上。」是則義門、藏園所得讀者即淳熙八年錢佃重刻之治平監本。

太玄經十卷

《太玄經》十卷，揚雄撰，五業主事章陵宋衷仲子解詁，吳鬱林太守陸績公紀釋文，晉尚書郎范望叔明解贊。

　　廣梭案：《隋書》卷三十四〈志〉第二十九〈經籍〉三〈子〉著錄：「《揚子太玄經》九卷，宋衷注。梁有《揚子太玄經》九卷，揚雄自作章句，亡。」是子雲曾自作章句。〈隋志〉同卷又著錄：「《揚子太玄經》十卷，陸績、宋衷注。」《舊唐書》卷四十七〈志〉第二十七〈經籍〉下〈儒家類〉著錄：「《揚子太玄經》十二卷，揚雄撰，陸績注。又十二卷，范望注。」《新唐書》卷五十九〈志〉第四十九〈藝文〉三〈儒家類〉著錄：「陸績注《揚子太玄經》十二卷，范望注《太玄經》十二卷，宋仲孚注《太玄經》十二卷。」〈隋〉、兩〈唐志〉所著錄卷數有作九卷或十二卷者，與《解題》作十卷者不同。又〈新唐志〉宋仲子作仲孚。《郡齋讀書志》卷第十〈儒家類〉著錄：「《范氏注太玄經解》十卷。右吳范望叔明注。其〈序〉云：『子雲著《玄》，桓譚以爲絕倫，張衡以擬《五經》。自侯芭受業之後，希有傳者。建安中，宋衷、陸績解釋之，文字繁猥。今以陸爲本，錄宋所長，訓理其義，爲十卷。且以〈首〉分居本經之上，以〈測〉散處〈贊辭〉之下。』其前又有陸績〈序〉，以子雲爲聖人云。」是《郡齋讀書志》著錄之本，

與《解題》同。疑宋、陸、范三氏所注《太玄》，原作十二卷，其後叔明以宋、陸「文字繁猥」，乃「以陸為本，錄宋所長，訓理其義，為十卷」。故公武、直齋所得讀者均為十卷本，蓋范氏以三家之注，重加刪削編理而為一耳。

案〈漢志〉，揚雄所敘三十八篇，《太玄》十九。

案：《漢書》卷三十〈藝文志〉第十〈諸子略・儒家〉著錄：「揚雄所序三十八篇。《太玄》十九，《法言》十三，《樂》四，《箴》二。」《解題》據此。

本傳三方、九州、二十七部、八十一家、七百二十九贊，分為三卷，有〈首〉、〈衝〉、〈錯〉、〈測〉、〈攡〉、〈瑩〉、〈數〉、〈文〉、〈掜〉、〈圖〉、〈告〉十一篇，皆以解剝《玄》體，蓋與十經三卷，共分為十四。

案：《漢書》卷八十七下〈揚雄傳〉第五十七下載：「雄以為賦者，將以風也，必推類而言，極麗靡之辭，閎侈鉅衍，競於使人不能加也，既乃歸之於正，然覽者已過矣。往時武帝好神仙，相如上〈大人賦〉，欲以風，帝反縹縹有陵雲之志。繇是言之，賦勸而不止，明矣。有頗似俳優淳于髡、優孟之徒，非法度所存，賢人君子詩賦之正也，於是輟不復為。而大潭思渾天，參摹而四分之，極於八十一。旁則三摹九据，極之七百二十九贊，亦自然之道也。故觀《易》者，見其卦而名之；觀《玄》者，數其畫而定之。《玄》首四重者，非卦也，數也。其用自天元推一畫一夜陰陽數度律曆之紀，九九大運，與天終始。故玄三方、九州、二十七部、八十一家、、二百四十三表、七百二十九贊，分為三卷，曰一、二、三，與《泰初曆》相應，亦有顓頊之曆焉。揲之以三策，關之以休咎，絣之以象類，播之以人事，文之以五行，擬之以道德仁義禮知。無主無名，要合《五經》，苟非其事，文不虛生。為其泰曼漶而不可知，故有〈首〉、〈衝〉、〈錯〉、〈測〉、〈攡〉、〈瑩〉、〈數〉、〈文〉、〈掜〉、〈圖〉、〈告〉十一篇，皆以解剝《玄》體，離散其文，章句尚不存焉。」是雄輟賦不復為，而後始撰《太玄》也。《解題》之文蓋據此隱括。

今〈志〉云十九，未詳。

案：《四庫全書總目》卷一百八〈子部〉十八〈術數類〉一著錄：「《太元經》十卷，編修勵守謙家藏本。漢揚雄撰，晉范望註。《漢書・藝文志》稱：『揚雄所序三十八篇；《太元》十九。』其〈本傳〉則稱：『《太元》三方、九州、二十七部、八十一家、二百四十三表、七百二十九贊，分為三卷，曰一、二、三；與《太初曆》相應。又稱有〈首〉、〈衝〉、〈錯〉、〈測〉、〈攡〉、〈瑩〉、〈數〉、〈文〉、〈掜〉、〈圖〉、〈告〉十一篇，皆以解剝《玄》體，離散其文，章句尚

不存焉。』與〈藝文志〉十九篇之說已相違異。桓譚《新論》則稱《太元經》三篇、傳十二篇，合之乃十五篇，較〈本傳〉又多一篇。案阮孝緒稱：『《太元經》九卷，雄自作章句。』〈隋志〉亦載雄《太元經章句》九卷。疑〈漢志〉所云十九篇，乃合其《章句》言之。今《章句》已佚，故篇數有異。至桓譚《新論》則世無傳本，惟諸書遞相援引，或訛十一爲十二耳。以今本校之，其篇名、篇數一一與《本傳》皆合，固未嘗有脫佚也。」是《四庫全書總目》「疑〈漢志〉所云十九篇，乃合其《章句》言之，今《章句》已佚，故篇數有異」。惟無論以〈漢志〉著錄之十四篇，加《章句》九卷（一篇爲一卷），或據阮孝緒《七錄》稱之《太玄經》九卷，加〈隋志〉著錄《太玄經章句》九卷，均難符十九篇之數。與其強作解人，倒不如效直齋以「未詳」釋之，更爲實事求是也。

初，宋、陸二家各依舊本解釋，范望折中長短，或加新意，既成此注，乃以〈玄首〉一篇，加經〈贊〉之上；〈玄測〉一篇，附〈贊〉之下，爲九篇，列爲四卷。〈首〉、〈測〉一廣棭案：盧校本作「二」。〈序〉，仍載之第一卷之首。蓋猶王弼離合《古易》之類也。

　　案：《四庫全書總目》同卷〈子部〉十八〈術數類〉「《太玄經》十卷編修勵守謙家藏本。」條云：「註其書者，自漢以來，惟宋衷、陸績最著。至晉范望，乃因二家註，勒爲一編。雄書本擬《易》而作，以〈家〉準卦，以〈首〉準象，以〈贊〉準爻，以〈測〉準象，以〈文〉準〈文言〉，以〈攤〉、〈瑩〉、〈掜〉、〈圖〉、〈告〉準〈繫詞〉，以〈數〉準〈說卦〉，以〈衝〉準〈序卦〉，以〈錯〉準〈雜卦〉，全仿〈周易〉。古本經傳各自爲篇，望作註時，析〈元首〉一篇，分冠八十一〈家〉之前。析〈元測〉一篇，分繫七百二十九〈贊〉之下。始變其舊，至今仍之。其書〈唐・藝文志〉作十二卷，《文獻通考》則作十卷，均名曰《太元經註》。此本十卷，與《通考》合，而卷端標題則稱晉范望字叔明解贊。考〈元測〉第一條下有附註曰：『此是宋、陸二家所註，即非范望註也。蓋范望採此註意，自經解贊，儒有近習，罔知本末，妄將此註升於〈測〉曰之上，以雜范註，混亂義訓。今依范望正本，移於〈測〉曰之下，免誤學者。已下七百二十九〈測〉註並同。』云云。考望〈自序〉，亦稱：『因陸君爲本，錄宋所長，損其所短，并〈首〉一卷本經之上，散〈測〉一卷註文之中，訓理其義，以〈測〉爲據。』然則望所有自註，特其〈贊〉詞。其他〈文〉則酌取二家之舊，故獨以〈贊〉爲文。今概稱望註，要其終而目之耳。」可資參證。

卷首有陸績〈述玄〉一篇。

　　案：《四庫全書總目》同條又曰：「卷端列陸績〈述元〉一篇，據陳振孫《書錄
　　解題》為范本所舊有。」是績之〈述玄〉一篇，久附此本卷端以行。《玉海》卷
　　第三十六〈藝文・易下・擬易附〉「漢揚雄《太玄》」條載：「吳陸績〈述玄〉曰：
　　『雄建立《玄經》，與聖人同趣，雖周公繇《大易》，孔子修《春秋》，不能是過。』」
　　績於子雲《太玄》，亦可謂推崇備至矣。

說玄一篇

《說玄》一篇，唐宰相河南王涯廣津撰。〈明宗〉、〈立例〉、〈揲法〉、〈占法〉、
〈辨首〉凡五篇。

　　廣棪案：《郡齋讀書志》卷第十〈儒家類〉著錄：「《說玄》一篇，右唐王涯廣津
　　撰。涯始以貞元丙子，終於元和己丑，二十六年間，注《太玄》為六卷。今
　　不之見，獨此書行於世。凡五篇：〈明宗〉一、〈立例〉二、〈揲法〉三、〈占
　　法〉四、〈辨首〉五。」《解題》與《郡齋讀書志》所述略同。《玉海》卷第三
　　十六〈藝文・易下・擬易附〉「漢揚雄《太玄》」條載：「〈唐志〉：『唐王涯為《說
　　玄》五篇，一卷。』」是《解題》著錄之「《說玄》一篇」，應為「一卷」之誤。
　　《玉海》又載：「唐王涯《說玄》五篇，〈明宗〉、〈立例〉、〈揲法〉、〈占法〉、
　　〈辨首〉。〈說玄〉曰：『八十一〈首〉擬乎卦，九〈贊〉之位類夫爻，《易》
　　以八八為數，其卦六十有四；《玄》以九九為數，其〈首〉八十有一；《易》
　　之占以變，《玄》之筮以逢；數有陰陽，而時有晝夜；〈首〉有經緯，而占有
　　且夕；參而得之，謂之逢。四位成列，性在其中矣。九虛旁通，情在其中矣。
　　四位之次，曰：方、州、部、家。以一生二，方。以三生九，州。以九生二十七，
　　部。以二十七生八十一，家。三相生，《玄》之數也；一〈首〉九〈贊〉，故有
　　七百二十九〈贊〉，其外踦、贏二〈贊〉，以備一儀之月數。《玄》之〈首〉也；
　　使於中，中之始也在乎一，一之所配自天元，甲子朔旦，冬至推一晝一夜，
　　終而復始，天元二十七，〈首〉中至事；地元二十七，〈首〉更至昆；人元二
　　十七，〈首〉減至養。』」可略知涯《說玄》梗概。涯，《舊唐書》卷一百六十
　　九〈列傳〉第一百一十九、《新唐書》卷一百七十九〈列傳〉第一百四有傳。
　　《舊唐書》稱涯「太原人」，《新唐書》稱「其先本太原人」，均與《解題》所
　　記不同。

太玄釋文一卷

《太玄釋文》一卷，相傳自侯芭、虞翻、宋衷、陸績互有增損，非後人所作也，吳秘嘗作《音義》，豈即此耶？

廣棪案：直齋疑吳秘《音義》，即《太玄釋文》，惟未見其依據，不必可從。《玉海》卷第三十六〈藝文·易下·擬易附〉「漢揚雄《太玄》」條於論王涯《說玄》五篇後，附小注曰：「馮元以宋、陸諸家章句失雄旨，獨王涯稍近，作《釋文》一篇。」疑此《釋文》一篇，即《太玄釋文》一卷也。考《秘書省續編到四庫闕書目》卷二〈子類·儒家〉著錄：「馮元撰《太玄音訓》一卷。闕。」葉德輝考證本。此《太玄音訓》一卷，與《太玄釋文》一卷，殆同書異名耶？元，《宋史》卷二百九十四〈列傳〉第五十三有傳。其〈傳〉曰：「馮元字道宗。……眞宗試進士殿中，召元講《易》。元進說曰：『地天爲〈泰〉者，以天地之氣交也。君道至尊，臣道至卑，惟上下相與，則可以輔相天地，財成萬化。』帝悅。……元性簡厚，不治聲名，非慶弔未嘗過謁二府。……多識古今臺閣品式之事，尤精《易》。初，七歲，方讀《易》，母夜夢異人，以紺蓮與元吞之，且曰：『善讀此，後必貴顯。』元且老，率三日一誦《易》。」或元固熟精《易》學，因兼考《太玄》而撰《釋文》耶？

太玄集注六卷

《太玄集注》六卷，司馬光撰。自宋衷而下四家之外，有直昭文館宋惟幹注，天水尉陳漸《演玄》，司封郎吳秘《音義》，通前凡七家。集取其說。斷以己意。廣棪案：盧校注：「溫公極重《太玄》，稱其書合天地之道以為一，《孟》與《荀》，殆不足擬，況其餘乎？」

廣棪案：《郡齋讀書志》卷第十〈儒家類〉著錄：「《溫公集注太玄經》十卷。右皇朝司馬光君實集漢宋衷《解詁》、吳陸績《釋文》、晉范望《解贊》、唐王涯注《經》及〈首〉、〈測〉、宋惟幹《通注》、陳漸《演玄》、吳秘《音義》七家，爲此書。自慶曆至元豐，凡三十年始成。其直云宋者，衷也；小宋者，惟幹也。惟幹、漸、秘皆國朝人。」與《解題》所述，足資參證。惟此書《解題》作六卷，《郡齋讀書志》作十卷。孫猛《郡齋讀書志校證》云：「按司馬光《集注太玄經》一書，《書錄解題》卷九、《玉海》卷三十六引《中興書目》、〈宋志〉卷四俱作六卷，今本有六卷者，如《道藏》太清部所收本；有十卷者，如《子書

百家》本。十卷者，其後四卷乃宋襄陵、許翰仿韓康伯注《繫辭》合王弼《注》為全書例，通司馬光書為十卷也，許書單行本，題《玄解》四卷，見《書錄解題》卷九，今本卷七注〈測〉、〈衝〉、〈錯〉、〈攡〉、〈瑩〉，卷八注〈數〉、〈捝〉，卷九注〈文〉，卷十注〈圖〉、〈告〉。」是作十卷者，乃將《集注》六卷，合《玄解》四卷而言之。

玄解四卷、玄曆一卷

《玄解》四卷、《玄曆》一卷，右丞襄陵許翰崧老撰。所解十一篇，通溫公《注》為十卷，倣韓康伯注《繫辭》合王弼為全書之例也。大抵〈玄首〉如〈彖〉。〈贊〉如〈爻〉，館臣案：原本脫「彖贊如」三字，今撰〈文獻通攷〉補入。〈測〉如〈象〉，〈文〉如〈文言〉，〈攡〉、〈瑩〉、〈捝〉、〈告〉如〈繫辭〉，〈數〉如〈說卦〉，〈衝〉如〈序卦〉，〈錯〉如〈雜卦〉之類。其餘《易》也，規規然擬之勤矣。

廣梭案：《郡齋讀書志》卷第十〈儒家類〉著錄有《溫公集注太玄經》十卷，此即《解題》所謂「通溫公《注》為十卷」者也。孫猛《郡齋讀書志校證》曰：「十卷者，其後四卷乃宋襄陵許翰仿韓康伯注《繫辭》合王弼《注》為全書例，通司馬光書為十卷也。許書單行本，題《玄解》四卷，見《書錄解題》卷九。今本卷七注〈測〉、〈衝〉、〈錯〉、〈攡〉、〈瑩〉，卷八注〈數〉、〈捝〉，卷九注〈文〉，卷十注〈圖〉、〈告〉。」闡述至明。考溫公《說玄》曰：「《易》有〈彖〉，《玄》有〈首〉；《易》有〈爻〉，《玄》有〈贊〉，《易》有〈象〉，《玄》有〈測〉；《易》有〈文言〉，《玄》有〈文〉；《易》有〈繫辭〉，《玄》有〈攡〉、〈瑩〉、〈捝〉、〈圖〉、〈告〉；《易》有〈說卦〉，《玄》有〈數〉；《易》有〈序卦〉，《玄》有〈衝〉；《易》有〈離卦〉，《玄》有〈錯〉。殊塗而同歸，百慮而一致，皆本於太極、兩儀、三才、四時、五行，而歸於道、德、仁、誼、禮也。」見《玉海》卷第三十六《藝文・易下・擬易附》「漢揚雄《太玄》」條。是崧老之《玄解》，殆有基於溫公《說玄》者。翰字崧老，拱州襄邑人。高宗時拜尚書右丞兼門下侍郎。其傳見《宋史》卷三百六十三〈列傳〉第一百二十二。

《太玄曆》者，亦翰所傳，云溫公手錄，不著何人作。

案：晁說之《景迂生集》卷十有〈易玄星紀譜後序〉，曰：「子雲初為文王《易》而作《玄》，始託基於《高辛》及《太初》二曆。此二曆之斗分強弱，不可下通

於今，亦無足議。溫公又本諸《太初曆》而作《玄曆》。康節先生《玄圖》，布星辰，辨氣候，分晝夜，而《易》、《玄》相參於中。乃朝算夜思，取《曆》與《圖》合而譜之，於是知子雲以〈首〉準〈卦〉非出於其私意，蓋有星候爲之機括。」《郡齋讀書志》卷第十〈儒家類〉「《易玄星紀圖》一卷」條曰：「右從父詹事公撰。以溫公《玄曆》及邵康節《太玄準易圖》合而譜之，以見揚雄以〈首〉準〈卦〉非出私意，蓋有星候爲之機括。且辨正古今諸儒之失，如〈羨〉不當準〈臨〉，〈夷〉不當準〈大壯〉之類。凡此難與諸家口舌爭，觀譜則彼自屈矣，此譜之所以作也。」是《玄曆》即《太玄曆》，固溫公作，直齋未深考耳。

申鑒五卷

《申鑒》五卷，漢黃門侍郎潁川荀悅仲豫撰。獻帝頗好文學，政在曹氏，恭己而已。悅志在獻替，而謀無所用，乃作此書五篇奏之。

廣棪案：趙希弁《讀書附志》卷下〈別集類〉著錄：「《申鑒》五卷。右後漢荀悅所作也。悅字仲豫，儉之子也。儉早卒。悅年十二，能說《春秋》。家貧無書，每之人間，所見篇牘，一覽多能誦記，尤好著述。靈帝時，閹官用權，士多退身窮處。悅乃託疾隱居。初，辟鎮東將軍曹操府，遷黃門侍郎，侍講禁中，累遷秘書監侍中。時政移曹氏，天子恭己而已。悅志在獻替，而謀無所用，乃作《申鑒》五篇。其所論辨，通見政體。既成而奏之。其大略曰：『前鑒既明，後復申之。故古之聖王其於仁義也，申重而已。』悅嘗依《左氏傳》體，爲《漢紀》三十篇；又著《崇德正論》及諸論數十篇。建安十四年卒。」觀是，則《解題》所述，略同《讀書附志》。《四庫全書總目》卷九十一〈子部〉一〈儒家類〉一著錄：「《申鑒》五卷，兩江總督採進本。漢荀悅撰。悅有《漢紀》已著錄。《後漢書·荀淑傳》稱：『悅侍講禁中，見政移曹氏，志在獻替，而謀無所用。乃作《申鑒》五篇。其所論辨，通見政體。既成奏上。帝覽而善之。』其書見於《隋·經籍志》、《唐·藝文志》者皆五卷。卷爲一篇，一曰〈政體〉，二曰〈時事〉，皆制治大要，及時所當行之務。三曰〈俗嫌〉，皆機祥讖緯之說。四曰〈雜言〉上，五曰〈雜言〉下，則皆泛論義理，頗似揚雄《法言》。《後漢書》取其〈政體〉篇爲『政之方』一章，〈時事篇〉『正當主之制復』、『內外註記』二章，載入《傳》中。又稱悅別有《崇德正論》及諸論數十篇。今並不傳。惟所作《漢記》及此書尚存於世。《漢記》文約事詳，足稱良史。而此書剖析事理，亦深切著明。蓋由其原本儒術，故所言皆不詭於正也。」可資參證。

其曰「教化之廢，推中人而墮小人之域；教化之行，引中人而納於君子之塗」，古今名言也。

案：《申鑒‧政體》曰：「若夫中人之倫，則刑禮兼焉。教化之廢，推中人而墜於小人之域；教化之行，引中人而納於君子之途。是謂章化。」《解題》所引殆出此。

本傳止載〈政體〉一篇，有曰「前鑒既明，後復申之」，故名。隨齋批注。

中論二卷

《中論》二卷，漢五官將文學北海徐幹偉長撰。〈唐志〉：「六卷。」今本二十篇，有〈序〉而無名氏。蓋同時人所作。館臣案：《貞觀政要》，太宗嘗稱見幹《中論‧復三年喪》篇，宋時館閣本已闕。又〈魏志〉，文帝稱幹著《中論》二十餘篇，則知二十篇非全書也。

廣棪案：《隋書》卷三十四〈志〉第二十九〈經籍〉三〈子〉著錄：「《徐氏中論》六卷，魏太子文學徐幹撰，梁《目》一卷。」兩〈唐志〉及《通志》均作二卷。《文獻通考》作二篇，實乃二卷之誤。《郡齋讀書志》卷第十〈儒家類〉著錄：「《中論》二卷，右後漢徐幹偉長撰。幹，『鄴下七子』之一也。曾子固嘗序其書，略曰：『始見館閣有《中論》二十篇，以為盡於此。及觀《貞觀政要》，太宗稱嘗見幹《中論‧復三年喪》篇，而今書闕此篇。因考之〈魏志〉，見文帝稱幹著《中論》二十餘篇，於是知館閣本非全書也。幹篤行體道，不耽世榮，魏太祖特旌命之，辭疾不就，後以為上艾長，又以疾不行。夫漢承秦滅學之後，百氏雜學，與聖人之道並傳，學者罕能自得於治心養性之方、去就語默之際，況於魏之濁世哉！幹獨能考論〈六藝〉，其所得於內，又能信而充之，逡巡濁世，有去就顯晦之大節，可不謂賢乎？今此本亦止二十篇，中分為上、下兩卷。按《崇文總目》六卷，不知何人合之。李獻民云：「別本有〈復三年〉、〈制役〉二篇。」』乃知子固時尚未亡，特不之見爾。」《四庫全書總目》卷九十二〈子部〉一〈儒家類〉一著錄：「《中論》二卷，通行本。漢徐幹撰。幹字偉長，北海劇人。建安中為司空軍謀祭酒掾屬，五官將文學。事蹟附見《魏志‧王粲傳》。故相沿稱為魏人。然幹歿後三四年，魏乃受禪，不得遽以帝統予魏。陳壽作史，託始曹操，稱為太祖。遂併其僚屬均入〈魏志〉，非其實也。是書〈隋〉、〈唐志〉皆作六卷。〈隋志〉又註云：『梁《目》一卷。』《崇文總目》亦作六卷。而晁公武《讀書志》、陳振孫《書錄解題》並作二卷，與今本合。則宋人所併矣。書凡二十篇，讀

大都闡發義理，原本經訓，而歸之於聖賢之道。故前史皆列之儒家。曾鞏〈校書序〉云：『始見館閣《中論》二十篇，及觀《貞觀政要》，太宗稱嘗見幹《中論・復三年喪》篇，今書獨闕。又考之〈魏志〉，文帝稱幹著《中論》二十餘篇，乃知館閣本非全書。』而晁公武又稱李獻民所見別本，實有〈復三年〉、〈制役〉二篇。李獻民者，李淑之字，嘗撰《邯鄲書目》者也。是其書在宋仁宗時尚未盡殘闕，鞏特據館閣不全本著之於錄。相沿既久，所謂別本者不可復見，於是二篇遂佚不存。又書前有原〈序〉一篇，不題字，陳振孫以爲幹同時人所作。今驗其文，頗類漢人體格，知振孫所言爲不誣。惟〈魏志〉稱幹卒於建安二十二年，而〈序〉乃作於二十三年二月，與史頗異。傳寫必有一訛，今亦莫考其孰是矣。」可供參證。

孔叢子七卷

《孔叢子》七卷，孔氏子孫雜記其先世系言行之書也。〈小爾雅〉一篇，亦出於此。《中興書目》稱漢孔鮒撰，一名〈盤盂〉。案〈孔光傳〉，「夫子八世孫鮒，魏相順之子，為陳涉博士，死陳下。」則固不得為漢人。而其書紀鮒之沒，第七卷號〈連叢子〉者，又記太常臧而下數世，迄於延光三年季彥之卒。則又安得以為鮒撰。案〈儒林傳〉所載為博士者，又曰孔甲，顏注曰：「將名鮒，而字甲也。」今考此書稱子魚名鮒，於延光三年季彥之卒。則又安得以為鮒撰。案〈儒林傳〉所載為博士者，又曰孔甲，顏注曰：「將名鮒，而字甲也。」今考此書稱子魚名鮒，陳人，或謂之子鮒，或稱孔甲，然則顏監未嘗見此書耶？〈藝文志〉有孔甲〈盤盂〉二十六篇，本注謂：「黃帝史，或曰夏帝孔甲。」似皆非也。其書蓋田蚡所學者，與孔鮒初不相涉也。《中興書目》乃曰：「一名〈盤盂〉。」不知何據？豈以〈漢志〉所謂孔甲，即陳王博士之孔甲邪？

廣棪案：宋咸〈孔叢子注序〉曰：「孔叢子者，乃孔子八世孫鮒，字子魚，仕陳勝爲博士，以言不見用，託目疾而退，論集先君仲尼、子思、子上、子高、子順之言，及己之事，凡二十一篇，爲六卷，名之曰《孔叢子》，蓋言有善而叢聚之也。漢孝武朝，太常孔臧有以其所爲賦與書謂之〈連叢子〉。上、下篇爲一卷附之。」咸以此書爲孔鮒撰，《中興館閣書目》同之。惟直齋不以爲然。有關此書之撰者及其書之眞偽，宋人已有疑及之者。《郡齋讀書志》卷第十二〈雜家類〉著錄：「《孔叢子》七卷，右楚孔鮒撰。鮒，字子魚，孔子八世孫也。仕陳勝，

爲博士，以言不見用，託目疾而退，論集其先仲尼、子思、子上、子高、子順之言及己之行事，名之曰《孔叢子》，凡二十一篇。叢之爲言聚也。《邯鄲書目》云：『一名〈盤盂〉，取事雜也。至漢，孔臧又以其所著賦與書，謂之《連叢》，附於卷末，凡十篇。嘉祐中，宋咸爲之注。』按〈漢志〉無《孔叢子》，而〈儒家〉有《孔臧》十篇，〈雜家〉有孔甲《盤盂書》二十六篇。其注謂：『孔甲，黃帝史。或曰夏帝，疑皆非。』今此書一名《盤盂》，〈獨治篇〉又云：『鮒或稱孔甲。』《連叢》又出孔臧。意者《孔叢子》即〈漢志〉孔甲《盤盂書》，而亡六篇，《連叢》即〈漢志〉孔臧書，而其子孫或續之也。《崇文總目》亦錄於〈雜家〉。今從之。」洪邁《容齋三筆》卷十曰：「《孔叢子》一書，漢〈藝文志〉不載，蓋劉向父子所未見。但於〈儒家〉有太常蓼侯《孔臧》十篇。今此書之末有〈連叢子〉上、下二卷，云孔臧著書十篇。疑即是已。然所謂《叢子》者，本陳涉博士孔鮒子魚所論集，凡二十一篇，爲六卷。唐以前不爲人所稱，至嘉祐四年宋咸始爲注釋以進，遂傳於世。今讀其文，略無楚漢間氣骨，豈非齊梁以來好事者所作乎？」高似孫《子略》卷一「《孔叢子》」條曰：〈漢・藝文志〉無《孔叢子》，而孔甲〈盤盂〉二十六篇出於〈雜家〉，而又益以《連叢》。其〈獨志篇〉稱孔鮒一名甲，世因曰《孔叢子》。《盤盂》者，其事雜也。《漢書注》又以孔甲爲黃帝之史，或夏帝時人，篇第又不同。若非今《孔叢子》也。〈記問篇〉載子思與孔子問答，如此則孔子時，子思其已長矣，〈孔子家語後序〉及〈孔子世家〉，皆言子思年止六十二，孟子以子思在魯穆公時，固常師之，是爲的然矣。按孔子沒於哀公十六年，後十六年哀公卒，又悼公立三十七年，元公立二十一年，穆公既立，距孔子之沒七十年矣。當是時，子思猶未生，則問答之事，安得有之耶？此又出於後人綴集之言，何其無所據若此！是其證也。明宋濂《諸子辨》亦曰：「《孔叢子》七卷，《中興書目》稱漢孔鮒撰。鮒該覽《六經》，秦并天下，召爲魯國文通君，拜太傅。及焚書令行，乃歸藏書屋壁，自隱嵩山。陳涉起，聘爲博士，遷太師。仕六旬，以言不用，託目疾退老于陳而著是書。年五十七卒。則固非漢人矣。又稱一名《盤盂》。〈藝文志〉有《孔甲盤盂》二十六篇；本注謂黃帝史，或謂夏帝時人。此書稱子魚名鮒，陳人，或謂之子鮒，或謂之孔甲。孔甲姓名偶同，又決非著《盤盂》者也。其殆孔氏子孫雜記仲尼、子思、子上、子高、子順、子魚之行者歟？其第七卷則漢孔臧以所著賦與書，謂之《連叢》，附于卷末。嘉祐中，宋咸爲之注。雖然，此僞書也。僞之者，其宋咸歟？王士元僞作《亢桑子》，而又自爲之注，抑此類歟？近世之爲僞書者，非止咸也；若阮逸《關朗易傳》、《李靖問對》，若張商英《素書》，若戴師愈《麻

衣易》，亦往往不能迷明者之目：竟何益哉！今觀是書〈記問篇〉所載，有子思與孔子問答語。子思年止六十二，魯穆公同時人；穆公之立，距孔子之沒七十年，子思疑未長也，而何有答問哉？兼之氣質萎弱，不類西京以前文字，其僞妄昭然可見。或者謂其能守家法，不雜怪奇，歷戰國、秦、漢流俗而無所浸淫；未必然也！未必然也！」明李濂〈孔叢子序〉亦曰：「大梁李濂氏曰：《孔叢子》七卷，爲篇二十有三，世傳漢孔鮒撰。鮒字子魚，一名甲，魏相子順之子也。秦并六國，召鮒爲魯國文通君，拜少傅。始皇三十四年，丞相斯議令燔書，鮒懼遺典之滅亡也，方來之無徵也，違令之禍烈也，乃與其弟子襄歸藏書壁中，隱居嵩山之陽。無何，陳涉起爲楚王，聘鮒爲博士，鮒以目疾辭，退而著是書，乃蒐輯仲尼而下，子思伋、子上帛、子高穿、子順愼之言行，列爲六卷。至漢孝武朝，太常孔臧又以所著賦與書，謂之《連叢》，上、下篇合爲一卷附焉。曰《孔叢子》云，蓋言有善而叢聚之也。嘉祐中，宋咸嘗爲之註矣。嗚呼！是書也果鮒之手筆否耶？按〈漢志〉無《孔叢子》，而〈儒家〉有《孔臧》十篇，〈雜家〉有《孔甲盤盂》二十六篇，宋晁氏所謂《孔叢子》，疑即〈漢志〉所載《孔甲盤盂》者也。然考顏監註云：『甲，黃帝史，或曰夏帝孔甲，疑皆非。』又史稱田蚡學《盤盂書》，註亦云：『黃帝史。』謂鮒著《盤盂》，豈徵信哉！朱子云：『其文軟弱，不類西京，多似東漢人語。』愚謂或子豐、季彥輩集先世遺文而成之，故其書東京始行，謂爲《盤盂書》則不可知，其自孔氏則無疑也，故彙而刻之。丁丑夏日志。」《四庫全書總目》卷九十一〈子部〉一〈儒家類〉一亦著錄：「《孔叢子》三卷，內府藏本。舊本題曰孔鮒撰。所載仲尼而下子上、子高、子順之言行，凡二十一篇。又以孔臧所著賦與書上、下三篇附綴於末，別名曰《連叢》。鮒字子魚，孔子八世孫，仕陳涉爲博士。臧，高祖功臣孔藂之子，嗣爵蓼侯。武帝時官太常。其書《文獻通考》作七卷。今本三卷，不知何人所併。晁公武《讀書志》：『〈漢志〉無《孔叢子》。〈儒家〉有《孔臧》十篇，〈雜家〉有《孔甲盤盂書》二十六篇，其〈獨治篇〉，鮒或稱孔甲。意者《孔叢子》即《孔甲盤盂》、《連叢》即孔臧書。案《漢書·藝文志》顏師古註謂：『孔甲，黃帝之史，或云夏后孔甲，似皆非。』則《孔叢》非《盤盂》。又〈志〉於〈儒家〉《孔臧》十篇外，〈詩賦家〉別出《孔臧賦》二十篇。今《連叢》有賦，則亦非儒家之孔臧，公武未免附會。《朱子語類》謂：『《孔叢子》文氣軟弱，不似西漢文字，蓋其後人集先世遺文而成之者。』陳振孫《書錄解題》亦謂：『案《孔光傳》：「孔子八世孫鮒，魏相順之子，爲陳涉博士，死陳下。」則固不得爲漢人。而其書記鮒之沒，則又安得以爲鮒撰。』其說當矣。《隋書·經籍志》〈論

語家〉有《孔叢》七卷，註曰：『陳勝博士孔鮒撰。』其〈序〉錄稱：『《孔叢》、《家語》，並孔氏所傳仲尼之旨。』則其書出於唐以前。然《家語》出王肅依託，〈隋志〉既誤以爲眞。則所云《孔叢》出孔氏所傳者，亦未爲確證。朱子所疑，蓋非無見。即如『〈舜典〉禋於六宗何謂也？子曰：所宗者六，皆潔祀之也。埋少牢於泰昭，所以祭時也；祖迎於坎壇，所以祭寒暑也；主於郊宮，所以祭日也；夜明，所以祭月也；幽禜，所以祭星也；雩禜，所以祭水旱也；禋于六宗，此之謂也。』其說與僞《孔傳》僞《家語》並同。是亦晚出之明證也。其中第十一篇，即世所傳〈小爾雅〉，註疏家往往引之。然皆在晉宋以後。惟《公羊傳疏》所引賈逵之說，謂『俗儒以六兩爲鋝』，正出此書。然謂之俗儒，則非〈漢・藝文志〉之〈小爾雅〉矣。又《水經注》引《孔叢子》曰：『夫子墓塋方一里，在魯城北六里泗水上。諸孔氏封五十餘所，人名昭穆，不可復識。有銘碑三所，獸碣具存。』云云。今本無此文，似非完帙。然其文與全書不類，且不似孔氏子孫語。或酈道元誤證，抑或傳寫有訛，以他書誤題《孔叢》歟？」皆足資參證。惟宋濂疑此書乃宋咸所僞，則未必然。

帝範一卷

《帝範》一卷，館臣案：《舊唐書・經籍志》作四卷，《宋史藝文志》作二卷。唐太宗撰。凡十二篇，以賜高宗。

廣棪案：《新唐書》卷五十九〈志〉第四十九〈藝文〉三〈儒家類〉著錄：「《帝範》四卷，賈行注。」卷數與〈舊唐志〉同。此書有唐太宗〈序〉，曰：「朕聞大德曰生，大寶曰位，辨其上下，樹之君臣，所以撫育黎元，鈞陶庶類，自非克明克哲，允文允武，皇天眷命，歷數在躬，安可以濫握靈圖，叨臨神器？是以翠嬀薦唐堯之德，玄圭錫夏禹之功。丹字呈祥，周開八百之祚；素靈表瑞，漢啓重世之基。由此觀之，帝王之業，非可以力爭者矣。昔隋季板蕩，海內分崩，先皇以神武之姿，當經綸之會。斬靈蛇而定王業，啓金鏡而握天樞。然由五嶽含氣，三光戢曜，豺狼尙梗，風塵未寧。朕以弱冠之年，懷慷慨之志，思靖大難，以濟蒼生。躬擐甲冑，親當矢石。夕對魚鱗之陣，朝臨鶴翼之圍。敵無大而不摧，兵何堅而不碎。剪長鯨而清四海，掃攙槍而廓八紘。乘慶天潢，登暉璇極。襲重光之永業，繼大寶之隆基。戰戰兢兢，若臨深而御朽；日愼一日，思善始而令終。汝以幼年，偏鍾慈愛，義方多闕；庭訓有乖。擢自維城之居，屬以少陽之任；未辨君臣之禮節，不知稼穡之艱難。朕每思此爲憂，未嘗

不廢寢忘食。自軒、昊已降，迄至周、隋，以經天緯地之君，纂業承基之主，興亡治亂，其道煥焉。所以披鏡前蹤，博覽史籍，聚其要言，以爲近誠云耳。」可悉此書撰作之旨。《郡齋讀書志》卷第十〈儒家類〉著錄：「《帝範》一卷，右唐太宗撰。凡十二篇，今存者六篇。貞觀末，著此書以賜高宗。且曰：『修身治國，備在其中。一旦不諱，更無所言矣。』其末頗以汰侈自咎，以戒高宗，俾勿效己。殊不知閨門之內，慚德甚多，豈特汰侈而已哉！武后之立，實有自來。不能身教，多言奚益，悲夫！」《四庫全書總目》卷九十一〈子部〉一〈儒家類〉一著錄：「《帝範》四卷，《永樂大典》本。唐貞觀二十二年，太宗文皇帝御撰，以賜太子者也，〈新〉、《舊唐書》皆云四卷。晁公武《讀書志》僅載六篇。陳振孫《書錄解題》亦題曰一卷。此本載《永樂大典》中，凡一十二篇，首尾完具。後有元吳萊〈跋〉，謂『征雲南僰夷時，始見完書』。考其事在泰定二年。蓋此書南宋佚其半，至元乃復得舊本，故明初轉有全文也。」是此書凡十二篇，南宋時佚其半，故《郡齋讀書志》謂「今存者六篇」，疑直齋所得者與郡齋同，或非《帝範》之完本也。

中說十卷

《中說》十卷，隋河汾王通仲淹撰。〈唐志〉：「五卷。」今本第十卷有〈文中子世家〉、〈房魏論禮樂事〉、〈書關子明事〉及〈王氏家書雜錄〉。舊傳以此為〈前〉、〈後序〉，非也。館臣案：晁公武《讀書志》，是書係王通之門人共集其師之語。

廣棪案：《舊唐書》卷四十七〈志〉第二十七〈經籍〉下〈儒家類〉著錄：「《中說》五卷，王通撰。」〈新唐志〉、《通志》著錄同。《中說》一書，阮逸有〈序〉，中云：「《中說》者，子之門人對問書也，薛收、姚義集而名之。唐太宗貞觀初，精修治具，文經武略，高出近古，若房、杜、李、魏、二溫、王、陳輩迭爲將相，實永三百年之業，斯門人之功過半矣。貞觀二年，御史大夫杜淹始序《中說》及〈文中子世家〉，未及進用，爲長孫無忌所抑，而淹尋卒，故王氏經書散在諸孤之家，代莫得聞焉。二十三年太宗沒，子之門人盡矣，惟福畤兄弟福畤，文中子幼子。傳授《中說》於仲父凝，始爲十卷，今世所傳本，文多殘缺，誤以杜淹所撰〈世家〉爲《中說》之〈序〉。又福畤於仲父凝得〈關子明傳〉，凝因言關氏卜筮之驗，且記房、魏與太宗論道之美，亦非〈中說後序〉也，蓋同藏緗帙，卷目相亂，遂誤爲〈序〉焉。」《解題》謂「舊傳以此爲〈前〉、〈後序〉，非也」，其說殆據阮〈序〉也。

中說注十卷

《中說注》十卷，太常丞阮逸天隱撰。

> 廣棪案：逸字天隱，福建建陽人。宋仁宗慶曆初遷太常寺丞，《宋史翼》卷二十三〈列傳〉第二十三〈儒林〉一有傳。《郡齋讀書志》卷第十〈儒家類〉著錄：「《阮逸注中說》十卷。右隋王通之門人共集其師之語爲是書。通行事於史無考，獨《隋唐通錄》稱其有穢行，爲史臣所削。今觀《中說》，其跡往往僭聖人，模擬竄竊，有深可怪笑者。獨貞觀時，諸將相若房、杜、李、魏、二溫、王、陳，皆其門人，予嘗以此爲疑。及見李德林、關朗、薛道衡事，然後知其皆妄也。通生於開皇四年，而德林卒以十一年，通適八歲，固未有門人。通仁壽四年嘗一到長安，時德林卒已九載，其書乃有『子在長安，德林請見，歸，援琴鼓〈蕩〉之什，門人皆霑襟』。關朗在太和中見魏孝文，自太和丁巳，至通生之甲辰，蓋一百七十年矣，而其書有問《禮》於關子明。《隋書·薛道衡傳》稱：『道衡仁壽中，出爲襄州總管，至煬帝即位，召還。』〈本紀〉：『仁壽二年九月，襄州總管周搖卒。』道衡之出，當在此年也。通仁壽四年始到長安，是年高祖崩，蓋仁壽末也。又《隋書》稱：『道衡子收，初生即出繼族父孺，養於孺宅，至於長成，不識本生。』其書有『內史薛公見子於長安，語子收曰：「汝往事之。」』用此三事推焉，則以房、杜輩爲門人，抑又可知矣。」可供參考。

中說注十卷

《中說注》十卷，正議大夫淄川龔鼎臣輔之撰。自甲至癸爲十卷，而所謂〈前〉、〈後序〉者，在十卷之外，亦頗有所刪取。李格非〈跋〉云：「龔自謂明道間得唐本於齊州李冠，比阮本改正二百餘處。」

> 廣棪案：《宋史》卷二百五〈志〉第一百五十八〈藝文〉四〈子類·儒家類〉著錄：「龔鼎臣《中說解》十卷。」書名略異，應屬同一書。鼎臣字輔之，鄆之須城人。景祐元年第進士，年七十七，以正議大夫致仕。元祐元年卒。《宋史》卷三百四十七〈列傳〉第一百六有傳。據李格非〈跋〉，曰「龔自謂明道間得唐本於齊州李冠」，則其時鼎臣猶未登第。李冠，附見《宋史》卷四百四十二〈列傳〉第二百一〈文苑〉四〈石延年劉潛附〉，曰：「同時以文學稱京東者，齊州歷城有李冠，舉進士不第，得同《三禮》出身，調乾寧主簿，卒。有《東皋集》二十卷。」可略悉其行誼。

潛虛一卷

《潛虛》一卷，司馬光撰。言萬物皆祖於虛，《玄》以準《易》，《虛》以準《玄》。

廣棪案：此書乃溫公擬揚雄《太玄》而作。《玉海》卷第三十六〈藝文・易下・擬易附〉「《潛虛》」條載：「司馬光著《潛虛》一卷，曰氣、曰體，曰性，曰名，曰行，曰命，以凶、吉、臧、否平為所遇之占。《玄》以準《易》，《虛》以擬《玄》，萬物皆祖於虛。《易》之〈卦〉始於太極，《玄》之〈首〉始於一元，《虛》之行始於五行，《易》之〈卦〉兼河洛之數。《玄》之〈首〉得《河圖》之九數，《虛》之行得《洛書》之十數。句皆協韻，如『《易》象文象，《玄》首贊測。《易》曰〈卦〉，《玄》曰〈首〉，《虛》曰〈名〉，〈卦〉有〈爻〉，〈首〉有贊，〈名〉有變。二體四位，十等之象；八物五行，與生成之。數〈乾〉中《玄》之所以始，一三五之所以虛，與揲法占法，若異實同。」《玉海》所述，較《解題》為詳。

潛虛發微論一卷

《潛虛發微論》一卷，監察御史張敦實撰。凡九篇。

廣棪案：《宋史翼》卷二十一〈列傳〉第二十一〈循吏〉四〈張敦頤〉載：「弟敦實，紹興五年進士，歷任監察御史，知無不言。戶部退駁鄉邑絹萬六千疋，敦實抗疏至再，有旨收付左藏。後遷樞密院檢詳諸房文字，兼直慶王府贊讀。以老歸。所著有《奏稿宏詞》《徽州府志》。」是敦實不止任監察御史。昌彼得等所編《宋人傳記資料索引》亦載：「張敦實，婺源人，敦頤弟。登紹興五年進士，歷任監察御史，知無不言。遷樞密院檢詳諸房文字，兼直慶王府贊讀，以老歸。有《潛虛發微論》一卷及《奏稿宏詞》。」《宋人傳記資料索引》謂敦實有《潛虛發微論》一卷，殆據《宋元學案補遺》卷八。

周子通書一卷、太極圖說一卷

《周子通書》一卷、《太極圖說》一卷，廣東提刑春陵周敦頤茂叔撰。

廣棪案：《郡齋讀書志》卷第十〈儒家類〉著錄：「《周子通書》一卷。右皇朝周敦頤茂叔撰。茂叔師事鶴林寺僧壽涯，以其學傳二程，遂大顯於世。此其所著書也。」《宋史》卷二百五〈志〉第一百五十八〈藝文〉四〈儒家類〉著錄：「周敦頤《太極通書》一卷。」《太極通書》即《周子通書》。惟《郡齋讀書志》與

《宋史・藝文志》均未著錄茂叔有《太極圖說》一卷。考《宋史》卷四百二十七〈列傳〉第一百八十六〈道學〉一〈周敦頤〉載:「周敦頤字茂叔,道州營道人。……熙寧初,知郴州。用抃及呂公著薦,爲廣東轉運判官,提點刑獄,以洗冤澤物爲己任。……博學力行,著《太極圖》,明天理之根源,究萬物之終始。其說曰:『無極而太極。太極動而生陽,動極而靜,靜而生陰,靜極復動,一動一靜,互爲其根,分陰分陽,兩儀立焉。陽變陰合,而生水、火、木、金、土,五氣順布,四時行焉。五行一陰陽也,陰陽一太極也,太極本無極也。五行之生也,各一其性。無極之眞,二五之精,妙合而凝,乾道成男,坤道成女。二氣交感,化生萬物,萬物生生,而變化無窮焉。惟人也得其秀而最靈,形既生矣,神發知矣,五性感動而善惡分,萬事出矣。聖人定之以中正仁義而主靜,立人極焉。故聖人與天地合其德,日月合其明,四時合其序,鬼神合其吉凶。君子修之吉,小人悖之凶。故曰:「立天之道,曰陰與陽。立地之道,曰柔與剛。立人之道,曰仁與義。」又曰:「原始反終,故知死生之說。」大哉《易》也,斯其至矣。』又著《通書》四十篇,發明太極之蘊。〈序〉者謂:『其言約而道大,文質而義精,得孔、孟之本源,大有功於學者也。』」是茂叔實撰有《太極圖說》。又考舂陵,即舂陵郡,唐改曰昌州,即今湖北省棗陽縣治。而道州,唐曰營州,後改曰道州,宋曰道州江華郡,即今湖南省道縣。《解題》所記,與《宋史》本傳不同。惟茂叔實道州人,《解題》作舂陵,直齋誤也。

周子通書遺文遺事一卷

《周子通書遺文遺事》一卷,侍講朱熹集次。刊於南康。

廣棪案:《文獻通考》卷二百十〈經籍考〉三十七〈子儒家〉著錄:「《濂溪遺文遺事》一卷,陳氏曰:『侍講朱熹集次於南康。』」所記書名與「陳氏曰」文字,略與《解題》不同,考《宋史》卷四百二十九〈列傳〉第一百八十八〈道學〉三〈朱熹〉載:「朱熹字元晦,一字仲晦,徽州婺源人。……〈乾道〉五年,史浩再相,除知南康軍,降旨便道之官,熹再辭,不許。至郡,興利除害,值歲不雨,講求荒政,多所全活。訖事,奏乞依格推賞納粟人。間詣郡學,引進士子,與之講論,訪白鹿洞書院遺址,奏復其舊,爲〈學規〉俾守之。……寧宗即位,趙汝愚首薦熹及陳傅良,有旨赴行在奏事。熹行且辭,除煥章閣待制、侍講,辭,不許。入對,……復面辭待制、侍講。上手箚:『卿經術淵源,正資勸講次對之職,勿復勞辭,以副朕崇重道之意。』遂拜命。」是《周子通書遺

事》一卷，乃刊於孝宗乾道五年（1169）熹知南康軍時；而熹任侍講，已在寧宗即位慶元元年（1195）也。

帝學八卷

《帝學》八卷，館臣案：《文獻通攷》作十卷。**侍講成都范祖禹淳父元祐中編集，上自三皇五帝，迄於本朝神宗。凡聖學事實皆具焉。**

廣校案：此書有齊礪〈跋〉，云：「《帝學》一編，元祐中太史范公勸講金華，摭取帝王務學求師之要，自宓羲迄於我宋，釐爲八卷，上之。玉音嘉納，緝熙光明，於斯爲盛。其五世孫擇能宰高安，刊置縣齋，未幾散逸。戶曹玉牒汝洋一日訪得元本，因俾鋟木，以補道院之闕，庶永其傳。嘉定辛巳季夏望日，青社齊礪書。」《郡齋讀書志》卷第十〈儒家類〉亦著錄：「《帝學》十卷。右皇朝范祖禹淳夫纂自古賢君迨於祖宗務學事迹爲一篇，以勸講。淳夫，元祐時在講筵八年。詰旦當講，前一夕，正衣冠，儼然如在上前，命子弟侍坐，先按講其說。平時語若不出諸口，及當講，開列古義，仍參之時事，以爲勸戒。其音琅然，聞者興起。東坡嘗曰：『淳夫講書，言簡義明，粲然成文章，爲今講官第一。』此書，清高宗亦有〈序〉，曰：「此宋學士范祖禹編輯進上乙覽元本也。成於元祐戊辰，重刊於嘉定辛巳，藏弆御府有年，每於幾餘展閱，不特芬流楮墨，足備石渠東觀之遺。而自宓羲迄宋，凡帝王務學求師之要，燦然眉列，實爲千秋金鑑。董子有言：『彊勉學問，則聞見博而知益明。』因題卷首，以志自勗云。乾隆甲子重九前一日。」至《四庫全書總目》卷九十一〈子部〉一〈儒家類〉一著錄：「《帝學》八卷，內府藏本。宋范祖禹撰。祖禹有《唐鑑》，已著錄。是書元祐初祖禹在經筵時所進。皆纂輯自古賢君迨宋祖宗典學事蹟。由伏羲迄宋神宗，每條後閒附論斷。自上古至漢唐二卷。自宋太祖至神宗六卷。於宋諸帝敘述獨詳，蓋亦本法祖之意，以爲啟迪也。祖禹初侍哲宗經幄，因夏暑罷講，即上書論今日之學與不學，係他日治亂，而力陳宜以進學爲急。又歷舉人主正心修身之要，言甚切至。史稱其在邇英時，守經據正，獻納尤多。又稱其長於勸講，平生論諫數十萬言。其開陳治道，區別邪正，辨釋事宜，平易明白，洞見底蘊，雖賈誼、陸贄不是過。今觀此書，言簡義明，敷陳剴切，實不愧史臣所言。雖哲宗惑於黨論，不能盡用祖禹之說，終致更張初政，國是混淆。而祖禹忠愛之忱，惓惓以防微杜漸爲念，觀於是書，千載猶將見之矣。」均足資參證。惟此書《郡齋讀書志》及《文獻通考》作十卷，《解題》等作八卷，《宋史·

藝文志》同。證之齊礪〈跋〉語，似作八卷爲是。

正蒙書十卷

《正蒙書》十卷，崇文校書長安張載子厚撰。凡十九篇。館臣案：晁公武《讀書志》：「是書初無篇次，其後門人蘇昞等區別成十七篇。」　廣棪案：盧校注：「此十九篇誤。」范育、呂大臨、蘇昞爲〈前〉、〈後序〉，皆其門人也。又有待制胡安國所傳，編爲一卷，末有〈行狀〉一卷。

廣棪案：《郡齋讀書志》卷第十〈儒家類〉著錄：「《正蒙書》十卷。右皇朝張載子厚撰。張舜民嘗乞追贈載於朝云：『橫渠先生張載著書萬餘言，名曰《正蒙》。陰陽變化之端、仁義道德之理、死生性命之分、治亂國家之經，罔不究通。方之前人，其孟軻、揚雄之流乎？』此書是也。初無篇次，其後門人蘇昞等區別成十七篇云。」考《文獻通考》卷二百十〈經籍考〉三十七〈子儒家〉「《正蒙書》十卷」條引「晁氏曰」，句末處有「又爲〈前〉、〈後序〉。又有胡安國所傳，編爲一卷。末有〈行狀〉一卷」諸語。是則《解題》所述，多據《郡齋讀書志》。《文獻通考》「《正蒙書》」條又引：「藍田呂氏曰：『先生晚自崇文移疾西歸，終日危坐一室，左右簡編，俯而讀，仰而思，有得則識之。或中夜起坐，取燭以書。其志道精思，未始須臾息，亦未嘗須臾忘也。熙甯九年秋，集所立言，謂之《正蒙》，出示門人曰：「此書予歷年致思之所得，其言殆與前聖合，大要發端示人而已。其觸類廣之，則吾將有待於學者。」』」「藍田呂氏」即呂大臨，此條即大臨所記？

經學理窟一卷

《經學理窟》一卷，張載撰。

廣棪案：《郡齋讀書志》卷第十〈儒家類〉著錄：「《理窟》二卷。右題曰金華先生，未詳何人。蓋爲二程、張氏之學者。」《讀書附志》卷下〈語錄類〉著錄：「《橫渠先生經學理窟》一卷。右張獻公載之說也。《讀書志》云：『《理窟》二卷。右題金華先生，未詳何人，爲程、張之學者。』希弁所藏橫渠先生《經學理窟》一卷，其目有所謂〈周禮〉、〈詩書〉、〈宗法〉、〈禮樂〉、〈氣質〉、〈義理〉、〈學大原〉、〈自道〉、〈祭祀〉、〈月令統〉、〈喪紀〉，凡十三云。」足資參考。證以趙希弁著錄《經學理窟》爲一卷，且十二篇篇目齊全，則《讀書志》作二卷，

又謂「未詳何人」，所記未必然也。

西銘集解一卷

《西銘集解》一卷，張載作〈訂頑〉、〈砭愚〉二銘，後更曰〈東〉、〈西銘〉，其〈西銘〉即〈訂頑〉也。大抵發明理一分殊之旨。

廣棪案：《宋史》卷四百二十七〈列傳〉第一百八十六〈道學〉一〈張載〉載：「張載字子厚，長安人。……載學古力行，爲關中士人宗師，世稱爲橫渠先生。著書號《正蒙》，又作〈西銘〉曰：『乾稱父而坤母，予茲藐焉，乃混然中處。故天地之塞吾其體，天地之帥吾其性，民吾同胞，物吾與也。大君者，吾父母宗子；其大臣，宗子之家相也。尊高年所以長其長，慈孤幼所以幼其幼，聖其合德，賢其秀也。凡天下疲癃殘疾、惸獨鰥寡，皆吾兄弟之顛連而無告者也。「于時保之」，子之翼也。「樂且不憂」，純乎孝者也。違曰悖德，害仁曰賊，濟惡者不才，其踐形惟肖者也。知化則善述其事，窮神則善繼其志，不愧屋漏爲無忝，存心養性爲匪懈。惡旨酒，崇伯子之顧養；育英材，穎封人之錫類。不弛勞而底豫，舜其功也；無所逃而待烹，申生其恭也。體其受而全歸者，參乎；勇於從而順令者，伯奇也。富貴福澤，將厚吾之生也；貧賤憂戚，庸玉女於成也。存，吾順事；歿，吾寧也。』程頤嘗言：『〈西銘〉，明理一而分殊，擴前聖所未發，與孟子性善、養氣之論同功，自孟子後，蓋未之見。』學者至今尊其書。」《文獻通考》卷二百十〈經籍考〉三十七〈子儒家〉「《西銘集解》一卷」條引楊時之語，亦曰：「龜山楊氏曰：『〈西銘〉理一而分殊，知其理一，所以爲仁；知其分殊，所以爲義。所謂分殊，猶孟子言親親而仁民，仁民而愛物；其分不同，故所施不能無差等耳。或曰：「如是則禮用果離而爲二矣？」曰：「用未嘗離體也，以人觀之，四支百骸具於一身者，體至其用處，則首不可以加屨，足不可以納冠，蓋即體而言，分已在其中矣。」』」是直齋言〈西銘〉發明理一分殊之旨，據程、楊二子之說也。

有趙師俠者，集呂大臨、胡安國、張九成、朱熹四家之說爲一編，刻之興化軍。

案：師俠，《宋史》無傳。《宋人傳記資料索引》載：「趙師俠，一作師使，字介之，號坦庵，居新淦，伯擴次子。舉淳熙二年進士，官江華郡丞。有《坦庵長短句》一卷，摹寫風景，體狀物態，俱極精巧。」惟未記編刻此書事。

通書西銘集解三卷

《通書西銘集解》三卷，戶部侍郎新昌王夢龍慶翔所集。

　　廣棪案：夢龍，《宋史》無傳。《宋人傳記資料索引》載：「王夢龍，長潭（剡縣）
　　人，夢庚弟。曾祖徽，死於方臘之難。祖迴，官迪功郎。父思文（1134-1212），
　　字煥之，尚束髮即能任家事。夢龍第進士，歷知龍游縣，屢擢宗寺卿，直中秘
　　書省，出守永嘉。」考新昌，臧勵龢等編《中國古今地名大辭典》載：「漢剡縣
　　地，五代時吳越析置新昌縣，故城在今縣東，後移今治。明清皆屬浙江紹興府，
　　民國初屬浙江會稽道。」又長潭，《中國古今地名大辭典》載：「在新江新昌縣
　　西，通東陽縣要路。一作澄潭。」是新昌即長潭也。夢龍，葉適《水心集》卷
　　二十四有〈長潭王公墓誌銘〉，然均闕載夢龍任戶部侍郎，及撰《通書西銘集解》
　　三卷事。

河南師說十卷

《河南師說》十卷，尚書穎川韓元吉无咎以《河南雅言》、《伊川雜說》及諸
家語錄，釐為十卷，以尹和靖所編為卷首。不若遺書之詳訂也。

　　廣棪案：《河南師說》者，蓋記洛學二程之說也。韓元吉，《宋史》無傳。黃宗
　　羲著、全祖望補之《宋元學案》卷二十七〈和靖學案〉「尚書韓南澗先生元吉」
　　條曰：「韓元吉，字无咎，開封人，少師維之玄孫。學于和靖而友朱子，東萊其
　　婿也。徙居上饒，前有澗水，自號南澗翁。累官守建州，大興學校。召為吏部
　　尚書、龍圖學士、穎川郡公。符離之役，南澗以長書上魏公，言不可輕舉，略
　　云：『和固下策，然今日之和與前日之和異。至于決戰，夫豈易言。今舊兵憊而
　　未蘇，新兵弱而未練，所恃者一二大將，其權謀智略，素不外見，有前敗于尉
　　橋矣，有近衄于順昌矣，況渡淮而北，千里而攻人哉！非韓信、樂毅不可也。
　　若是則守且有餘，然彼復來玫，何得不戰？戰而勝也，江、淮可守；戰而不勝，
　　其誰守之？故愚願朝廷以和為擬議之策，以守為自強之計，以戰為後日之圖。
　　自亮賊之沒，彼嘗先遣使于我，今又一再遣我書矣。其信其詐，固未可知，而
　　在我亦當以信與詐之間待之。』魏公不聽。所著有《南澗集》。其輯《河南師說》，
　　以和靖居卷首。雲濠案：先生著《南澗甲乙稿》二十二卷。子淲，別見〈清江學案〉。
　　補。」是元吉嘗輯《河南師說》，因其學於尹和靖，故以尹氏所編為卷首，尊師
　　之道也。

山東野錄七卷

《山泉野錄》七卷，殿中丞臨淄賈同公餗撰。本名罔，真宗御筆改之。蓋祥符祀汾陰時，所放經明行修進士也。

廣棪案：《宋史》卷四百三十二〈列傳〉第一百九十一〈儒林〉二〈賈同〉載：「賈同字希得，青州臨淄人。五代時，楊光遠反，同祖崇率鄉里四百餘家保愚谷山，全活者三千人。同初名罔，字公疏，篤學好古，有時名，著《山東野錄》七篇。年四十餘，同進士出身，真宗命改今名。王欽若方貴盛，聞同名，欲致之，固謝不往。居八九年，始補歷城主簿。張知白薦爲大理評事，通判兗州。天聖初，上書言：『自祥符以來，諫諍路塞，丁謂乘間造符瑞以欺先帝。今謂姦既白，宜明告天下，正符瑞之謬，罷宮觀崇奉，歸不急之衛兵，收無名之實費，使先帝免後世之議，國家無因循之失。』又言：『寇準忠規亮節，疾惡擯邪。自其貶黜，天下之人弗見其罪，宜還之內地，以明忠邪善惡之分。』時章獻太后臨朝，而同言如此，人以爲難。再遷殿中丞、知棣州，卒。劉顏、李冠、王無忌及其門人謚同曰存道先生。」足資參證。惟同之別字，《解題》與《宋史》本傳所記，頗有不同。蓋其名罔時，字公疏；改名同時，則宜字公餗耶？又《宋史》卷二百五〈志〉第一百五十八〈藝文〉四〈儒家類〉著錄：「賈岡《山東野錄》七卷。」《秘書省續編到四庫闕書目》卷二〈小說〉著錄：「賈同《山東野錄》七卷。輝按：〈宋志〉入〈儒家類〉，云賈同撰。陳《錄》一卷，云賈同撰。廣棪案：《解題》亦作七卷。《遂初目・雜家類》作賈公餗《山東野錄》。」葉德輝考證本。是此書之撰者名與字，《遂初堂書目》及〈宋志〉著錄均誤。而此書之歸類，各書則有所異同。

程氏遺書二十五卷、附錄一卷、外書十三卷

《程氏遺書》二十五卷、《附錄》一卷、《外書》十三卷，朱熹集錄二程門人李籲端伯而下諸家所聞見問答之語，附錄行狀、哀詞、祭文之屬八篇。其〈年譜〉，朱公所撰述也。《外書》則又二十五篇之所遺者。

廣棪案：朱子編《程氏遺書》、《附錄》、《外書》皆有〈跋〉，以言其集錄之旨。其〈程氏遺書跋〉云：「右《程氏遺書》二十五篇，二先生門人記其所見聞答問之書也。始諸公各自爲書，先生沒而其傳浸廣，然散出並行，無所統一，傳者頗以己意私竊竄易，歷時既久，殆無全篇，熹家有先人舊藏數篇，皆著

當時記錄主名，語意相承，首尾通貫，蓋未更後人之手，故其書最爲精善。後益以類訪求，得凡二十五篇，因稍以所聞歲月先後，第爲此書。篇目皆因其舊，而又別爲之錄如此，以見分別次序之所以然者。然嘗竊聞之：伊川先生無恙時，門人尹焞得朱光庭所抄先生語，奉而質諸先生。先生曰：『某在，何必讀此書；若不得某之心，所記者，徒彼意耳！』尹公自是不敢復讀。夫以二先生唱明道學於孔孟既沒千載不傳之後，可謂盛矣。而當時從游之士，蓋亦莫非天下之英材，其於先生之嘉言善行，又皆耳聞目見而手記之，宜其親切不差，可以行遠，而先生之戒，猶且丁寧若是，豈不以學者未知心傳之要，而滯於言語之間，或者失之毫釐，則其謬將有不可勝言者乎？又況後此且數十年，區區掇拾殘編墜簡之餘，傳誦道說，玉石不分，而謂眞足以盡得其精微嚴密之旨，其亦誤矣。雖然，先生之學，其大要則可知已；讀是書者，誠能主敬以立其本，窮理以進其知，使本立而知益明，知道而本益固，則日用之間且將有以得乎先生之心，而於疑信之傳，可坐判矣。此外諸家所抄尙眾，率皆割裂補綴，非復本篇，異時得其所自來，當復出之以附今錄，無則亦將去其重複，別爲《外書》，以待後之君子云爾。」其〈二程先生遺書附錄跋〉云：「右《附錄》一卷，〈明道先生行狀〉之屬凡八篇，〈伊川先生祭文〉一篇、〈奏狀〉一篇，皆其本文，無可議者，獨伊川行事本末，當時無所論著，熹當竊取實錄所書，《文集》內外書所載，與凡他書之可證者，次其後先以爲〈年譜〉，既不敢以意形容，又不能保無謬誤，故於每事之下各系其所從得者，今亦輒取以著于篇，合爲一卷，以附於二十五篇之後。嗚呼！學者察言以求其心，考跡以觀其用，而有以自得之，則斯道之傳也，其庶幾乎！乾道四年，歲在著雍困敦，夏四月壬子，新安朱熹謹記。」其〈程氏外書跋〉云：「右《程氏外書》十二篇，熹所序次，可繕寫。始熹序次《程氏遺書》二十五篇，皆諸門人當時記錄之全書，足以正俗本紛更之繆，而於二先生之語則不能無所遺也，於是取諸集錄，參伍相除，得此十有二篇，以爲《外書》。夫先生之言非有精粗之異，而兩書皆非一手所記，其淺深工拙，又未可以一概論，其曰《外書》云者，特以取之之雜，或不能審其所自來，其視前書，學者尤當精擇而審取之耳。乾道癸巳六月乙亥，新安朱熹謹書。」以上諸〈跋〉所記，均可與《解題》相參證。惟朱〈跋〉謂《程氏外書》十二篇，應作十二卷，今藏中央圖書館明翻刊元至正間臨川譚善心本亦作十二卷，故《解題》十三卷亦十二卷之訛也。

皇極經世書十二卷

《皇極經世書》十二卷，邵雍堯夫撰。其學出於李之才挺之，之才受之穆脩伯長，脩受之种放明逸，放受之陳搏。蓋數學也。曰〈元會運世〉、〈以元經會〉、〈以運經世〉，自帝堯至於五代，天下離合，治亂興廢，得失邪正之迹，以天時而驗人事，以陰陽剛柔窮聲音律呂，以窮萬物之數。末二卷論所以為書之意，窮日月星辰、飛走動植之數，以盡天地萬物之理；述皇王帝。廣校案：盧校本改「王帝」為「帝王」。霸之事，以明大中至正之道。書謂之《皇極經世》，篇謂之〈觀物〉，凡六十二篇。其子伯溫為之〈敘系〉，具載〈先天〉、〈後天〉、〈變卦〉、〈反對〉諸圖；又為〈易學辨惑〉一篇，敘傳授本末真偽。然世之能明其學者，蓋鮮焉。

廣校案：此條文字與《經錄・易類》「《皇極經世》十二卷、《敘篇系述》二卷」條完全相同，直齋重複著錄，殆用互著法也。有關考證，請參拙著《陳振孫之經學及其〈直齋書錄解題〉經錄考證》第五章。

觀物外篇六卷

《觀物外篇》六卷，康節門人太常寺簿張崏子望記其言，雖十纔一二，而足以發明成書。

廣校案：此條已見〈易類〉，著錄作：「《觀物外篇》六卷，康節門人張崏子望記其平生之言，雖十纔一二，而足以發明成書者為多，故名《觀物外篇》。崏登進士第，仕為太常寺主簿。」所記較此條略詳。直齋用互著法。

觀物內篇二卷

《觀物內篇》二卷，康節之子右奉直大夫伯溫撰。即《經世書》之第十一、十二卷也。張氏曰：「先生《觀物》有〈內〉、〈外篇〉。〈內篇〉，先生所著之書也；〈外篇〉，門人所記先生之言也。〈內篇〉理深而數略，〈外篇〉數詳而理顯。學先天者，當自〈外篇〉始。先生詩云：『若無楊子天人學，安有莊周〈內〉、〈外篇〉。』以此知〈外篇〉亦先生之文，門人蓋編集之耳。」又曰：「《皇極經世》者，康節之《易》，先天之嗣也。《觀物篇》立言廣大，措意精微如〈繫辭〉，然稽之以理，既無不通，參之以數，亦無不合。」館臣案：以

上三書，皆已見《易》類，而解題詳略互異，今並仍之。

　　廣棪案：此條亦見〈易類〉，惟闕「張氏曰」至末處一大段文字。直齋重複著錄，殆用互著法也。張氏者，即嶠。《宋元學案》卷三十三〈王張諸儒學案〉「常簿張先生嶠」條載：「張嶠，字子望，榮陽人也。登進士第，官至太常寺簿。《觀物外篇》二卷乃其所述。子文曰：『先君《易》學，獨以授之天悅與子望，皆早世，故世不得其傳。』陳直齋曰：『其記康節之言，十纔一二而已，足以發明成書。』」是嶠固精於康節《易》學。觀此條論《皇極經世》、《觀物內》、〈外篇〉及所記康節之言，皆極精到，真「足以發明成書」矣。

近思錄十四卷

《追思錄》十四卷，朱熹、呂祖謙取周、程之書關於大體而切於日用者六百十九條，取「切問近思」之義，以教後學。

　　廣棪案：《論語・子張》載：「子夏曰：『博學而篤志，切問而近思，仁在其中矣。』」此書命名，竊取斯旨。《讀書附志》卷下〈語錄類〉著錄：「《近思錄》十四卷。右晦庵先生、東萊先生集周、張、二程之說也。」《宋史》卷二百五〈志〉第一百五十八〈藝文〉四〈儒家類〉著錄：「《近思錄》十四卷，朱熹、呂祖謙編類周敦頤、程頤、程顥、張載等書。」所述均較《解題》為略。此書《文獻通考》卷三百十〈經籍〉三十七〈子儒家〉「《近思錄》十四卷」條附趙氏〈跋〉曰：「朱子、呂子相與講明伊洛之學，取其言之簡而要者集為是書，要使學者知所趣向。譬如洛居天下之中，行者四面而至，苟不惑其塗路，則千里雖遠，行無不至矣。然其閒亦有平居師友相問答之際，盡意傾吐，義已切至，而語不暇擇者。學者得其意，玩其辭可也。不然，徒高遠其言，詭異其行，俾世人之咸共指目曰『道學云云』者，則甚非朱、呂所以為書之意也。」又宋人葉采〈近思錄集解序〉曰：「皇宋受命，列聖傳德，跨唐越漢，上接三代統紀。至天禧、明道間，仁深澤厚，儒術興行，天相斯文，是生濂溪周子，抽關發矇，啓千載無傳之學；既而洛二程子、關中張子纘承羽翼，闡而大之。聖學湮而復明，道統絕而復續，猗歟盛哉！中興再造，崇儒務學，遹遵祖武，是以鉅儒輩出，沿泝太原，考合諸論，時則朱子與呂成公採摭四先生之書，條分類別，凡十四卷，名曰《近思錄》。規模之大，而進修有序；綱領之要，而節目詳明；體用兼該，本末彌舉；至於闢邪說，明正宗，罔不精覈洞盡，是則我宋之一經，將與《四子》並列，詔後學而垂無窮者也。嘗聞朱子曰：「《四

子》,《六經》之階梯;《近思錄》,《四子》之階梯。蓋時有遠近,言有詳約不同,學者必自近而詳者,推求遠且約者,斯可矣。』采年在志學,受讀是書,字求其訓,句探其旨,研思積久,因成《集解》。其諸綱要悉本朱子舊註,參以外堂記聞及諸儒辨論,擇其精純,刊除繁複,以次編入。有闕略者,乃出臆說,朝刪暮輯,踰三十年,義稍明備,以授家庭訓習。或者謂寒鄉晚出,有志古學而旁無師友,苟得是集觀之,亦可創通大義,然後以類而推,以觀四先生之大全,亦近思之意云。淳祐戊申長至日,建安葉采謹序。」所述較《解題》等爲翔明,可探究朱、呂編集此書之旨。

元城語錄三卷

《元城語錄》三卷,右朝散郎維陽馬永卿大年撰。永卿初仕亳州永城主簿,從寓公劉安世器之學,記其所聞之語。

> 廣棪案:《宋史》卷二百五〈志〉第一百五十八〈藝文〉四〈儒家類〉著錄:「劉安世《語錄》二卷。」應爲同一書,而卷數不同。《四庫全書總目》卷一百二十一〈子部〉三十一〈雜家類〉五著錄:「《元城語錄》三卷,附《行錄》一卷,浙江趙士恭家藏本。《元城語錄》三卷,宋馬永卿編。永卿字大年,揚州人,流寓鉛山。據《廣信府志》,知其嘗登大觀三年進士。據所作《嬾眞子》,知嘗官江都丞、浙川令、夏縣令。又稱嘗官關中,則不知何官矣。徽宗初,劉安世與蘇軾同北歸。大觀中,寄居永城。永卿方爲主簿,受學於安世,因撰集其語爲此書。安世之學出於司馬光,故多有光之遺說。惟光有《疑孟》,而安世則篤信之,亦足見君子之交不爲苟同矣。」《宋元學案》卷二十〈元城學案〉「主簿馬先生大年」條載:「馬大年,字永卿,雲濠案:《廣信志》作『馬永卿,字大年』。揚州人,元城弟子也。大觀三年進士,聞元城謫亳州,寓永城縣之回車院,先生時赴永城主簿,其舅高郵張桐薦使求教。既至,見元城,雄偉閎爽,談論踰時,體無欹側,肩背聳直,身不稍動,手足亦不移,自是從學二十六年。當紹興五年,追錄其語爲《元城語》三卷。」均足與《解題》相參證。

劉先生談錄一卷

《劉先生談錄》一卷,知秀州韓瓘德全撰。瓘,億之曾孫,緬之孫。官二浙,道睢陽,往來必見劉元城,記其所談二十一則。

廣棪案：《宋史》卷二百三〈志〉第一百五十六〈藝文〉二〈傳記類〉著錄：「《劉安世譚錄》一卷，韓瓘撰。」與《解題》屬同一書。《宋元學案》卷二十〈元城學案〉「知州韓先生瓘」條載：「韓瓘，字德全，開封人也，參政億曾孫。累官知秀州，所至，興利除害甚敏，吏莫能欺，時以爲有家法。先生官浙中久，其往來必維舟河梁，侍元城談，錄其繫邪正得失者二十一條爲《元城談錄》。」足資參證。

道護錄一卷

《道護錄》一卷，胡珵德輝所錄劉元城語，凡十九則。以上三書皆刻章貢，末又有邵伯溫、呂本中所記數事附焉。

廣棪案：《讀書附志》卷下〈語錄類〉著錄：「《元城先生語錄》三卷、《譚錄》一卷、《道護錄》兩卷。右劉忠定公安世字器之之語也。維揚馬永卿大年爲之〈序〉。器之，大名人。中熙寧六年進士第。哲宗朝，歷正言、左史司諫、右諫議、中書舍人。貶黜久之，至除名勒停，送峽州編管。起提舉鴻慶，復直龍圖閣以卒。昔有與蘇子瞻論元祐人才者，至公，則曰：『器之眞鐵漢，不可及也。』」《讀書附志》著錄《道護錄》作兩卷，與《解題》不同。惟《宋史》卷二百三〈志〉第一百五十六〈藝文〉二〈傳記類〉仍著錄作一卷，疑《讀書附志》誤也。胡珵，《宋元學案》卷二十〈元城學案〉「知州胡先生珵」條載：「胡珵字德輝，毗陵人也。詩文、墨隸皆精好。學于楊文靖公龜山，尋以文靖之命學于劉忠定公元城。入太學，成進士。……所著有《蒼梧集》。」可資參證。《解題》此條所謂三書者，即指馬永卿《元城語錄》、韓瓘《劉先生談錄》與此書。章貢，今江西贛縣。

庭闈稿錄一卷

《庭闈稿錄》一卷，即楊迥所錄，當政和八年，其父亡恙時也。

廣棪案：迥，《宋史》無傳，其父即楊時。時師事程顥，其傳見《宋史》卷四百二十八〈列傳〉第一百八十七〈道學〉。胡安國〈龜山墓誌〉載：「子五人，迪早卒，迥、遹、造已仕。」是迥乃楊時仲子。

龜山別錄二卷

《龜山別錄》二卷，不知何人所錄。

廣棪案：此書除《解題》及《文獻通考》著錄外，別無可考資料。

龜山語錄五卷

《龜山語錄》五卷，延平陳淵幾叟、羅從彥仲素、建安胡大原伯逢所錄楊時中立語及其子迥稿。《錄》共四卷。末卷為〈附錄〉、〈墓誌〉、〈遺事〉，順昌廖德胡子晦所集也。

廣棪案：《讀書附志》卷下〈語錄類〉著錄：「《龜山先生語錄》四卷。右楊文靖公時字中立之語也。公，閩人，與游定夫、謝顯道俱從游於明道先生之門，嘗以著庭兼邇英殿說書，遷祭酒，擢右諫議，除徽猷閣直學士、工部侍郎兼侍講。紹興五年，卒。初入見之際，首言自古聖賢之君，未有不以講學為先務者。上深然之。」足資參證。此書《讀書附志》作四卷，蓋闕末卷也。考陳淵，《宋史》卷三百七十六〈列傳〉第一百三十五有傳。《宋元學案》卷三十八〈默堂學案〉「御史陳默堂先生淵」條載：「陳淵字知默，南劍州沙縣人也。初名漸，字幾叟。早年從學二程，後學于龜山。……先生為龜山之婿，卒能傳龜山之學。學者稱之為默堂先生。」羅從彥，《宋史》卷四百二十八〈列傳〉第一百八十七〈道學〉二有傳，曰：「羅從彥字仲素，南劍人。以累舉恩為惠州博羅縣主簿。聞同郡楊時得河南程氏學，慨然慕之。及時為蕭山令，遂徒步往學焉。時熟察之，乃喜曰：『惟從彥可與言道。』於是日益以親，時弟子千餘人，無及從彥者。從彥初見時三日，即驚汗浹背，曰：『不至是，幾虛過一生矣。』嘗與時講《易》，至〈乾〉九四爻，云：『伊川說甚善。』從彥即鬻田走洛，見頤問之。頤反覆以告，從彥謝曰：『聞之龜山具是矣。』乃歸卒業。沙縣陳淵，楊時之婿也，嘗詣從彥，必竟日乃返，謂人曰：『自吾交仲素，日聞所不聞，奧學清節，真南州之冠冕也。』既而築室山中，絕意仕進，終日端坐，閒闢時將溪上，吟詠而歸，恆充然自得焉。……朱熹謂：『龜山倡道東南，士之游其門者甚眾，然潛思力行、任重詣極如仲素，一人而已。』紹興中卒，學者稱之曰豫章先生，淳祐間諡文質。」胡大原，《宋史》無傳。《宋元學案》卷四十二〈五峰學案〉「胡伯逢先生大原」條載：「胡大原，字伯逢，五峰之從子也。雲濠案：伯逢為致堂先生長子。先生與廣仲、澄齋守其師說甚固，與朱子、南軒皆有辯論，不以〈知言疑義〉為然。梓材謹案：

《龜山語錄》，陳幾叟、羅仲素與先生所錄，豈先生嘗及龜山之門邪？或先生諸父從龜仙遊，有所傳誦，而先生錄之邪？」據上所引，則幾叟、仲素均龜山門人，幾叟又其婿；而伯逢則私淑龜山者也。至廖德明，《宋史》卷四百三十七〈列傳〉第一百九十六〈儒林〉七有傳。其傳曰：「廖德明字子晦，南劍人。少學釋氏，及得龜山楊時書，讀之大悟，遂受業朱熹。登乾道中進士第。」蓋亦宗仰龜山者。

尹和靖語錄四卷

《尹和靖語錄》四卷，馮忠恕、祈寬居之、呂堅中崇實所錄尹焞彥明語。

　　廣棪案：《宋史》卷二百五〈志〉第一百五十八〈藝文〉四〈儒家類〉著錄：「尹焞《孟子解》十四卷、《語錄》四卷，尹焞門人馮忠恕、祁寬、呂堅中記。」與《解題》著錄書名、卷數同，惟「尹焞」、「祈寬」之姓名則與《解題》異。應作「尹焞」、「祁寬」為合。考馮忠恕，《宋史》無傳，《宋元學案》卷二十七〈和靖學案〉「知軍馮先生忠恕」條載：「馮忠恕，字貫道，汝陽人也。其父東皋處士理與和靖同學于洛，至必同處。靖康初，和靖被召赴闕，先生從之遊。紹興中，先生為黔州節度判官，和靖寓涪，遂畢所學。後知梁山軍。」祁寬，《宋史》亦無傳。《宋元學案》同卷〈和靖學案〉「隱君祁先生寬」條載：「祁寬，字居之，均州人。雲濠案：均州一作均陽。南渡後寓廬山，隱居不仕。和靖作《論語解》，稱先生與王、呂諸公與有力焉。王樞密庶與之善。」呂堅中，《宋史》無傳，〈和靖學案〉「縣令呂景實先生堅中」條載：「呂堅中，字景實，本中兄弟行也。共官祁陽令，胡致堂為作〈學宮記〉，稱其服勤和靖左右有年，今試之政事。先生與馮忠恕、祁寬同記和靖語。」是馮、祁、呂三人皆和靖門人。惟〈和靖學案〉記堅中字景實，又與《解題》不同。〈和靖學案〉有「祁氏師說」條，載：「先生曰：『初見伊川時，教某看敬字。某請益，伊川曰：「主一則是敬。」當時雖領此語，然不若近時看得更親切。』寬問：『如何是主一，願先生善諭。』先生言：『敬有甚形影，只收斂身心，便是主一。且如人到神祠中致敬時，其心收斂，更不著得毫髮事，非主一而何？』又曰：『昔有趙承議從伊川學，其人性不甚利，伊川亦令看敬字。趙請益，伊川曰：「整衣冠，齊容貌而已。」』趙舉示先生，先生于趙言下有箇省覺處。梓材謹案：此段前後載〈伊川學案〉。百家案云：『此條為祁居之所記，內稱「先生」，則尹和靖也。』今併歸于此。先生嘗書數句說《易》曰：「《易》之道如日星。但患于理未精，失于機會，則暗于理者也。聖人復生，恐不易吾之言。」寬問

之，先生曰：『吾看「《易》逆數也」，故有是說。正在未到〈泰〉之上六，便要知〈泰〉之將極，未到〈否〉之上九，便要知〈否〉之欲傾也。』」此或亦《尹和靖語錄》語，而祁寬記之。

胡氏傳家錄五卷

《胡氏傳家錄》五卷，曾幾吉父、徐時動舜都、楊訓子中所記胡安國康侯問答之語，及其子寧和仲所錄家庭之訓。

廣校案：《宋史》卷二百三〈志〉第一百五十六〈藝文〉二著錄：「《胡氏家傳錄》一卷，不知作者。」與《解題》著錄者恐非一書。曾幾，《宋史》卷三百八十二〈列傳〉第一百四十一本傳載：「曾幾字吉甫，其先贛州人，徙河南府。……幾三仕嶺表，家無南物，人稱其廉。早從舅氏孔文仲、武仲講學。初佐應天時，諫官劉安世亡恙，黨禁方屬，無敢窺其門者，幾獨從之，談經論事，與之合。避地衡嶽，又從胡安國游，其學益粹。為文純正雅健，詩尤工。有《經說》二十卷、《文集》三十卷。」徐時動，《宋史》無傳。《宋元學案》卷三十四〈武夷學案〉「教官徐先生時動」條載：「徐時動字舜鄰，豐城人也。胡文定高弟。紹興進士，為虔州教官。改吉州，未及歲，移疾，遂不復仕。著《孟子說》十四卷、雲濠案：一本作四十。《西江錄》三卷、《師問答問》一卷。補。祖望謹案：《胡文定公傳家錄》，曾吉甫、楊子中與先生共輯之。雲濠謹案：《胡氏傳家錄》，曾、徐、楊三子所記文定答問語也。又文定次子和仲所錄〈庭訓〉亦詳。」楊訓，《宋史》亦無傳。《宋元學案》同卷〈武夷學案〉「太學楊先生訓」條載：「楊訓，字子中，湘潭人也。受學文定。嘗問孝，文定曰：『謹言而慎行。一言之尤，一行之悔，是為不孝。』先生退而思曰：『吾從事於《新經》之教，以太學進士爭能否于筆舌間者已二十年，豈有內省之功從事于言行者乎！』乃更誦《語》、《孟》、經史，稼穡致養，不汲汲于利祿。其在文定碧泉講舍，求愈久而愈恭，稱高弟。補。」《胡氏傳家錄》，於《宋元學案・武夷學案》中附錄數條，曰：「士當志于聖人，勿臨深以為高。　流光可惜，無為小人之歸。學以立志為先，以忠信為本，以致知為窮理之門，以主敬為持養之道。　曾子之言曰：『君子愛人以德，細人愛人以姑息。』故切莫假借人。　學以能變化氣質為功。　某初學《春秋》，用功十年，遍覽諸家，欲求博取以會要妙，然但得其糟粕耳！又十年，時有省發，遂集眾傳，附以己說，猶未敢以為得也。又五年，去者或取，取者或去；己說之不可于心者，尚多有之。又五年，

書成，舊說之得存者寡矣。及此二年，所習似益察，所造似益深，乃知聖人之旨益無窮，信非言論所能盡也。　凡出身事主，本吾至誠懇惻、憂國愛君、濟民利物之心，立乎人之本朝，不可有分毫私意。議論施爲，辭受取舍，進退去就，據吾所見義理行之，勿欺也，故可犯。未有至誠而不動者矣。不誠，未有能動者也。　陳仲舉于曹節，庾元規于蘇峻，皆懷憤疾之心，所以誤也。諸葛武侯心如明鏡，不以私情有好惡，故李平、廖立、馬謖，或廢或死而不怨。武侯此心，可爲萬世法。」可知此書之一斑。考時動之字，《解題》作字舜都，《宋元學案》字舜鄰，似以舜鄰爲是。至胡寧，《宋史》卷四百三十五〈列傳〉第一百九十四〈儒林〉五附〈胡安國〉，載：「寧字和仲，以蔭補官。秦檜當國，召試館職，除敕令所刪定官。秦熺知樞密院事，檜問寧曰：『熺近除，外議云何？』寧曰：『外議以爲相公必不爲蔡京之所爲也。』遷太常丞、祠部郎官。初，以寧父兄故召用，及寅與檜忤，乃出寧爲夔路安撫司參議官。除知澧州，不赴。主管台州崇道觀，卒。安國之傳《春秋》也，修纂、檢討盡出寧手。寧又著《春秋通旨》，以羽翼其書云。」惟未記及寧錄庭訓事。

無垢語錄十四卷、言行編、遺文共一卷

《無垢語錄》十四卷、《言行編》、《遺文》共一卷，張九成子韶之甥于恕所編《心傳錄》，及其門人郎昱<small>廣棪案：《文獻通考》作「郎曄」。</small>所記《日新錄》。近時徐鹿卿德夫教授南安，復裒其言行，繫以歲月，及遺文三十篇，附於末。

　　廣棪案：《讀書附志》卷下〈語錄類〉著錄：「《無垢先生心傳錄》十二卷。右張文忠公九成字子韶之說也。甥于恕編。公以紹興三年狀元及第，歷禮部侍郎兼侍講，謫居南安十四年，手不停披。歲久，庭蹟依然。公題于柱曰：『予平生嗜書，老來自病，執書就明于此者十四年矣。倚立積久，雙趺隱然，可一笑也。』因自號橫浦居士。寶慶初，贈太師，追封崇國公，諡文忠云。」又著錄：「《橫浦日新》二卷。右門人郎曄記錄無垢先生之說也。」是《無垢語錄》十四卷，乃合《心傳錄》、《日新錄》而言之。于恕、郎昱，《宋史》均無傳。《宋元學案》卷四十《橫浦學案》「于先生恕、于先生憲<small>合傳</small>」條載：「子恕，字忠甫，□□人，無垢先生之甥也。其序《橫浦心傳錄》曰：『予與憲弟自幼承訓，頗以警策別于群兒。每一感念，情不自置，遂抱琴劍，徒步三千餘里抵嶺下。予既自喜得至，舅亦喜予之來，朝夕得侍座席，講論經史，難疑答問，無頃息少置。從容之暇，則談及世故。凡近人情，合事理，可爲學

者徑庭者，莫不備錄。雖所說或與舊說相異，皆一時意到之語，亦不復自疑，故名之曰《心傳》。予後以思親歸，季弟憲亦不憚勞遠，奮然獨往，其承教猶予前日也。遂各以所得，合爲一集。初不敢以示人，止欲訓家庭子姪耳！予學生郎煜粗得數言，纂爲所錄，而士夫已翕然傳誦，信知舅氏一話一言，爲世所重如此。予老矣，守其樸學，固而不化，往往不與時習投，凡六舉于禮部而無成，遂匿影林下，時時提省此心，不致爲窮達得喪所累，以失其源流，則亦無愧于吾舅平日之教矣。』又「特奏郎先生煜」條載：「郎煜，字晦之，錢塘人。受學于橫浦，嘗輯《橫浦心傳》諸書。淳熙十四年，特奏得官，未任卒。或謂先生世系與侍郎簡同譜，曰：『我家白屋，豈可妄舉華冑！』梓材謹案：于忠甫稱先生爲『余學生』，其殆受學橫浦而卒業于于氏者。」足資參證。至徐鹿卿，《宋史》卷四百二十四〈列傳〉第一百八十三載：「徐鹿卿字德夫，隆興豐城人。博通經史，以文學名於鄉，後進爭師宗之。嘉定十六年，廷試進士，有司第其對居二，詳定官以其直抑之，猶寘第十。調南安軍學教授。張九成嘗以直道請居，鹿卿據其言行，刻諸學以訓。」是鹿卿裒無垢《言行編》及《遺文》，正調南安軍學教授時也。

南軒語錄十二卷

《南軒語錄》十二卷，蔣邁所記張栻敬夫語。

　　廣棪案：邁，《宋史》無傳，生平無可考。《宋史》卷二百八〈志〉第一百六十一〈藝文〉七《別集類》著錄：「蔣邁《桂齋拙稿》二卷，又《施正憲遺稿》二卷。」而未著錄此書。

晞顏錄一卷

《晞顏錄》廣棪案：「晞」《文獻通考》作「睎」。一卷，張栻取經傳中凡言及顏子者，錄爲一編。

　　廣棪案：栻，《宋史》卷四百二十九〈列傳〉第一百八十八〈道學〉三有傳。其傳曰：「張栻字敬夫，丞相浚子也。穎悟夙成，浚愛之，自幼學，所教莫非仁義忠孝之實。長，師胡宏，宏一見，即以孔門論仁親切之旨告之。栻退而思，若有得焉，宏稱之曰：『聖門有人矣。』栻益自奮厲，以古聖賢自期，作《希顏錄》。」正記此事。考《說文解字》七篇上〈日部〉載：「睎，乾也。從日，希聲。」又

四篇上〈目部〉載：「睎，望也。從目，希聲。海岱之間謂眄睎。」段玉裁注曰：
「〈西都賦〉：『睎秦嶺。』古多假希爲睎。如〈公孫弘傳〉『希世用事』，晉〈虞
溥傳〉『希顏之徒』是也。」是睎與希同，睎顏即希顏，典出《晉書·虞溥傳》，
《解題》作《睎顏錄》，字誤矣！

晦庵語錄四十六卷

《晦庵語錄》四十六卷，著作佐郎陵陽李道傳貫之，裒晦翁門人廖德明子晦
而下三十二家，刻之九江。

　　廣校案：《讀書附志》卷下〈語錄類〉著錄：「《晦庵先生語錄》四十三卷。右廖
　　德明、輔廣、余大雅、陳文蔚、李閎祖、李方子、葉賀孫、潘時華、董銖、竇
　　從周、金去偽、李季札、萬人傑、楊道夫、徐寓、林恪、石洪慶、徐容、甘節、
　　黃義剛、蔓淵、龔蓋卿、廖謙、孫自修、潘履孫、湯泳、林夔孫、陳埴、錢木
　　之、曾祖道、沈僩、郭友仁、李儒用三十三人記錄晦庵先生之語也。李文惠公
　　道傳持江東庾節，刻于池陽，黃榦書于目錄之後。」較《解題》爲詳。考《宋
　　史》卷四百三十〈列傳〉第一百九十五有道傳傳。《宋元學案》卷三十〈劉李諸
　　儒學案〉「文節李貫之先生道傳」條載：「李道傳，字貫之，子思先生中子也。
　　雲濠案：先生自隆州徙居吳興。先生少長，讀河南程氏書，玩索義理，至忘寢食。
　　雖處暗室，整襟危坐，肅如也。由進士第調蓬州教授。……嘉定時，累遷著作
　　佐郎。……時執政有不樂道學者，語侵先生，先生不爲動。以著作郎出知眞州，
　　提舉江東常平。……攝宣州守，行朱子社倉法。入除兵部郎官，辭未就。李楠
　　覘當路指意，乞授以節鎮蜀，遂出知果州。至九江，得疾卒，年四十八，賜諡
　　文節。先生與兄弟相視如師友，故其一家之學，言論操履，一歸于正。自蜀來
　　東南，雖不及登朱子之門，而訪求所當從學者與講習，盡得遺書讀之，篤于踐
　　履，氣節卓然。」是道傳夙仰朱子，雖不及登其門，猶訪求所嘗從學者三十餘
　　人而裒撰《語錄》。此書《解題》謂「刻之九江」，《讀書附志》謂「刻于池陽」。
　　宋人王遂〈朱子語錄格言序〉，中云：「初，李公貫之集朱門弟子所記，刊于池
　　陽，是時學禁方開，抄錄未備。李公蜀人，未嘗登文公之門，疑其裒集有所未
　　盡。」是此書刻於池陽，《解題》誤矣。至此書卷數，《讀書附志》與《解題》
　　有所不同，未知孰是。

晦庵續錄四十六卷

《晦庵續錄》四十六卷，李太史之弟樞密性傳成之，又得黃幹廣校案：盧校本改「幹」為「榦」。直卿而下四十一家，及前《錄》所無者併刻之，合貫之前《錄》，益見該備矣。廣校案：《文獻通考》無「合貫之前《錄》」以下十字。

廣校案：《讀書附志》卷下〈語錄類〉著錄：「《晦庵先生語續錄》四十六卷。右黃榦、何鎬、程端蒙、周謨、潘柄、魏椿、吳必大、黃崟、楊若海、楊驤、陳淳、童伯羽、鄭可學、滕璘、王力行、游敬仲、黃升卿、周明作、蔡恩、楊與立、鄭南升、歐陽謙之、游倪、楊至、潘植、王過、董拱壽、林學蒙、林賜、李儒用、胡泳、呂燾、黃義剛、吳壽昌、楊長孺、吳琮等四十一家記錄晦庵先生語也。內五家莫詳姓氏，後一卷則前錄廖德明、潘時舉、董銖、萬人傑、徐寓、林恪所遺也。李性傳敘而刻之鄱陽。」較《解題》著錄為詳。考李性傳，《宋史》卷四百一十九〈列傳〉第一百七十八有傳。《宋元學案》卷三十〈劉李諸儒學案〉「少保李成之先生性傳」條載：「李性傳，字成之，子思先生之季子。嘉定四年舉進士，屬幹辦行在諸軍審計事。進對有『崇尚道學之名，未遇其實』。帝曰：『實者何在。』先生對曰：『在陛下格物致知，以為出治之本。』累遷起居舍人兼侍講，疏請復古喪制。官至權參知政事，尋同知樞密院事，未幾落職。後以資政殿大學士提舉洞霄宮。寶祐二年，依舊職提舉萬壽觀兼侍讀。以觀文殿學士致仕。卒，贈少保。參史傳。」可知其生平概況。

節孝先生語一卷

《節孝先生語》一卷，江端禮季恭所錄山陽徐積仲車語。

廣校案：《宋史》卷二百五〈志〉第一百五十八〈藝文〉四〈儒家類〉著錄：「徐積《節孝語》一卷，江端禮錄。」與《解題》同。《四庫全書總目》卷九十二〈子部〉二〈儒家類〉二著錄：「《節孝語錄》一卷，兩江總督採進本。宋徐積撰。積字仲車，山陽人。登進士第。元祐初，以薦授揚州司戶參軍，為楚州教授。歷和州防禦推官，改宣德郎，監中岳廟卒。政和六年，賜諡節孝處士。事蹟其《宋史·卓行傳》。是書為其門人江端禮所錄。《文獻通考》載一卷，與今本合。其中說經之條，如釋『唐棣之華，偏其反而』，謂偏當音徧，言開徧而復合。今考『禮二名不偏諱』註：『偏讀為徧。』則偏、徧二字原相通。然以釋『偏其反而』，則曲說矣。其釋《春秋》『壬申，御廩災，乙亥，嘗』，謂說者皆言先言御廩災，

是火災之餘而嘗，志不敬。其實〈曾子問〉，言天子、諸侯之祀，遇日食、火災、喪服則皆廢祀。今御廩災則嘗可廢而不廢，是爲不敬。何必謂火災之餘而嘗。今考〈曾子問〉曰：『當祭，而日食、太廟火，乃廢祭。他火災不廢也。』積慨言火災則廢，反斥《公》、《穀》二傳，亦殊失經意。他若以《論語》『三嗅』爲『三嘆』，謂《春秋》西狩獲麟重書僭狩非禮，不重書獲麟，亦皆穿鑿。至於商論古人，推揚雄而議賈誼，至以陳平爲秦漢以來第一人，殊乖平允。而誤解《禮記》『葬欲速朽』，以近世用厚棺爲非，尤爲紕繆。然積篤於躬行，粹於儒術，所言皆中正和平，無宋代刻核古人之習。大致皆論事論人，無空談性命之說，蓋猶近於古之儒家焉。」可資參考。至端禮，《宋史》無傳。《宋元學案》卷一〈安定學案〉「江季恭先生端禮」條載：「江端禮，字子和，二子季恭，園城人。受學節孝，深于《春秋》。黃山谷謂其文似尹師魯，張文潛亦喜之。而其駁柳子厚〈非國語〉，則東坡之所許也。嘗裒集《節孝遺書》。三十八歲卒。」則本書乃端禮裒集《節孝遺書》之一耶？

童蒙訓一卷

《童蒙訓》一卷，中書舍人東萊呂本中居仁撰。

　　廣棪案：此書見《文獻通考》卷一百九十〈經籍考〉十七〈經小學〉著錄，所引「陳氏曰」與《解題》同。《宋史》卷二百三〈志〉第一百五十五〈藝文〉一〈小學類〉著錄：「呂本中《童蒙訓》三卷。」著錄卷數與《解題》不同。國立中央圖書館藏此書明覆刊宋紹定己丑李壃本，作三卷一冊。疑作三卷爲是。李壃本有樓昉〈跋〉，曰：「昉兒時侍鄉長老，嘗從旁竊窺所謂呂氏《童蒙訓》者，其閒格言至論，粗可記者一二；稍長，務鑽屬舉子業，而親舊几案上亦不復有此書矣。世道之升降，於此可占也。客授金華，太守丘公先生語次及之，且曰：『昔先公每以訓子姪，某初在傅，日誦習焉，將求善本刻之學宮或太史祠中，使流布於世。』昉因從臾成之曰：『書出於呂氏，刻於祠堂，宜也。』會公有民曹之命，迺出錢五萬以從初約。呂兄巽伯喬年家所藏本最爲精密，前此長沙郡龍溪學皆嘗鋟木，而訛舛特甚，丘公所誦習者，未知何所從得也。初舍人呂公以正獻長孫逮事元祐遺老，與諸名勝游，淵源所漸者遠。渡江轉徙流落之餘，中原文獻與之俱南，因即疇昔所聞見者輯爲是編，倉部既手寫而藏之，巽伯又是正而刊之，庶幾可以傳矣。書之所載自立身行己、讀書取友、撫世疇物、仕州縣、立朝廷，綱條本末，皆有稽據，大要欲學者反躬抑志、循序務本、切近

篤實，不累於虛驕、不騖於高遠，由成己以至成物，豈特施之童蒙而已哉！雖推天下國家可也。巽伯屬記始末，因輒附所聞於其後，是亦丘公之志焉爾。公名壽雋，字真長，文定公之嫡長子云。嘉定乙亥中秋日，四明樓昉謹書。」至本中，字居仁，元祐宰相公著之曾孫，好問之子。紹興六年，召赴行在，特賜進士出身，擢起居舍人兼權中書舍人。學者稱爲東萊先生，賜諡文清。《宋史》卷三百七十六〈列傳〉一百三十五有傳。〈傳〉末載：「有《詩》二十卷，得黃庭堅、陳師道句法，《春秋解》一十卷、《童蒙訓》三卷、《師友淵源錄》五卷，行于世。」是《童蒙訓》，本傳亦作三卷。

師友雜志一卷、雜說一卷

《師友雜志》一卷、《雜說》一卷，呂本中撰。

　　廣棪案：《讀書附志》卷上〈雜說類〉著錄：「《東萊呂紫微雜說》一卷、《師友雜志》一卷、《詩話》一卷。右呂本中居仁之說也。鄭寅刻之廬陵。」較《解題》爲詳。惟《宋史》呂本中傳謂居仁著有《師友淵源錄》五卷，行於世。未知其與《雜志》、《雜說》之關係何如也？

胡子知言一卷

《胡子知言》一卷，五峰胡宏仁仲撰。文定公安國之季子，張南軒從之遊。

　　廣棪案：《讀書附志》卷下〈語錄類〉著錄：「《五峰先生知言》一卷。右胡子宏字仁仲之說也。門人張栻序之曰：『先生優游南山之下，餘二十年，玩心神明，不舍晝夜，力行所知，親切至到，析《太極》精微之蘊，窮《皇王》制作之端。此書乃平日所自著，其言約，其義精。晚歲嘗被召旨，不幸寢疾，不克造朝而卒。』云。近世朝廷嘗索其書而賜之諡。」所述較《解題》爲詳，且引張栻〈序〉稱譽此書「其言約，其義精」。惟《文獻通考》著錄此書下嘗引朱子之言曰：「《朱子語錄》有曰：『因與諸子論湖湘學者崇尚《胡子知言》曰：「《知言》固有好處，然亦大有差失。如論性卻曰：『不可以善惡辨，不可以是非分。』既無善惡，又無是非，則是告子湍水之說爾。如曰：『好惡性也，君子好惡以道，小人好惡以己。』則是以好惡說性，而道在性外矣。不知此理卻從何而出。」問：『所謂探視、聽、言、動無息之際，可以會情。此猶告子生之謂性之意否？』曰：『此語亦有病。下文謂：「道義明著，孰知其爲此心。物欲引誘，孰知其爲人欲。」便

以道義對物欲，卻似性中本無道義，逐旋於此處，攙入兩端則是性，亦不可以善言矣。如曰：「性也者，天地鬼神之奧也。善不足以名之，況惡乎？」孟子說性善云者，歎美之辭，不與惡對。其所謂天地鬼神之奧言，語亦大故誇逞。某嘗謂聖賢言語自是平易，如孟子尚自有些險處，孔子則直是平實。』東萊云：『《知言》勝似《正蒙》。』先生曰：『蓋後出者巧也。』」是朱子於此書亦有所貶抑，以其論性有近於告子，而言語亦大故誇逞也。考宏，其傳見《宋史》卷四百三十五〈列傳〉第一百九十四〈儒林〉五，附〈胡安國子寅、宏、寧〉，曰：「宏字仁仲，幼事楊時、侯仲良，而卒傳其父之學。優游衡山下，餘二十年，玩心神明，不舍晝夜。張栻師事之。」又曰：「著書曰《知言》。張栻謂其言約義精，道學之樞要，制治之蓍龜也。」可與《解題》相參證。

忘筌書二卷

《忘筌書》二卷，浦城潘植子醇撰。多言《易》，亦涉異端，凡五十一篇。此書載《鳴道集》，為九十二篇，附見者又十有三，而《館閣書目》又稱七十七篇，皆未詳。

廣棪案：《莊子‧外物》曰：「筌者所以在魚，得魚而忘筌；蹄者所以在兔，得兔而忘蹄。」筌亦作荃。此書命名蓋本此。潘植，《宋元學案》卷六十九〈滄洲諸儒學案〉上「潘立之先生植」條載：「潘植，字立之，懷安人。世業儒。先生承家學，尤喜從鄉閭善士遊。後聞朱子講道武夷，非他師所及，遂與弟柄負笈而往拜焉。先生工于文，尤嗜史學，上下數千年，貫穿出入，未嘗射策決科。兄弟皆以弱冠摳衣有道，厲志前修。家居，日以濂、洛諸書相磨礪，暇則接武林壑間，徜徉觴詠，怡怡如也。參《黃勉齋集》。梓材謹案：宋有與先生同名氏者，字子醇，安正人，嘗著《易說》。」據梓材案語，則宋世有二潘植，一字立之，一字子醇。《宋元學案補遺》卷四十三〈劉胡諸儒學案〉「潘子醇先生殖」條載：「潘殖，字子醇，自號浩然子，浦城人。大觀中，兩以鄉薦上禮部。建炎中，始以累舉除官，調真州推官，性嗜學不倦。初好王氏學，後棄之。有《忘筌書》，《理性書》。」是《宋元學案補遺》又以子醇名殖，與《解題》作「植」不同。惟此書固非字立之之潘植所撰也。至此書卷數，《讀書附志》卷下〈總集類〉著錄之「《諸儒鳴道集》七十二卷」條作十卷，衡以《鳴道集》所載為「九十二篇，附見者又十有三」，則似作十卷為合。

諸儒鳴道集七十二卷

《諸儒鳴道集》七十二卷，不知何人所集涑水、濂溪、明道、伊川、橫渠、元城、上蔡、無垢以及江民表、劉子翬、潘子醇凡十一家，其去取不可曉。

　　廣棪案：《宋史》卷二百五〈志〉第一百五十八〈藝文〉四〈儒家類〉著錄：「《諸儒鳴道集》七十二卷，濂溪、涑水、橫渠等書。」所述較略。《讀書附志》卷下〈總集類〉著錄：「《諸儒鳴道集》七十二卷。右集濂溪、涑水、橫渠、二程、上蔡、元城、龜山、橫浦諸公議論著述也。於中有江民表《心性說》一卷，安正《忘筌集》十卷，崇安《聖傳論》二卷。」與《解題》同。其中「安正《忘筌集》十卷」，乃潘子醇所撰，蓋子醇，安正人。《讀書附志》著錄此書作十卷，則與《解題》作二卷者不同，疑《解題》誤。

兼山遺學六卷

《兼山遺學》六卷，河南郭雍錄其父忠孝之遺書。前二卷為〈易蓍卦〉，次為〈九圖〉，又次〈說春秋〉，又次為〈性說〉三篇，末卷問答、雜說。

　　廣棪案：《解題》卷一〈易類〉「《傳家易說》十一卷」條謂：「又有《兼山遺學》六卷，見〈儒家類〉。」正指此書。是則此書卷一、二爲〈易蓍卦〉，第三卷爲〈九圖〉，四卷爲〈說春秋〉，五卷爲〈性說〉三篇，第六卷乃問答、雜說也。

忠孝父子世系、出處本末，詳見〈易類〉。

　　案：《解題》卷一〈易類〉著錄：「《傳家易說》十一卷，沖晦處士河南郭雍頤正撰。自言其父忠孝，受學於程伊川。伊川示以《易》之〈艮〉，曰：『艮，止也。學道之要無出於此。』自是方覺讀《易》有味。牓其室曰『兼山』。立身行道，皆自『止』始。兵興之初，先人舊學掃地，念欲補續其說，中心所知者『艮，止也』。潛稽《易》學，以述舊聞，用傳於家。忠孝字立之，名將樞密逵之子。自言得先天卦變於河陽陳安民子惠，其書出李挺之，由是頗通象數。仕爲永興軍路提刑，死於狄難，其書散逸。雍隱居陝州長陽山中。帥守屢薦，召之不至，由處士封頤正先生。其末，提舉趙善譽言於朝，遣官受所欲言，得其《傳家兵學》六卷以進，時淳熙丙午也。明年卒，年八十有四。又有《兼山遺學》六卷，見〈儒家類〉。餘書皆未之見也。雍實范忠宣丞相外孫，又號白雲先生。案：頤正，本朝廷所賜先生號，而《館閣書目》以爲字頤正，恐誤。」可知忠孝父子生平概況。

玉泉講學一卷

《玉泉講學》一卷，沙隨程迥可久所記喻樗子才語。

> 廣棪案：喻樗，《宋史》卷四百三十三〈列傳〉第一百九十二〈儒林〉三有傳。
> 《宋元學案》卷二十五〈龜山學案〉「提舉喻湍石先生樗」條載：「喻樗，字
> 子才，號湍石，其先南昌人，後徙嚴陵。建炎末第進士。先生質直好議論，
> 謁趙忠簡鼎曰：『公之事上，當使啓沃多而施行少。啓沃之際，當使誠意多而
> 語言少。』忠簡奇之，引爲上客。後都督川、陝、荊、襄，辟爲屬，多所裨
> 益，即薦授秘書省正字，策史官校勘。以忤秦檜，出知懷寧縣，通判衡州，
> 致仕。檜死復起，歷提舉浙東常平，以治績聞。玉山汪氏應辰，其婿也。門
> 人知名者，有程迥、尤袤。」是則迥乃樗之門人。迥，《宋史》卷四百三十七
> 〈列傳〉第一百九十六〈儒林〉七有傳。《宋元學案・龜山學案》「朝奉程沙
> 隨先生迥」條載：「程迥，字可久，號沙隨，由寧陵徙居餘姚。登隆興元年進
> 士第，知上饒縣。已而奉祠。嘗受經學于嚴陵喻氏，著《古易章句》十卷，《易
> 傳外編》、《古易考》、《古占法》各一卷，又有《春秋傳顯微例目》、《論語傳》、
> 《孟子章句》、《文史評》、《經史說》、《諸論辯》、《太玄補贊》、《戶口田制貢
> 賦書》、《乾道接濟錄》等書。卒官朝奉郎。朱子稱其「博聞至行，追配古人；
> 釋經訂史，開悟後學；當世之務，又所通該。』其高第曰高元之。」惟未載
> 迥撰有此書事。考《宋元學案》「提舉喻湍石先生榜」條載《玉泉語錄》凡四
> 條，曰：「天下事只要消平，不要激作。《六經》數十萬言，只有十字能盡，
> 其義便足。要之，不出乎『君臣、父子、夫婦、長幼、朋友』而已。『仕而優
> 則學，學而優則仕』，則者，即也。仕而優便是學，『有民人焉，有社稷焉，
> 何必讀書，然後爲學』，非仕而優則學乎？學而優便是仕，『孝乎惟孝，友于
> 兄弟，施于有政，是亦爲政』，非學而優則仕乎？《春秋》無褒貶。聖人只如
> 一面鏡相似，是非善惡，各因其實。」《玉泉語錄》疑與《玉泉講學》爲同一
> 書也。

樗本末見〈語孟類〉。

> 案：《解題》卷三〈語孟類〉著錄：「《玉泉論語學》十卷，工部郎官嚴陵喻樗
> 子才撰。樗與沈元用、張子韶、凌彥文、樊茂實諸公厚善，爲館職，坐與張
> 通書，得罪秦檜。玉山汪端明應辰，其婿也。」此可與《宋元學案》所載互
> 補有無。

周簡惠聖傳錄一卷

《周簡惠聖傳錄》一卷，參政荊溪周葵惇義撰。館臣案：周惇義名葵，原本誤作「蔡」，今改正。自堯、舜至孔、孟聖傳正統，為絕句詩二十章，而各著其說，自為一家，然無高論。

> 廣棪案：葵，《宋史》卷三百八十五〈列傳〉第一百四十有四傳。其〈傳〉曰：「周葵字立義，常州宜興人。」荊溪即宜興，惟其字則與《解題》不同，蓋避光宗諱故也。又曰：「孝宗思其言，拜參知政事。……葵孝於事親，當任子，先孤姪。其薨也，幼子與孫尚未命。平生學問不泥傳注，作《聖傳詩》二十篇、《文集》三十卷、《奏議》五卷。晚號惟心居士。四年，有司請諡曰惠簡。」是葵於孝宗時拜參政，其所撰又稱《聖傳詩》。至葵之諡，《宋史》作「惠簡」，較之周必大《周文忠公集》卷六十三有〈周簡惠公神道碑〉，是《宋史》誤，而《解題》不誤。

小學書四卷

《小學書》四卷，朱熹所集古聖格言至論以教學者，皆成童幼志進學之序也。〈內篇〉曰〈立教〉、〈明倫〉、〈敬身〉、〈稽古〉，〈外篇〉曰〈嘉言〉、〈善行〉。

> 廣棪案：《讀書附志》卷下〈拾遺〉著錄：「《小學之書》四卷。右朱文公先生所編也。有〈內篇〉，有〈外篇〉。其宏綱有三：曰〈立教〉，曰〈明倫〉，曰〈敬身〉。〈明倫〉則有父子、君臣、夫婦、長幼、朋友之品，〈敬身〉則有心術、威儀、衣服、飲食之目。又採摭古今經傳書史之所記載，曰〈稽古〉，曰〈嘉言〉，曰〈善行〉，以廣其教而實其事。小學之工程，大學之門戶也。」所述較《解題》為詳明。考《四庫全書總目》卷九十二〈子部〉二〈儒家類〉二著錄：「《小學集註》六卷，通行本。宋朱子撰。明陳選註。……朱子是書，成於淳熙丁未三月。凡〈內篇〉四：曰〈立教〉，曰〈明倫〉，曰〈敬身〉，曰〈稽古〉。〈外篇〉二：曰〈嘉言〉，曰〈善行〉。……是書自陳氏《書錄解題》即列之〈經部‧小學類〉。考《漢書‧藝文志》以〈弟子職〉附《孝經》。而小學家之所列，始於《史籀》，終於《杜林》，皆訓詁文字之書。今案以〈幼儀〉附之《孝經》，終為不類；而入之〈小學〉，則於古無徵。是書所錄皆宋儒所謂養正之功，教之本也。改列〈儒家〉，庶幾協其實焉。」惟是書，《解題》正列之〈子錄‧儒家類〉，《四庫全書總目》謂其「列之〈經部‧小學類〉，

所言乃無的放矢，蓋據《文獻通考》立說也。《文獻通考》卷一百九十〈經籍考〉十七〈經小學〉正著錄此條，並引《朱子語錄》曰：「修身之法，小學備矣。後生初學，且看小學之書，這個是做人底樣子。學之小大雖不同，而其道則一。小學是事，如事君、事父、事兄、處友等事；大學是發明此事之理。」游倪曰：「自幼既失小學之序，願授大學。」先生曰：「授大學甚好，也須把小學書看，只消旬日工夫。」可供參考。

呂氏讀書記七卷

《呂氏讀書記》七卷，呂祖謙撰。乾道癸巳、淳熙乙未家居日閱之書，隨意手筆，或數字，或全篇。蓋偶有所感發，或以備遺忘者。

廣棪案：呂祖謙，《宋史》卷四百三十四〈列傳〉第一百九十三〈儒林〉四有傳。《宋元學案》卷五十一〈東萊學案〉「成公呂東萊先生祖謙」條載：「呂祖謙，字伯恭，其先河東人，後徙壽春。六世祖中國文靖公自壽春徙開封，曾祖東萊郡侯好問始居婺州。先生少時性極褊，後因病中讀《論語》，至『躬自厚而薄責于人』，有省，遂終身無暴怒。長從林拙齋、汪玉山、胡籍溪三先生遊，與朱晦庵、張南軒二先生友，講索益精。以祖致仕恩補將仕郎，登隆興元年進士第，又中博學宏詞科，歷太學博士，兼史職。輪對，勉孝宗以聖學，且言恢復規模當定，方略當審。遷著作郎。以疾請祠，歸。旋除直閣，主管武夷沖佑觀。病間，除著作郎，不就；添差湖東帥議，亦不就；主管明道宮。淳熙八年七月卒，年四十五，諡曰成。先生文學術業，本于天資，習于家庭，稽諸中原文獻之所傳，博諸四方師友之所講，融洽無所偏滯。晚雖臥疾，其任重道遠之意不衰，達于家政，纖悉委曲，皆可爲後世法。先是，書肆有書曰《皇朝文海》，周益公必大言去取差謬，委館職銓擇，孝宗以命先生。遂斷自中興以前，崇雅黜浮，類爲百五十卷，上之，賜名《皇朝文鑑》。又修《讀詩記》、《大事記》，皆未成書。《考定古周易》、《書說》、《閫範》、《官箴》、《辨志錄》、《歐陽公本末》，皆行于世。雲濠案：《四庫書目》收錄東萊《春秋左氏傳說》二十卷、《春秋左氏傳續說》十二卷、《詳注東萊左氏博議》二十五卷、《呂氏家塾讀詩記》三十二卷。」《宋元學案》所載祖謙著述頗多，惟闕此書。考乾道癸巳（1173）爲九年，淳熙乙未（1175）爲二年，下距淳熙八年（1181）祖謙之卒，僅差六年。此書蓋祖謙晚歲臥疾家居讀書之作也。

閫範十卷

《閫範》十卷，呂祖謙撰。集經、史、子、傳，發明人倫之道，見於父子、兄弟之間者為一篇。時教授嚴州，張南軒守郡，寔為之〈序〉。

　　廣棪案：《宋史》卷四百三十四〈列傳〉第一百九十三〈儒林〉四〈呂祖謙〉載：「呂祖謙字伯恭，尚書右丞好問之孫也。自其祖始居婺州。祖謙之學本之家庭，有中原文獻之傳。長從林之奇、汪應辰、胡憲游，既又友張拭、朱熹，講索益精。初，蔭補入官，後舉進士，復中博學宏詞科，調南外宗教。丁內艱，居明招山，四方之士爭趨之。除太學博士，時中都官待次者例補外，添差教授嚴州，尋復召為博士兼國史院編修官、實錄院檢討官。」拭即南軒，曾知嚴州。此書乃祖謙「添差教授嚴州」時撰也。《宋史》卷二百三〈志〉第一百五十六〈藝文〉二〈傳記類〉著錄：「呂祖謙《閫範》三卷。」卷數與《解題》不同，未知孰是。

少儀外傳二卷

《少儀外傳》二卷，呂祖謙撰。雜取經傳嘉言善行，切於立身應世者，皆博學切問之事也，而大要以謹厚為本。

　　廣棪案：《文獻通考》卷一百九十〈經籍考〉十七〈經小學〉著錄此條，附大愚呂氏〈跋〉曰：「《少儀外傳》一編，先兄太史所自次輯者也。首命其名曰《帥初》，次更其名曰《辨志》，而其終則定以是名焉。某嘗侍坐，蓋與聞所以為此編之意，蓋以始學之士徒玩乎見聞，泊乎思慮，輕自大而卒無據，故指其前言往行所當知而易見者，登之於冊，使之不待攷索而自有得於日用之間。其於未易遽知而非可卒見者，則皆略而不載。苟讀是篇而無所厭忽，各因其所得而有自立之地，則先兄之本心庶乎其不泯矣。」足資參證。《宋史》卷二百二〈志〉第一百五十五〈藝文〉一〈小學類〉亦著錄：「呂祖謙《少儀外傳》二卷。」歸類與《通考》同。

辨志錄一卷

《辨志錄》一卷，皆已見上書，而無次第，當是草創本。廣棪案：盧校注：「《通考》有此條，館本無之，當補入。」

　　廣棪案：《文獻通考》卷一百九十〈經籍考〉十七〈經小學〉於「《少儀外傳》

二卷」條後著錄此條，曰：「《辨志錄》一卷。陳氏曰：『皆已見上書，而無次第，當是草創本。』」是《四庫全書》本《解題》缺此條，盧氏據《通考》補入也。呂大愚曾跋祖謙《少儀外傳》二卷，謂其書初名《帥初》，次更名《辨志》。故直齋謂「皆已見上書」者，乃指《辨志錄》一卷所載，均已見《少儀外傳》；又謂《辨志錄》「當是草創本」，故寫來「無次第」。直齋所言，應符事實。

尊孟辨七卷

《尊孟辨》七卷，建安余^{廣棪案：《文獻道考》作「處」。}允文隱之撰。

廣棪案：《文獻通考》卷一百八十四〈經籍考〉十一〈經論語‧孟子〉著錄此書，其撰人作「虞允文」，誤。《宋史》卷三百八十三〈列傳〉第一百四十二〈虞允文〉載：「虞允文字彬甫，隆州仁壽人。」是虞允文不字隱之。《宋人傳記資料索引》載：「余允文，字隱之，建安人。有《尊孟辨》，朱熹既是其說，並予訂定。《永樂大典》著錄其《尊孟辨》三卷、《續辨》二卷、《別錄》一卷。冠原〈序〉於前。」是余允文實撰《尊孟辨》。惟《永樂大典》著錄此書作三卷，與《解題》不同，蓋分卷不同也。

以司馬光有《疑孟》及李遘^{廣棪案：盧校本「遘」改「覯」。}泰伯《常語》、鄭厚叔友《折衷》，皆有非孟之言，故辨之，為五卷。後二卷則王充《論衡‧刺孟》及東坡《論語說》中與《孟子》異者，亦辨焉。

案：《四庫全書總目》卷三十五〈經部〉三十五〈四書類〉一著錄：「《尊孟辨》三卷，《續辨》二卷，《別錄》一卷，《永樂大典》本。宋余允文撰。允文字隱之，建安人。陳振孫《直齋書錄解題》載是書，卷數與今本合。朱彝尊《經義考》僅云附載《朱子全集》中，而條下註闕字。蓋自明中葉以後，已無完本矣。今考《永樂大典》所載，凡辨司馬光《疑孟》者十一條，附《史剡》一條，辨李觀《常語》者十七條，鄭厚叔《藝圃折衷》者十條。《續辨》則辨王充《論衡‧刺孟》者十條，辨蘇軾《論語說》者八條。此後又有〈原孟〉三篇，總括大意，以反覆申明之。其《尊孟辨》及《續辨》、《別錄》之名，亦釐然具有條理，蓋猶完書。今約略篇頁，以《尊孟辨》為三卷，《續辨》為二卷，《別錄》為一卷。冠〈原序〉於前，而繫朱子〈讀余氏尊孟辨說〉於後。首尾完具，復還舊觀，亦可謂久湮復顯之秘帙矣。考《朱子集》中有〈與劉共父書〉，稱允文干預宋家產業，出言不遜，恐引惹方氏復來生事，令陳、吳二婦作狀經府告之。則允文

蓋武斷於鄉里者，其人品殊不足重。又周密《癸辛雜識》載：『晁說之著論非《孟子》，建炎中，宰相進擬除宮。高宗以《孟子》發揮王道，說之何人，乃敢非之，勒令致仕。』然則允文此書，其亦窺伺意旨，迎合風氣而作，非眞能闢邪衛道者歟？然當群疑蠭起之日，能別白是非而定一尊，於經籍不爲無功。但就其書而觀，固卓然不磨之論也。」足資參證。

先聖大訓六卷

《先聖大訓》六卷，龍圖閣學士慈谿楊簡敬仲撰。<small>館臣案：楊簡官龍圖閣學士，此本脫「龍圖」二字，今補正。</small>

　　廣栞案：楊簡字敬仲，慈溪人。《宋史》卷四百七〈列傳〉第一百六十六有傳，惟稱簡「以寶謨閣學士、太中大夫致仕，卒，贈正奉大夫」，《宋元學案・慈湖學案》「文元楊慈湖先生簡」條同，疑《解題》本作「寶謨閣學士」，非「龍圖閣學士」，館臣案語誤。

取《禮記》、《家語》、《左傳》、《國語》而下諸書，凡稱孔子之言，皆類為此編。然聖人之言，旨意未易識也。「喪欲速貧，死欲速朽」，自門弟子已不能知其有為而言，況於百氏所記，其間淺陋依託，可勝道哉！多聞闕疑，庶乎其弗畔也。

　　案：《禮記・檀弓》上載：「有子問於曾子曰：『聞喪於夫子乎？』曰：『聞之矣！喪欲速貧，死欲速朽。』有子曰：『是非君子之言也。』曾子曰：『參也聞諸夫子也。』有子又曰：『是非君子之言也。』曾子曰：『參也與子游聞之。』有子曰：『然。然則夫子有爲言之也。』曾子以斯言告於子游。子游曰：『甚哉！有子之言似夫子也。』昔者夫子居於宋，見桓司馬自爲石槨，三年而不成。夫子曰：『若是其靡也，死不如速朽之愈也。』死之欲速朽，爲桓司馬言之也。南宮敬叔反，必載寶而朝。夫子曰：『若是其貨也，喪不如速貧之愈也。』喪之欲速貧，爲敬叔言之也。』曾子以子游之言告於有子。有子曰：『然，吾固曰非夫子之言也。』曾子曰：『子何以知之？』有子曰：『夫子制於中都，四寸之棺，五寸之槨，以斯知不欲速朽也。昔者，夫子失魯司寇，將之荊，蓋先之以子夏，又申之以冉有，以斯知不欲速貧也。』」《解題》所云殆據此。楊簡嘗爲此書撰〈序〉曰：「世稱先聖謂孔子，簡祗惟先聖大訓自《論》、《易》、《春秋》而外，散落隱伏，雖間見于雜說之中而不尊，不特有訛有誣，道心大同，昏明斯異，

毫釐有間，雖面覿無睹，明告莫論，是無惑乎！聖言則一，而記者不同也，又無惑乎！承舛聽謬，遂至于大乖也。夜光之珠，久混沙礫；日月之明，出沒雲氣，不知固無責，有知焉而不致其力，非義也。是用參證群記，聚而爲一書，刊誣闕疑，發幽出隱，庶乎不至滋人心之惑，非敢以是爲確也，敬俟哲人審訂胥正。明州楊簡敬仲書。」足資參證。

己易一卷

《己易》一卷，楊簡撰。

廣梭案：《宋史》卷四百七〈列傳〉第一百六十六〈楊簡〉載：「簡所著有《甲稿》、《乙稿》、《冠記》、《昏記》、《喪禮家記》、《家祭記》、《釋菜禮記》、《石魚家記》，又有《己易》、《啓蔽》等書。」考《宋史》卷二百二〈志〉第一百五十五〈藝文〉一〈易類〉著錄：「楊簡《己易》一卷。」是《己易》一卷，簡所撰也。《宋元學案》卷七十四〈慈湖學案〉有「慈湖《己易》」條，中曰：「《易》者，己也，非有他也。以《易》爲書，不以《易》爲己，不可也。以《易》爲天地之變化，不以《易》爲己之變化，不可也。天地，我之天地；變化，我之變化，非他物也。私者裂之，私者，自小也。包犧氏欲形容《易》是己，不可得，畫而爲一。於戲！是可以形容吾體之似矣。又謂是雖足以形容吾體，而吾體之中，又有變化之殊焉。又無以形容之，畫而爲一。一者，吾之一也，可畫而不可言也，可以默識而不可以加知也。一者，吾之全也；一者，吾之分也。全即分也，分即全也。自生民以來，未有能識吾之全者。」可以略悉《己易》之旨趣。

慈湖遺書三卷

《慈湖遺書》三卷，楊簡撰。前二卷雜說，末一卷遺文。慈湖之學，專主乎心之精神，是謂聖一，語其誨人，惟從發明本心而有所覺。然其稱學者之覺，亦頗輕於印可。蓋其用功偏於上達，受人之欺而不疑。竊嘗謂誠明一理，焉有誠而不明者乎？當淳熙中，象山陸九淵之學盛行於江西，朱侍講不然之。朱公於前輩不肯張無垢，於同流不肯陸象山，為其本原未純故也。象山之後，一傳而慈湖，遂如此。甚矣，道之不明，賢知_{廣梭案：《文獻通考》無「知」字。}者過之也！

廣梭案：《四庫全書總目》卷一百六十〈集部〉十三〈別集類〉十三著錄：「《慈

湖遺書》十八卷、《續集》二卷、編修汪如藻家藏本。宋楊簡撰。簡有《慈湖易
傳》，已著錄。金谿之學，以簡爲大宗。所爲文章，大抵敷暢其師說。其講學純
入於禪，先儒論之詳矣。其論治務最急者五事，次急者八事。大抵欲罷科舉以
復鄉學里選，限民田以復井田，皆迂闊不達時勢。然簡歷官治績，乃多有可紀，
又非膠固鮮通者。蓋簡本明練政體，亦知三代之制至後世必不可行。又逆知雖
持是說以告世，世亦必不肯用。不慮其試之而不驗，故姑爲高論，以自表其異
於俗學霸術而已。及其莅官臨事，利弊可驗而知者，則固隨地制宜，不敢操是
術以治之，故又未嘗無實效也。《宋史》本傳載簡所著有《甲稿》、《乙稿》、《冠
記》、《昏記》、《喪禮家記》、《祭記》、《釋菜禮記》、《石魚家記》及《己易》、《啓
蔽》諸書，其目甚多。陳振孫《書錄解題》則稱簡《遺書》止三卷。此本自六
卷以前爲雜文及詩，七卷至十六卷爲《家記》，皆雜錄論經史治道之說，如語錄
之體。十七卷紀先訓，十八卷乃錢時〈行狀〉及眞德秀〈跋〉。又編雜文一卷及
《孔子閒居解》一卷於後，謂之《續集》。與振孫所記卷數，多寡不合。而集中
《家記》內各條，又有別標曰見《遺書》者。疑先有《遺書》三卷，初本別行。
後又裒輯諸編，共成此集，仍總以《遺書》名之；猶之王質《雪山集》有三卷
之本，有四十卷之本歟？」足資參證。是則《解題》著錄《遺書》三卷乃初本，
《四庫全書》所收十八卷本，乃其後裒輯成集者也。

明倫集十卷

《明倫集》十卷，高安塗近止撰。取經傳言行之要，以孝爲本，推而廣之爲
十篇。

　　廣棪案：《四庫全書總目》卷九十五〈子部〉五〈儒家類存目〉一著錄：「《明倫
　　集》三卷，《永樂大典》本。宋塗近正撰。近正字尊爵，筠陽人。歐陽偉〈跋〉
　　謂其『隱德弗耀，以私淑諸人爲己任。』謝樞〈跋〉則稱『致正塗公。』〈自序〉
　　亦題『嘉定六年承務郎致仕塗近正。』則近正故嘗通籍矣。是集雜採前言往行，
　　分爲十類。一曰〈盡事〉，二曰〈養志〉，三曰〈勿辱〉，四曰〈移忠〉，五曰〈移
　　治〉，六曰〈因睦〉，七曰〈廣孝〉，八曰〈念德〉，九曰〈家學〉，十曰〈揚名〉。
　　〈自序〉有曰：『考諸載籍，隨事而書。衣冠之族，必志其家法，而不問閥閱。
　　文章之錄，必志其行實，而不取浮華。』其論周公曰：『嘗讀〈金縢〉之書、〈常
　　棣〉之詩，見周公之仁兄弟，而不見周公之誅管、蔡。後世信以爲周公自誅管、
　　蔡者，起於孔安國傳《書》之妄，與漢儒序《詩》之誤。「我之弗辟」，辟者避

也，言即日以冢宰之事付之召公、畢公，而身乃避居東都以待命。安國訓辟爲
法，遂使周公之志不白於天下。』其於經亦閒有發明。惟所錄多習見之事，未
免爲床上床，屋下屋耳。」足資參證。至塗氏之名，據〈自序〉所題，疑作「近
正」爲是。

塗有子登科，得初品官致仕。

案：《宋人傳記資料索引》載：「塗應楠（1178-1221），字仁方，高安人。舉嘉
定四年進士，官至桂東丞兼權湖南運屬。嘉定十四年卒，年四十四。」疑應楠
乃近正宗親晚輩，未可知也。

心經法語一卷

《心經法語》一卷，參政<small>廣棪案：盧校本作「參知政事」。</small>建安真德秀希元撰。集
聖賢論心格言。

廣棪案：德秀字景元，後更爲希元，建元浦城人。理宗時拜參知政事。《宋史》
卷四百三十七〈列傳〉第一百九十六〈儒林〉七有傳。其〈傳〉謂德秀所著有《西
山甲乙稿》、《對越甲乙集》、《經筵講義》、《端平廟議》、《翰林詞草四六》、《獻忠
集》、《江東救荒錄》、《清源雜志》、《星沙集志》，而獨闕此書。《四庫全書總目》
卷九十二〈子部〉二〈儒家類〉二著錄：「《心經》一卷，<small>安徽巡撫採進本。</small>宋真
德秀撰。是編集聖賢論心格言，而以諸家議論爲之註。末附四言贊一首。端平元
年，顏若愚錄於泉州府學。有〈跋〉一首，稱其『築室粵山之下，雖晏息之地，
常如君父之臨其前』。淳祐三年，大庾令趙時棣又以此書與《政經》合刻。前有
德秀門人王邁〈序〉云：『《心經》一書行於世，至徹禁中。端平乙未，公薨後兩
月，從臣洪公咨夔在經筵，上出公《心經》曰：「真某此書，朕乙夜覽而嘉之，
卿宜爲之〈序〉。」其見重也如此。』《文獻通考》作《心經法語》，與《書錄解
題》相合。蓋一書而二名耳。明程敏政嘗爲作註，而疑其中有引及《真西山讀書
記》者，非德秀之原文，殆後人又有所附益，非舊本也。」足資參證。

三先生諡議一卷

《三先生諡議》一卷，嘉定中，魏了翁華父爲潼川憲，奏請賜周、程諡。寶
慶守李大謙集而刻之，併及諸郡祠堂記文。

廣棪案：魏了翁字華父，邛州蒲江人。《宋史》卷四百三十七〈列傳〉第一百九十六〈儒林〉七有傳。其〈傳〉載：「嘉定四年，擢潼川路提點刑獄公事。八年，兼提舉常平等事，遷轉運判官。戢吏姦，詢民瘼，舉刺不避權右，風采肅然。上疏乞與周惇頤、張載、程顥、程頤錫爵定諡，示學者趣向，朝論韙之，如其請。」即記此事。至李大謙，《宋人傳記資料索引》載：「李大謙，廣平人，椿孫。仕至朝議大夫、直寶章閣。致仕卒。」魏了翁《鶴山大全集》卷四十九有〈寶慶府躍龍橋記〉，載及大謙時正任寶慶守，魏《集》卷五十四中又有〈廣平李氏觀畫所見序〉，可見魏、李二人交誼。

言子三卷

《言子》三卷，言偃，吳人，相傳所居在常熟縣。慶元間，邑宰孫應時季和始為立祠，求朱晦翁為記。近新昌王爚伯晦復裒《論語》諸書所載問答為此書。邑中至今有言氏，亦買田教養之。

廣棪案：孫應時，《宋史翼》卷二十九〈列傳〉第二十九〈文苑〉四有傳。《宋人傳記資料索引》載：「孫應時，（1154-1206），字季和，號燭湖居士，餘姚人，介三子。八歲能文，師事陸九淵。淳熙二年登進士第，初為黃巖尉，有惠愛，常平使者朱熹重之，與定交。丘崈帥蜀，辟入制幕，策知吳曦之將叛，人服其先見。後知常熟縣，秩滿，郡守以私恨摭捃之，謂其負倉粟三千斛，市民感德，爭擔負代償；守益惡之，竟坐貶秩。開禧三年，起判邵武軍，未上而卒，年五十三。有《燭湖集》。」是應時為言偃立祠，正宰常熟縣時也。至王爚，《宋史》卷四百一十八〈列傳〉第一百七十七有傳。《宋人傳記資料索引》載：「王爚字仲潛，一作重潛，一字伯晦，又字仲翔，號修齋，新昌人。嘉定十三年進士，理宗時累官左丞相，與陳宜中不協而去。生平清修剛勁，度宗詔充上蔡書院山長，後進率多成就。著有《言子》。」是爚著有《言子》。《四庫全書總目》卷九十五〈子部〉五〈儒家類存目〉一著錄：「《言子》三卷，《永樂大典》本。宋王爚編。爚字伯晦，會稽人。陳振孫《書錄解題》云：『言子相傳所居在常熟縣。慶元間，邑宰孫應時始為之祠。近王爚復裒諸書為此書。』梁維樞《內閣書目》云：『宋嘉熙間，平江守王爚輯子游言行及祠廟事蹟。〈自序〉以「言子生是邑，嘉言懿行，散在經傳，爰輯是書，其本末可以考見。蓋以言子吳人，故為此編而刊之，以存於祠。」』其書分〈內篇〉、〈外篇〉、〈附錄〉為三卷，所採不出《論語》、《禮記》、《家語》、《孔叢子》諸書，而無異聞也。」可資參證。

道家類

老子道德經二卷

《老子道德經》二卷，周柱下史李耳伯陽撰。昔人言諡曰「聃」，故世稱老聃。然「聃」之為訓耳漫無輪也，似不得為諡。

廣棪案：《隋書》卷三十四〈志〉第二十九〈經籍〉三〈子〉著錄：「《老子道德經》二卷，周柱下史李耳撰。」與《解題》同。考《史記》卷六十三〈老子韓非列傳〉第三載：「老子者，楚苦縣厲鄉曲仁里人也。名耳，字聃，姓李氏，周守藏室之史也。」是史遷未言老子諡聃。司馬貞《史記索隱》曰：「按許慎云：『聃，耳曼也。』故名耳字聃。有本字伯陽，非正也。然老子號伯陽父，此〈傳〉不稱也。」是《解題》以老子字伯陽，亦非《史記》所載本真也。張守節《史記正義》曰：「聃，耳漫無輪也。《神仙傳》云：『外字曰聃。』按（外）字，號也，疑老子耳漫無輪，故世號曰聃。」守節以聃為號，亦非也。日本瀧川龜太郎《史記會注考證》曰：「《索隱》本、各本作『字伯陽，諡曰聃，姓李氏』，各本在『曲仁里人也』下。《後漢書‧桓帝紀》章懷注引《史記》曰：『老子者，楚苦縣厲鄉曲仁里人也，名耳，字聃，姓李氏。』《史記》原本蓋如此。陸德明《音義》註《史記》兩處，亦引《史記》曰字聃，引河上公曰字伯陽，不謂《史記》之語。老子，匹夫耳，固無諡也。『字伯陽，諡曰聃』數字，蓋後人所增益。姚鼐〈老子章義序〉、王念孫《讀書雜志》辯之太詳，今依改。」考姚鼐《惜抱軒詩文集》卷三〈序‧老子章義序〉曰：「太史公書不甚知姓氏之別。又自唐以前，讀者差不若《漢書》之詳，故文多舛誤。夫老子，老其氏也，聃其字也。太史公文蓋曰老子者，楚苦縣厲鄉曲仁里人也，姓李氏，名耳，字聃，周守藏室之史也。漢末妄以老子為仙人不死，故唐固注《國語》，以為即伯陽父。流俗妄書，乃謂老子字伯陽，此君子所不宜道。當唐之興，自謂老子之裔，於是移《史記》列傳，以老子為首，而媚者遂因俗說以改司馬之舊文，乃有字伯陽諡曰聃之語，吾決知其妄也。老子，匹夫耳，固無諡。苟弟子欲以諡尊之，則必舉其令德，烏得曰聃？孔子舉所嚴事之賢士大夫，皆舉氏字，晏平仲、蘧伯玉、老聃、子產，其稱一也。陸德明《音義》註老子兩處，皆引《史記》曰『字聃』。河上公曰『字伯陽』，不謂為《史記》之語。陸氏書最在唐初，所言《史記》真

本蓋如此，則後傳本之非，明矣。」王念孫《讀書雜志》二《史記》第四〈老子韓非子列傳〉「姓李氏名耳字伯陽謚曰聃」條曰：「姓李氏，名耳，字伯陽，謚曰聃。念孫案：『史公原文本作「名耳，字聃，姓李氏」。今本「姓李氏」，在「名耳」之上，「字聃」，作「字伯陽，謚曰聃」，此後人取神僊家書改竄之耳。案《索隱》本出「名耳字聃姓李氏」七字注云：「案許慎云：『聃，耳曼也。』故名耳字聃。有本字伯陽，非正也。老子號伯陽父，此〈傳〉不稱也。」據此，則唐時本已有作字伯陽者。而小司馬引《說文》以正之，取古人名字相配之義，而不從俗本，其識卓矣。又案〈經典釋文序錄〉曰：「老子者，姓李，名耳，字伯陽。《史記》云字聃。」《文選・征西官屬送於陟陽侯詩》注引《史記》曰：「老子字聃。」《遊天台山賦》注及《後漢書・桓帝紀》注並引《史記》曰：「老子名耳，字聃，姓李氏。」則陸及二李所見本，並與小司馬本同。而今本云云，爲後人所改竄明矣。又案《文選・反招隱詩》注引《史記》曰：「老子名耳，字聃。」又引《列僊傳》曰：「李耳字伯陽。」然則字伯陽，乃《列僊傳》文，非《史記》文也。若史公以老子爲周之伯陽父，則不當列於管仲之後矣。』」是姚、王二氏均不以老子謚聃爲確也。

御注老子二卷

《御注老子》二卷，徽宗皇帝御製。

　　廣棪案：《郡齋讀書志》卷第十一〈道家類〉著錄：「《御注老子》二卷。右徽宗御撰。或云鄭居中視草，未詳。」《讀書附志》卷上〈諸子類〉著錄：「《御解老子》二卷。右徽宗皇帝之御製也。嘗倣唐制，命大臣分章句書寫刻石，又詔《史記・老子傳》陞于列傳之首，自爲一帙，《前漢・古今人表》列于上聖。今觀此解，所謂道者，人之所共由；德者，人之所自得。道者，亙萬世而無弊；德者，充一性而常存。老子當周之末，道降而德衰，故著書九九篇，以明道德之常，而謂之經。其辭簡，其旨遠，學者當默識而深造之。其說大概與政和之詔同。」足資參證。《御注老子》或稱《御解老子》，同書異名耳。

老子注二卷

《老子注》二卷，魏王弼撰。魏、晉之世，玄學盛行，弼之談玄，冠於流輩，故其注《易》，亦多玄義。晁說之以道曰：「弼本深於《老子》，而《易》則未

也。其於《易》多假諸《老子》之旨，而《老子》無資於《易》，其有餘不足之迹可見矣。」世所行《老子》，分《道德經》為上、下卷。此本《道德經》且無章目，當是古本。

　　廣棪案：《隋書》卷三十四〈志〉第二十九〈經籍〉三〈子〉著錄：「《老子道德經》二卷，王弼注。」與《解題》同。《郡齋讀書志》卷第十一〈道家類〉著錄：「《老子略論》一卷。右魏王弼撰，凡十有八章。景迂云：弼有得於《老子》而無得於《易》，注《易》資於《老子》，而《老子論》無資於《易》，則其淺深之效可見矣。」《解題》所引晁說之言，與《郡齋讀書志》略同。明孫鑛刊王弼《老子注》，卷末有政和乙未晁說之〈跋〉，其〈跋〉云：「王弼《老子‧道德經》二卷，真得老子之學歟？蓋嚴君平《指歸》之流也。弼本深於《老子》，而《易》則未矣。其於《易》多假諸《老子》之旨，而《老子》無資於《易》者，其有餘不足之迹，斷可見也。」其文字與《郡齋讀書記》及《解題》所引略有出入。

老子道德論述要二卷

《老子道德論述要》二卷，司馬光撰。太史公曰老子著書言道德之意，後人以其篇首之文名上篇曰〈道〉，下篇曰〈德〉。夫道德連體，不可偏舉，合從本名。溫公之說如此。其不曰「經」而曰「論」，亦公新意也。

　　廣棪案：《郡齋讀書志》卷第十一〈道家類〉著錄：「《溫公道德論述要》二卷。右皇朝司馬光撰。光意謂道德連體，不可偏舉，故廢〈道經〉、〈德經〉之名，而曰《道德論》。〈墓誌〉載其目。『無名天地之始，有名萬物之母，常無，欲以觀其妙；常有，欲以觀其徼。』皆於『無』與『有』下斷句，不與先儒同。」足資參證。此書《宋史》卷二百五〈志〉第一百五十八〈藝文〉四〈道家類〉著錄：「司馬光《老子道德經注》二卷。」《道藏》本則題作《道德真經論》四卷，其卷帙不同，殆後人所分。

老子新解二卷

《老子新解》二卷，蘇轍撰。東坡〈跋〉曰：「使戰國有此書，則無商鞅、韓非；使漢初有此書，則孔、老為一；使晉、宋間有此書，則佛、老不為二。」

　　廣棪案：《文獻通考》卷二百十一〈經籍考〉三十八〈子道家〉著錄作《蘇子

由注老子》二卷，《宋史》卷二百五〈志〉第一百五十八〈藝文〉四〈道家類〉
著錄作蘇轍《老子道德經義》二卷，《宋史》本傳則稱《老子解》，皆屬同書
而異名。考《文獻通考》引朱子〈雜學辯〉曰：「蘇侍郎晚著此書，合吾儒於
老子以爲未足，又并釋氏而彌縫之，可謂舛矣。然其自許甚高，至謂當世無
一人可與語此者，而其兄東坡公亦以爲不意晚年見此奇特。以予觀之，其可
謂無忌憚者歟？因與之辯。而或者謂：『蘇氏兄弟以文義贊佛乘，蓋未得其所
謂如《傳燈錄解》之屬，其失又有甚焉，不但此書爲可辯也。』應之曰：『予
之所病，病其學儒之失，而流於異端；不病其學佛未至，而溺於文義也。其
不得已而論此，豈好辯哉！誠懼其亂吾學之傳，而失人心之正爾。若求諸彼
而不得其說，則予又何暇知焉。』」是朱子於子由書有大不以爲然者。《郡齋
讀書志》卷第十一〈道家類〉著錄：「《蘇子由注老子》二卷。右皇朝蘇轍子
由注。子由謫官筠州，頗與學浮屠者遊而有所得焉，於是解《老子》。嘗曰：
『《中庸》云：「喜怒哀樂未發，謂之中；發而皆中節，謂之和。致中、和，
天地位焉，萬物育焉。」此蓋佛法也。六祖謂不思善，不思惡，則喜怒哀樂
之未發也。蓋中者，佛法之異名，而和者，六度萬行之總目。致中極和而天
地萬物生於其間，非佛法何以當之？天下無二道，而所以治人則異，古之聖
人，中心行道而不毀世法，以此耳。』故解《老子》，亦時有與佛法合者。其
〈序〉云耳。其解『是謂襲明』，以爲釋氏《傳燈》之類。」則資參證。子由
此書，固以儒、佛釋《老》而作新解者。

老子解二卷

《老子解》二卷，葉夢得撰。其說曰：「孔子稱竊比於我老、彭，孟子闢揚、
墨，而不及老氏。老氏之書，孔、孟所不廢也。」所解生之徒十有三，死之
徒十有三，館臣案：《老子解》云：「生之徒十有三，死之徒十有三。」原本作「死之徒有
三」，誤。今改正。以爲四肢九竅，本《韓非子・解老》之說。

廣棪案：夢得字少蘊，蘇州吳縣人。《宋史》卷四百四十五〈列傳〉第二百四〈文
苑〉七有傳。所撰《老子解》二卷，不見於《宋史・藝文志》。《老子》第五十
章曰：「出生入死。生之徒，十有三；死之徒，十有三；人之生，動之於死地，
亦十有三。」《韓非子》卷六〈解老〉第二十載：「人始於生，而卒於死。始之
謂出，卒之謂入。故曰：出生入死。人之身三百六十節，四肢九竅，其大具也。
四肢與九竅十有三者，十有三者之動靜，盡屬於生焉。屬之謂徒也，故曰：生

之徒也十有三者。至其死也，十有三具者，皆還而屬之於死。死之徒亦有十三，故曰：生之徒十有三，死之徒十有三。」是夢得乃據《韓非子・解老》以解《老子》第五十章也。

易老通言十卷

《易老通言》十卷，程大昌撰。其〈序〉言：「名為訓《老》，而實該《六經》，廣棪案：《文獻通考》闕「《六經》」二字。故曰《易老通言》，《易》在而《六經》皆在矣。」蓋以《易》為《六經》之首。

廣棪案：《玉海》卷第五十三〈藝文・諸子又見著書等類〉「《老子》經傳」條載：「程大昌《易老通言》十卷。」《宋史・藝文志》同。程書已佚。

列子八卷

《列子》八卷，鄭人列禦寇撰。穆公時人。館臣案：劉向校定八篇，謂列禦寇與鄭繆公同時。柳宗元云：「鄭繆公在孔子前幾百載，禦寇書言鄭殺其相駟子陽，則鄭繆公二十四年，當魯穆公之十年。向蓋因魯穆公而誤為『鄭』耳。」 廣棪案：盧校本案：「禦寇與鄭繆公同時，此沿劉向之語而誤為鄭耳。」

廣棪案：劉向〈列子書錄〉曰：「右新書定著八章。護左都水使者、光祿大夫臣向言：所校中書《列子》五篇，臣向謹與長社尉臣參校讎太常書三篇、太史書四篇、臣向書六篇、臣參書二篇，內外書凡二十篇。臣校除復重十二篇，定著八篇。」是後世以八篇為八卷。《列子書錄》又曰：「列子者，鄭人也，與鄭繆公同時，蓋有道者也。」是館臣所述劉向校書事，略參向《列子書錄》。至所徵引柳宗元之言，則據宗元〈辯列子〉，其言曰：「劉向古稱博極群書，然其錄《列子》，獨曰鄭穆公時人。穆公在孔子前幾百歲，《列子》書言鄭國，皆云子產、鄧析，不知向何以言之如此。《史記》：鄭繻公二十五年，楚悼王四年，圍鄭，鄭殺其相駟子陽。子陽正與列子同時。是歲，周安王四年，秦惠公、韓烈侯、趙武侯二年，魏文侯二十七年，燕釐公五年，齊康公七年，宋悼公六年，魯穆公十年。不知向言魯穆公時遂誤為鄭耶？不然，何乖錯至如是？」若是，則向所考固誤矣！

列子注八卷

《列子注》八卷，晉光祿勳張湛處度撰。

廣棪案：《隋書》卷三十四〈志〉第二十九〈經籍〉三〈子〉著錄：「《列子》八卷，鄭之隱人列禦寇撰，東晉光祿勳張湛注。」《郡齋讀書志》卷第十一〈道家類〉著錄：「張湛注《列子》八卷。右鄭列禦寇撰。劉向校定八篇，云：『繆公時人，學本於黃帝、老子，清虛無爲，務崇不競，其寓言與莊周類。』晉張湛注。唐號《沖虛眞經》。景德中，加『至德』之號。〈力命篇〉言壽夭不存於葆養，窮達不繫乎知力，皆天之命。〈揚朱篇〉言極耳目之欲，而不卹生之危；縱酒色之娛，而不顧名之醜，是之謂制命於內。劉向以『二義乖背，不似一家之言』。予以道家之學，本謂世衰道喪，物僞滋起。或騁知力以圖利，不知張毅之走高門，竟以病殞；或背天眞以徇名，不知伯夷之在首陽，因以餒終。是以兩皆排擯，欲使好利者不巧詐以干名，好名者不矯妄以失性爾，非不同也。雖然，儒者之道則異乎是，雖知壽夭窮達非人力也，必修身以竢焉，以爲立巖牆之下而死者，非正命也；雖知耳目之於聲色有性焉，以爲其樂也外，而不易吾內。嗚呼！以此自爲則爲愛己，以此教人則爲愛人。儒者之道所以萬世而無弊歟！」足資參證。湛，《晉書》無傳，張湛〈列子序〉云：「湛聞之先父曰：『吾先君與劉正輿、傅穎根皆王氏之甥也，並少游外家，舅始周。始周從兄正宗輔嗣，皆好集文籍，先并得仲宣家書幾將萬卷。傅氏亦世爲學門，三君總角競錄奇書。及長，遭永嘉之亂，與穎根同避難南行，車重各稱力並有所載，而寇虜彌盛，前途尚遠，張謂傅曰：『今將不能盡全所載，且共料簡世所希有者，各各保錄，令無遺棄。』穎根於是唯賫其祖玄、父咸子集。先君所錄書中有《列子》八篇，及至江南，僅有存者。《列子》唯餘〈揚朱〉、〈說符〉、〈目錄〉三卷。比亂，正輿爲揚州刺史，先來過江，復在其家得四卷；尋從輔嗣女婿趙季子家得六卷，參校有無，始得全備。其書大略明群有以至虛爲宗，萬品以終滅爲驗，神惠以凝寂常全，想念以著物自喪，生覺與化夢等情，巨細不限一域，窮達無假智力，治身貴於肆任順性，則所之皆適，水火可蹈，忘懷則無幽不照。此其旨也。然所明往往與佛經相參，大歸同於老、莊，屬辭引類，特與莊子相似。莊子、愼到、韓非、尸子、淮南子，玄示旨歸，多稱其言。』遂注之云爾。」可藉悉湛之家世及其得《列子》而注之之梗概。

列子釋文二卷

《列子釋文》二卷，唐當塗縣丞殷敬順廣棪案：盧校本作「殷虔順」，並校注曰：「殷實名敬順，此避翼祖諱耳。」撰。

廣棪案：《郡齋讀書志》卷第十一〈道家類〉著錄：「《列子釋文》一卷。右唐殷敬順撰。敬順嘗爲當塗丞。」惟《讀書附志》卷下〈拾遺〉則著錄作二卷，曰：「《列子釋文》二卷。右唐當塗縣丞殷敬順撰。」孫猛《郡齋讀書志校證》曰：「《列子釋文》一卷，《讀書附志》卷下〈拾遺〉已錄《列子釋文》二卷，故趙希弁未摘錄衢本此條入〈後志〉，見〈後志〉存目。又存目，《書錄解題》卷九、〈經籍考〉卷三十八，以及今本俱作二卷，疑此『一』乃『二』之誤。」是則本書仍應作二卷爲合。敬順，兩《唐書》無傳。唐人段成式《酉陽雜俎‧續集》卷之四〈貶誤〉載：「舊言藏鉤起於鉤弋，蓋依辛氏《三秦記》，云漢武鉤弋夫人手拳，時人效之，目爲藏鉤也。《列子》云：『瓦摳者巧，鉤摳者憚，黃金摳者昏。』殷敬順《敬訓》曰：『彄與摳同，眾人分曹，手藏物，探取之。又令藏鉤剩一人，則來往於兩朋，謂之餓鴟。』《風土記》曰：『藏鉤之戲，分二曹以校勝負。若人耦則敵對，若奇則使一人爲遊附，或屬上曹，或屬下曹，名爲飛鳥。又今爲此戲必於正月。』據《風土記》，在臘祭後也。庾闡〈藏鉤賦序〉云：『予以臘後，命中外以行鉤爲戲矣。』」是則《酉陽雜俎》所引殷敬順諸語，殆《列子釋文》佚文也。

莊子十卷

《莊子》十卷，蒙漆園吏宋人莊周撰。

廣棪案：《漢書》卷三十〈藝文志〉第十〈諸子略‧道家〉著錄：「《莊子》五十二篇。名周，宋人。」《隋書》卷三十四〈志〉第二十九〈經籍〉三〈子〉著錄：「《莊子》二十卷，梁漆園吏莊周撰，晉散騎常侍向秀注。本二十卷，今闕。梁有《莊子》十卷，東晉議郎崔譔注，亡。」是《莊子》原二十卷，後有殘闕，東晉崔譔注時已作十卷。

案《史記》與齊宣、梁惠同時，則亦當與孟子相先後矣。

案：《史記》卷六十三〈老子韓非列傳〉第三載：「莊子者，蒙人也，名周，嘗爲蒙漆園吏。與梁惠王、齊宣王同時。」又《史記》卷七十四〈孟子荀卿列傳〉第十四載：「孟軻，騶人也，受業子思之門人。道既通，游事齊宣王，宣王不能

用；適梁，梁惠王不果所言，則見以爲迂遠而闊於事情。」故《解題》謂周「亦當與孟子相先後」也。

莊子注十卷

《莊子注》十卷，晉太傅主簿河南郭象子玄撰。案本傳，向秀解義未竟而卒，頗有別本遷流，象竊以爲己注，乃自注〈秋水〉、〈至樂〉二篇，又易〈馬蹄〉一篇，其餘點定文句而已。其後秀義別出，故今有向、郭二《莊》，其義一也。

廣棪案：《晉書》卷五十〈列傳〉第二十〈郭象〉載：「郭象字子玄，少有才理，好《老》、《莊》，能清言。太尉王衍每云：『聽象語，如懸河瀉水，注而不竭。』州郡辟召，不就。常閑居，以文論自娛。後辟司徒掾，稍至黃門侍郎。東海王越引爲太傅主簿，甚見親委，遂任職當權，熏灼內外，由是素論去之。永嘉末病卒，著《碑論》十二篇。先是注《莊子》者數十家，莫能究其旨統。向秀於舊注外而爲解義，妙演奇致，大暢玄風，惟〈秋水〉、〈至樂〉二篇未竟而秀卒。秀子幼，其義零落，然頗有別本遷流。象爲人行薄，以秀義不傳於世，遂竊以爲己注，乃自注〈秋水〉、〈至樂〉二篇，又易〈馬蹄〉一篇，其餘眾篇，或點定文句而已。其後秀義別本出，故今有向、郭二《莊》，其義一也。」《解題》殆據《晉書》隱括。

然向義今不傳，但時見陸氏《釋文》。

案：陸德明《經典釋文》「注解傳述人」條，言《莊子》有「向秀《注》二十卷，二十六篇。一作二十七篇，一作二十八篇，亦無〈雜篇〉，爲《音》二卷。」故《經典釋文》卷第二十六至第二十八《莊子音義》中，頗有向秀注《莊》音義材料。

莊子音義三卷

《莊子音義》三卷，唐陸德明撰。即《經典釋文》二十六至二十八卷。

廣棪案：《經典釋文》「注解傳述人」條云：「莊子者，姓莊，名周，太史公云字子休。梁國蒙縣人也。六國時爲梁漆園吏，與魏惠王、齊宣主、楚威王同時。李頤云與齊愍王同時。齊、楚嘗聘以爲相，不應。時人皆尚遊說，莊生獨高尚其事，優遊自得，依老氏之旨，著書十餘萬言，以逍遙、自然、無爲、齊物而已。大抵皆寓言，歸之於理，不可案文責也。然莊生宏才命世，辭趣華深，正言若

反，故莫能暢其弘致，後人增足，漸失其眞，故郭子玄云：『一曲之才，妄竄奇說，若閼弈、意脩之首，危言，游鳧、子胥之篇，凡諸巧雜，十分有三。』《漢書‧藝文志》：《莊子》五十二篇，即司馬彪、孟氏所注是也。言多詭誕，或似《山海經》，或類占夢書，故注者以意去取。其〈內篇〉，眾家並同；自餘或有〈外〉而無〈雜〉，唯子玄所注，特會莊生之旨，故為世所貴。徐仙民、李弘範作《音》，皆依郭本，以郭為主。崔譔《注》十卷，二十七篇。清河人，晉議郎。〈內篇〉七、〈外篇〉二十。向秀《注》二十卷，二十六篇。一作二十七篇，一作二十八篇，亦無〈雜篇〉，為《音》三卷。司馬彪《注》二十一卷.，五十二篇。字紹統，河內人，晉秘書監。〈內篇〉七、〈外篇〉二十八、〈雜篇〉十四、〈解說〉三，為《音》三卷。郭象《注》三十三卷，三十三篇。字子玄，河內人，晉太主簿。〈內篇〉七，〈外篇〉十五，〈雜篇〉十一，為《音》三卷。李頤《集解》三十卷，三十篇。字景真，穎川襄城人，晉丞相參軍。自號玄道子，一作三十五篇，為《音》一卷。孟氏《注》十八卷，五十二篇。不詳何人。王叔之《義疏》三卷，字穆仲，琅琊人，宋處士，亦作《注》。李軌《音》一卷。徐邈《音》三卷。」是《釋文》乃據崔譔等九家以為音義，而以郭象《注》為本也。

莊子疏三十卷

《莊子疏》三十卷。

　　廣棪案：此書卷帙，諸家著錄多寡不同。〈舊唐志〉卷下作《莊子疏》十二卷，〈新唐志〉卷三作《注莊子》三十卷、《疏》十二卷，《郡齋讀書志》卷十一作《成玄英莊子疏》三十三卷，而《道藏‧洞神郎‧玉訣類》所收則作三十五卷。

唐道士西華法師陝郡成玄英子實撰。玄美隱東海，貞觀五年召至京師。永徽中流郁州，不知坐何事。《唐‧藝文志》云。

　　案：《新唐書》卷五十九〈志〉第四十九〈藝文〉三〈道家類〉著錄：「道士成玄英注《老子道德經》二卷，又《開題序訣義疏》七卷，注《莊子》三十卷，《疏》十二卷。玄英，字子實，陝州人，隱居東海。貞觀五年，召至京師。永徽中，流郁州。書成，道士王元慶遣文學賈鼎就授大義，嵩高山人李利涉為〈序〉，唯《老子注》、《莊子疏》著錄。」是《解題》著錄據〈新唐志〉。《郡齋讀書志》卷第十一〈道家類〉著錄：「《成玄英莊子疏》三十三卷。右唐成玄英撰。本郭象注，為之疏義。玄英，字子實，陝州人，隱居東海。貞觀五年，召至京師，

加號西華法師。永徽中，流郁州。書成，道士王元慶邀文學賈鼎就授大義。〈序〉云：『周字子休，師長桑公子。〈內篇〉理深，故別立篇目。〈外篇〉、〈雜篇〉，其題取篇首二字而已。』」足供參證。然《郡齋讀書志》著錄作三十三卷，與《解題》不同。

鬻子一卷

《鬻子》一卷，鬻熊為周文王師，封於楚，為始祖。〈漢志〉云爾。書凡二十二篇。

廣棪案：《漢書》卷三十〈藝文志〉第十〈諸子略‧道家〉著錄：「《鬻子》二十二篇。名熊，為周師，自文王以下問焉，周封為楚祖。」是《解題》據〈漢志〉。

今書十五篇，陸佃農師所校。

案：陸佃字農師，越州山陰人。游之祖。《宋史》卷三百四十三〈列傳〉第一百二有傳，僅謂：「佃著書二百四十二卷，於禮家、名數之說尤精，如《埤雅》、《禮象》、《春秋後傳》皆傳於世。」未記其校《鬻子》事。

鬻子注一卷

《鬻子注》一卷，唐鄭縣尉逢行珪撰。止十四篇，蓋中間以二章合而為一，故視陸本又少一篇。此書甲乙篇次，皆不可曉，二本前後亦不同。姑兩存之。

廣棪案：盧校注：「趙敬夫云《鬻子》末及伯禽，中有舜七友，陶淵明不列入〈四八目〉，蓋偽作也。」

廣棪案：《郡齋讀書志》卷第十一〈道家類〉著錄：「《鬻子》一卷。右楚鬻熊撰。按〈漢志〉云：『為周師：自文王以下問焉。周封為楚祖。』凡二十二篇，今存者十四篇。唐逢行珪注，永徽中上於朝。〈敘〉稱見文王時行年九十，而書載周公封康叔事，蓋著書時百餘矣。」《四庫全書總目》卷一百十七〈子部〉二十七〈雜家類〉著錄：「《鬻子》一卷，兩江總督採進本。舊本題周鬻熊撰。《崇文總目》作十四篇，高似孫《子略》作十二篇，陳振孫《書錄解題》稱陸佃所校十五篇。此本題唐逢行珪註，凡十四篇，蓋即《崇文總目》所著錄也。……卷首有逢行珪〈序〉及永徽四年〈進書表〉，自署華州鄭縣尉。里居未詳。」足資參證。逢行珪，《新唐書》卷五十九〈志〉第四十九〈藝文〉三〈道家類〉著錄作

「逢行珪」，「逢」、「逢」二字、字形相近，故易相混，未知孰是。

關尹子九卷

《關尹子》九卷，周關令尹喜，蓋與老子同時，啟老子著書言道德者。

廣棪案：《史記》卷六十三〈老子韓非列傳〉第三載：「老子脩道德，其學以自隱無名爲務。居周久之，見周之衰，迺遂去至關。關尹令喜曰：『子將隱矣，彊爲我著書。』於是老子迺著書上下篇，言道德之意，五千餘言而去，莫知其所終。」《解題》所述殆據此。

案〈漢志〉有《關尹子》九篇，而〈隋〉、〈唐〉及〈國史志〉皆不著錄，意其書亡久矣。

案：《漢書》卷三十〈藝文志〉第十〈諸子略・道家〉著錄：「《關尹子》九篇。名喜，爲關吏，老子過關，喜去吏而從之。」此書〈隋志〉、兩〈唐志〉均不著錄。

徐藏廣棪案：盧校本「藏」改「蔵」。子禮得之永嘉孫定，首載劉向校定〈序〉，篇末有葛洪〈後序〉。未知孫定從何傳授，殆皆依託也。〈序〉亦不類向文。

案：此書有向〈序〉，即〈關尹子書錄〉。其〈序〉曰：「右新書，著定《關尹子》九篇，護左都水使者、光祿大夫臣劉向言：所校中祕室《關尹子》九篇，臣向校讎太常存七篇，臣向本九篇，臣向輒除錯不可攷，增闕斷續者九篇，咸皆殺青，可繕寫。關尹子名喜，號關尹子，或曰關令子，隱德行，人易之。嘗請老子著《道德經》上、下篇；列禦寇、莊周皆稱道家。書篇皆寓名，有章，章首皆有『關尹子曰』四字，篇篇敘異，章章義異，其旨同，辭與老、列、莊異，其歸同。渾質崖戾，汪洋大肆，然有式則，使人泠泠輕輕，不使人狂。蓋公授曹相國參，曹相國薨，書葬。至孝武皇帝時，有方士來，以七篇上，上以仙處之。淮南王安好道，聚書有此，不出。臣向父德，因治淮南王事，得之。臣向幼好焉。寂士清人，能重愛黃老清靜，不可闕。臣向昧死上。永始二年八月庚子，護左都水使者、光祿大夫、臣向謹進上。」清人嚴可均輯《全漢文》，亦疑此〈序〉爲依託。晉葛洪有〈後序〉，曰：「洪體存蒿艾之質，偶好喬松之壽，知道之士，雖賤必親也，雖夷狄必貴也。後遇鄭君思遠，授之玉笈、瓊簡之書，服餌開我以至道之良藥，呼吸洗我以紫清之上味。後屬洪以《關尹子》九篇，洪每愛之、誦之、拜之、藏之。夫宇者，道也；柱者，建天地也；極者，尊聖人也；符者，精神魂魄也；鑑者，

心也；匕首，食也；釜者，化也；籌者，物也；藥者，雜治也。洪每味之，泠泠然若躡飛葉而游乎天地之混溟，茫茫乎若履橫杖而浮乎大海之渺漠，超若處金碧琳琅之居，森若握鬼魅神奸之印，欣若駕鸞鶴，怒若鬥虎兕，清若浴碧，慘若夢紅，縱擒大道，渾淪至理，方士不能到，先儒未嘗言，可仰而不可攀，可玩而不可執，可鑑而不可思，可符而不可言，其忘物遺人者之所能言乎？其絕跡去智者之所能言乎？其同陰陽而冥彼此者之所能言乎？何如此之尊高？何如此之廣大？又何如此之簡易也？洪也幸親受之。咸和二年五月朔，丹陽葛稚川後序。」咸和，晉成帝年號；二年，歲次丁亥（327），未知洪之〈後序〉亦依託為之否？明宋濂《諸子辨》曰：「《關尹子》一卷，周關令尹喜所撰。喜與老聃同時，著書九篇，頗見之〈漢志〉，自後諸史無及之者：意其亡已久矣。今所傳者，以〈一宇〉、〈二柱〉、〈三極〉、〈四符〉、〈五鑑〉、〈六七〉、〈七釜〉、〈八籌〉、〈九藥〉為名，蓋徐藏子禮得于永嘉孫定，未知定又果從何而得也。前有劉向〈序〉，稱蓋公授曹參，參薨，書葬；孝武帝時，有方士來上，淮南王安祕而不出；向父德治淮南王事，得之。文既與向不類，事亦無據，疑即定之所為也。」濂疑此書乃孫定所為，與直齋所見同。

亢倉子三卷

《亢倉子》三卷，館臣案：《唐書・藝文志》、《文獻通考》俱作二卷。

　　廣棪案：《郡齋讀書志》卷第十一〈道家類〉、高似孫《子略目》卷一均作二卷，疑《解題》作三卷，誤。

何粲注。首篇所載與《莊子・庚桑楚》同。「亢倉」者，「庚桑」聲之變也，其餘篇亦皆依託。唐柳子厚辨其非劉向、班固所錄，是矣。今〈唐志〉有王士元《亢倉子》二卷，注云：「天寶元年，詔號《莊子》為《南華真經》，《列子》《沖虛》，《文子》《通玄》，《亢倉子》《洞靈真經》。然《亢倉子》求之不獲，襄楊處士王士元謂《莊子》作〈庚桑子〉、太史公〈列傳〉作〈亢倉子〉，其實一也。乃取諸子文義類者補其亡。」然則今之《亢倉》，士元為之也。宗元，唐人，豈偶不之知耶？

　　案：《郡齋讀書志》卷第十一〈道家類〉著錄：「《亢倉子》二卷。右唐柳宗元曰：『太史公為〈莊周列傳〉，稱其為書，〈畏累〉、〈亢桑子〉，皆空言無事實。今世有《亢桑子》書，其首篇出《莊子》而益以庸言，蓋周所云者尚不能有事實，

又況取其語而益之者？其爲空言尤也。劉向、班固錄書無《亢倉子》，而今之爲術者，乃始爲之傳注，以教於世，不亦惑乎！」按唐天寶元年，詔號《亢桑子》爲《洞靈眞經》，然求之不獲。襄陽處士王士元謂《莊子》作〈庚桑子〉，太史公〈列傳〉作〈亢桑子〉，其實一也。取諸子文義類者補其亡，今此書乃士元補亡者，宗元不知其故而遽詆之，可見其銳於譏議也。其書多作古文奇字，豈內不足者，必假外飾歟？何璨注。」《子略目》卷一著錄：「《亢倉子》二卷。天寶元年，詔號《莊子》爲《南華眞經》，《列子》爲《沖虛眞經》，《文子》爲《通玄眞經》，《亢桑子》爲《洞靈眞經》。然《亢桑子》求之不獲。襄陽處士王士元謂《莊子》作〈庚桑子〉，太史公〈列傳〉作〈亢倉子〉，其實一也。取諸子文義類補其亡。」《子略》卷三又有「《亢桑子》」條，曰：「孔子曰：『上有好者，下有甚焉。《亢桑子》之謂歟！開元、天寶間，天子方鄉道家者流之說，尊老氏，表莊、列，皇皇乎清虛沖澹之風矣。又以《亢桑子》號《洞靈眞經》，上既不知其人之僞否，又不識其書之可經，一旦表而出之，固未始有此書也。襄陽處士王褒來獻其書；書，褒所作也。按〈漢略〉、〈隋志〉皆無此書，褒之作也，亦思所以趨世好，迎上意耶？今讀此編，往往采諸《列子》、《文子》，又采諸《呂氏春秋》、《新序》、《說苑》，又時采諸《戴氏禮》，源流不一，往往論殊而辭異，可謂雜而不純，濫而不實者矣。太史公作〈莊列傳〉，固嘗言其語空而無實，而柳宗元又以爲空言之尤，皆足知其人，決其書。然柳氏所見，必是王褒所作者。」所論與《解題》相類，足資參證。何粲，《郡齋讀書志》作何璨，《宋史》無傳，生平無可考。

文子十二卷

《文子》十二卷，題默希子注。案〈漢志〉有《文子》九篇，老子弟子，與孔子同時，而稱周平王問，似依託者也。

廣棪案：《漢書》卷三十〈藝文志〉第十〈諸子略‧道家〉著錄：「《文子》九篇。老子弟子，與孔子並時，而稱周平王問，似依託者也。」是孟堅已以此書爲依託矣。

又案《史記‧貨殖傳》徐廣注：「計然，范蠡師，名鈃。」裴駰曰：「計然，葵邱濮上人，姓辛氏，字文子。」默希子引以為據。然自班固時已疑其依託，況又未必當時本書乎？至以文子為計然之字，尤不可攷信。

案：《史記》卷一百二十九〈貨殖列傳〉第六十九載：「昔者，越王句踐困於會

稽之上，乃用范蠡、計然。」裴駰《史記集解》云：「徐廣曰：『計然者，范蠡之師也，名研。故諺曰：「研桑心筭。」』駰案：《范子》曰：『計然者，葵丘濮上人，姓辛氏，字文子，其先晉國亡公子也，嘗南游於越，范蠡師事之。』」默希子殆據《史記集解》，以此書爲計然撰。宋濂《諸子辨》曰：「《文子》十二卷，老子弟子所撰，不知名氏。徐廣曰：『名鈃。』李暹曰：『姓辛，葵丘濮上人，號曰計然；范蠡師事之。』裴駰曰：『計然，姓辛，字文子，其先晉國公子也。』孟康曰：『姓計名然，越臣也。』蔡謨曰：『《計然》者，范蠡所著書篇名，非人也；謂之「計然」者，所計而然也。』顏師古曰：『蔡說謬矣。〈古今人表〉，計然列在第四等。計然一名計妍，《吳越春秋》及《越絕書》並作計倪：「倪」與「妍」、「然」三音皆相近，故訛耳。』由是觀之，諸說固辯矣。然是書非計然之所著也，予嘗考其言，壹祖老聃，大概《道德經》之義疏爾。所謂『體道者不怒不喜，其坐無慮，寢而不夢，見物而名，事至而應』，即『載營魄抱一，專氣致柔，滌除玄覽』也。所謂『上士先避患而後就利，先遠辱而後求名，故聖人常從事於無形之外，而不留心于已成之內，是以禍患無由至，非譽不能塵垢』，即『知白守黑，知雄守雌，知榮守辱』之義也。所謂『靜則同，虛則通，至德無爲，萬物皆容』，即『道常無爲而無不爲，侯王若能守，萬物將自化』也。所謂『道，可以弱，可以強，可以柔，可以剛，可以陰，可以陽，可以幽，可以明，可以包裹天地，可以應待無方』，即『道，沖而用之或不盈，淵乎似萬物之宗』也。其他可以類推。蓋老子之言宏而博，故是書雜以黃、老、名、法、儒、墨之言以明之，毋怪其駁且雜也。計然與范蠡言皆權謀、術數，具載于書，絕與此異；予固知非著是書者也。黃氏屢發其僞，以爲唐徐靈府作，亦不然也。其殆文姓之人，祖老聃而託之者歟？抑因裴氏『姓辛，字文子』之說，誤指爲《范子·計然》十五卷者歟？」宋氏所述與直齋，足相發明。

柳子厚亦辨其爲駁書，而亦頗有取焉。

案：宗元〈辨文子〉曰：「《文子》書十二篇，其傳曰：『老子弟子。』其辭時有若可取，其指意皆本《老子》；然考其書，蓋駁書也。其渾而類者少，竊取他書以合之者多；凡《孟》、《管》輩數家皆見剽竊，巉然而出其類；其意緒文辭，又牙相抵而不合。不知人之增益之歟？或者衆爲聚斂以成其書歟？然觀其往往有可立者，又頗惜之。憫其爲之也勞，今刊去謬惡亂雜者，取其似是者，又頗爲發其意，藏于家。」是柳氏既稱《文子》爲「駁書」，而又稱「其辭時有若可取」者。

默希子，不著名氏，晁公武曰：「唐徐靈府自號也。」

　　案：《郡齋讀書志》卷第十一〈道家類〉著錄：「《默希子注文子》十二卷。右默希子者，唐徐靈府自號也。靈府謂文子周平王時人。」是《解題》所述據《郡齋讀書志》。考《新唐書》卷五十九〈志〉第四十九〈藝文〉三著錄：「徐靈府注《文子》十二卷。」此應與《解題》著錄者為同一書。

鶡冠子三卷

《鶡冠子》三卷，陸佃解。案〈漢志〉：「鶡冠子，楚人，居深山，以鶡為冠。」

　　廣棪案：《漢書》卷三十〈藝文志〉第十〈諸子略·道家〉：「《鶡冠子》一篇，楚人，居深山，以鶡為冠。」師古曰：「以鶡鳥羽為冠。」《解題》殆據〈漢志〉。

今書十九篇，韓吏部稱十有六篇，故陸謂非其全也。韓公頗道其書。

　　案：韓愈〈讀鶡冠子〉曰：「《鶡冠子》十九篇，其詞雜黃老刑名，其〈博選篇〉四稽五至之說，當矣。使其人遇時，授其道而施於國家，功德豈少哉！〈學問篇〉稱賤生於無所用，中流失船，一壺千金者，余三讀其詞而悲之。文字脫謬，為之正三十有五字，乙者三，滅者二十有二，注十有二字云。」是昌黎頗稱道此書也。《四庫全書總目》卷一百十七〈子部〉二十七〈雜家類〉一著錄「《鶡冠子》三卷，兩淮馬裕家藏本。……此本為陸佃所註，凡十九篇。佃〈序〉謂愈但稱十六篇，未睹其全。佃，北宋人。其時古本韓文初出，當得其真。今本韓文乃亦作十九篇，殆後來反據此書以改《韓集》。猶劉禹錫〈河東集序〉稱編為三十二通，而今本《柳集》亦反據穆修本改為四十五通。」是今本〈讀鶡冠子〉謂「《鶡冠子》十九篇」者，乃後人所妄改。

至柳柳州則曰：「盡鄙淺言也，好事者偽為其書，反用〈鵩賦〉以文飾之。」其好惡不同如此。

　　案：柳宗元〈辨鶡冠子〉曰：「余讀賈誼〈鵩賦〉，嘉其詞，而學者以為盡出《鶡冠子》。余往來京師，求《鶡冠子》，無所見。至長沙，始得其書；讀之，盡鄙淺言也，唯誼所引用為美，餘無可者。吾意好事者偽其書，反用〈鵩賦〉以文飾之，非誼有所取之，決也。太史公〈伯夷列傳〉稱賈子曰：『貪夫殉財，烈士殉名，夸者死權』，不稱《鶡冠子》。遷號為博極群書，假令當時有其書，遷豈不見耶！假令真有《鶡冠子》書，亦必不取〈鵩賦〉以充入之者。何以知其然耶？曰：不類。」是韓、柳二子之讀《鶡冠子》，其好惡迥殊如此。

自今攷之，柳說為長。

案：《四庫全書總目》曰：「《鶡冠子》三卷，兩淮馬裕家藏本。案《漢書‧藝文志》載《鶡冠子》一篇，註曰：『楚人。居深山，以鶡爲冠。』劉勰《文心雕龍》稱：『鶡冠綿綿，亟發深言。』《韓愈集》有〈讀鶡冠子〉一首，稱其〈博選篇〉四稽五至之說，〈學問篇〉一壺千金之語。且謂其施於國家，功德豈少。《柳宗元集》有〈鶡冠子辨〉一首，乃詆爲言盡鄙淺。謂其〈世兵篇〉多同〈鵩賦〉，據司馬遷所引賈生二語，以決其僞。然古人著書，往往偶用舊文。古人引證，亦往往偶隨所見。如『谷神不死』四語，今見《老子》中，而《列子》乃稱爲《黃帝書》。『克己復禮』一語，今在《論語》中，《左傳》乃謂仲尼稱〈志〉有之。『元者，善之長也』八句，今在〈文言傳〉中，《左傳》乃記爲穆姜語。司馬遷惟稱賈生，蓋亦此類。未可以單文孤證；遽斷其僞。惟〈漢志〉作一篇，而〈隋志〉以下皆作三卷，或後來有所附益，則未可知耳！其說雖雜刑名，而大旨本原於道德。其文亦博辨宏肆，自六朝至唐，劉勰最號知文，而韓愈最號知道，二子稱之；宗元乃以爲鄙淺，過矣。」是《四庫全書總目》所論，與《解題》又不同如此。

抱朴子二十卷

《抱朴子》二十卷，晉句漏令丹陽葛洪稚川撰。洪所著書，〈內篇〉言神仙黃白變化之事，〈外篇〉駁難通釋。此二十卷者，〈內篇〉也。

廣棪案：《郡齋讀書志》卷第十六〈神仙類〉著錄：「《抱朴子內篇》二十卷。右晉葛洪撰。洪，字稚川，丹陽句容人。元帝時，累召不就，止羅浮山，鍊丹著書，推明飛昇之道，導養之理，黃白之事。二十卷名曰〈內篇〉，十卷名曰〈外篇〉，自號抱朴子，因以命書。」可供參證。《晉書》卷七十二〈列傳〉第四十二〈葛洪傳〉有此書〈自序〉，中曰：「世儒徒知服膺周、孔，莫信神仙之書，不但大而笑之，又將謗毀真正。故予所著書言黃白之事，名曰〈內篇〉，其餘駁難通釋，名曰〈外篇〉。」《解題》所述，殆據洪〈自序〉。

《館閣書目》有〈外篇〉五十卷。

案：《玉海》卷第五十三〈藝文‧諸子〉「《抱朴子》條」載：「《書目》：『〈內篇〉二十卷，〈外篇〉五十卷，合〈內〉、〈外篇〉，今存共七十卷。』是《中興館閣書目》著錄《抱朴子外篇》作五十卷。惟《郡齋讀書志》第十二〈雜家類〉則

著錄：「《抱朴子外篇》十卷。右晉葛洪稚川撰。自號抱朴子，博聞深洽，江左絕倫，著書甚富。言黃白之事者，名曰〈內篇〉其餘〈外篇〉。《晉書》：『〈內〉、〈外〉通有一百一十六篇。』今世所傳者，四十篇而已。〈外篇〉頗言君臣理國用刑之道，故附於〈雜家〉云。」疑晁氏所得者乃不全之本。

坐忘論一卷

《坐忘論》一卷，唐逸人河內司馬承禎子微撰。

> 廣棪案：《崇文總目》卷四〈道書類〉二著錄：「《坐忘論》二卷，司馬承禎撰。錫鬯按：〈唐志〉、《書錄解題》並一卷，〈宋志〉亦一卷。司馬子微撰，即承禎也。避諱，故稱字，說見前。」錢東垣輯釋本。是此書或作二卷。承禎，其傳見《舊唐書》卷一百九十二〈隱逸〉、《新唐書》卷一百九十六〈列傳〉第一百三十一〈隱逸〉，故《解題》稱承禎為「逸人」。《舊唐書》本傳云：「道士司馬承禎，字子微，河內溫人。」《新唐書》本傳云：「司馬承禎，字子徵，洛州溫人。」洛州即河內，與《解題》同。

言坐忘安心之法，凡七條，并〈樞翼〉一篇，以為修道階次。其論與釋氏相出入。

> 案：《郡齋讀書志》卷第十六〈神仙類〉著錄：「《坐忘論》一卷。右唐司馬承禎子微撰。凡七篇。其後有文元公〈跋〉，謂子微之所謂『坐忘』，即釋氏之言『宴坐』也。」足資參證。

天隱子一卷

《天隱子》一卷，司馬子微作〈序〉，言：「不知其何許人，著書八篇，條鍊形氣，養和心靈，長生久視，無出此書。」今觀其言，殆與《坐忘論》相表裏。豈「天隱」云者，託之別號歟？館臣案：洪興祖云：「司馬子微得天隱子之學。」未知何據？

> 廣棪案：《郡齋讀書志》卷第十六〈神仙類〉著錄：「《天隱子》一卷。右唐司馬子微為之〈序〉，云：『天隱子，不知何許人，著書八篇。條鍊形氣，養和心靈，歸根契於伯陽，遺照齊乎莊叟，殆非人間所能學者也。』王古以天隱子即子微也。一本有〈三宮法〉附於後。」足資參證。然《四庫全書總目》卷一百四十

六〈子部〉五十六〈道家類〉「《元眞子》一卷，附《天隱子》一卷，_{兵部侍郎}紀昀家藏本」條云：「《天隱子》，亦唐人撰。不知其姓名。前有司馬承禎〈序〉，則元宗時人。晁公武、陳振孫皆疑爲承禎所託名。然承禎自有《坐忘論》，已自著名，又何必託名爲此書也。書凡八篇。一曰〈神仙〉，二曰〈易簡〉，三曰〈漸門〉，四曰〈齋戒〉，五曰〈安處〉，六曰〈存想〉，七曰〈坐忘〉，八曰〈神解〉。《讀書志》稱一本有〈三宮法〉附於後，此本無之，殆傳寫佚脫矣。」則《四庫全書總目》固不以直齋及公武託名說爲然也。

玄真子外篇三卷

《玄真子外篇》三卷，唐隱士金華張志和撰。〈唐志〉：「《玄真子》十二卷。」今纔三卷，非全書也。既曰〈外篇〉，則必有〈內篇〉矣。

廣棪案：志和字子同，婺州金華人。《新唐書》卷一百九十六〈列傳〉第一百二十一〈隱逸〉有傳。其〈傳〉謂志和「以親既喪，不復仕，居江湖，自稱煙波釣徒。著《玄眞子》，亦以自號。有韋詣者，爲撰《內解》。」《新唐書》卷五十九〈志〉第四十九〈藝文〉三著錄：「張志和《太易》十五卷，又《玄眞子》十二卷。_{韋詣作《內解》。}」與《解題》可相參證。《四庫全書總目》卷一百四十六〈子部〉五十六〈道家類〉著錄：「《元眞子》一卷，附《天隱子》一卷，_{兵部侍郎紀昀家藏本。}《元眞子》，唐張志和撰。志和字子同，婺州人，初名龜齡。肅宗時以明經擢第，待詔翰林。坐事貶南浦尉，後遇赦還，放浪江湖以終。自號曰煙波釣徒，又號曰元眞子。事蹟具《新唐書·隱逸傳》。沈汾《續仙傳》載其行事甚怪，大抵好事者附會之，實則恬退自全之士而已。其書據《書錄解題》稱本十二卷，陳振孫時存三卷，已非完帙。此本僅存三篇，一曰〈碧虛〉，二曰〈鸑鷟〉，三曰〈濤之靈〉，併爲一卷，與振孫所言又異。或當時之本以一篇爲一卷歟？其言略似《抱朴子外篇》，但文采不及其藻麗耳！」可供參考。

志和事跡，詳見余所集《碑傳》。

案：《解題》卷十五〈總集類〉著錄：「《玄眞子漁歌碑傳集錄》一卷，玄眞子漁歌，世止傳誦其『西塞山前』一章而已。嘗得其一時倡和諸賢之辭各五章，及南卓、柳宗元所賦，通爲若干章。因以顏魯公〈碑述〉、《唐書》本傳以至近世用其詞入樂府者，集爲一編，以備吳興故事。」是直齋所輯志和事迹，所據者乃顏眞卿〈碑述〉、《新唐書》本傳及志和所撰詩餘等資料也。

無能子三卷

《無能子》三卷，不著名氏。〈唐志〉云：「光啟中隱民間。」蓋其〈自序〉云爾。

廣棪案：《新唐書》卷五十九〈志〉第四十九〈藝文〉三著錄：「《無能子》三卷，不著人名氏，光啓中隱民間。」《四庫全書總目》卷一百四十六〈子部〉五十六〈道家類〉著錄：「《無能子》三卷，浙江范懋柱家天一閣藏本。不著撰人名氏。〈序〉稱：「光啓三年，天子在褒。」則唐僖宗時人也。《崇文總目》列之於〈道家〉。晁公武《讀書志》云：『書三十篇，明老、莊自然之旨。』今考其書，實三十四篇，與〈序〉所言篇數合。而卷上註闕第六篇，卷中註闕第五篇，卷下註闕第七、第九、第十、第十二、第十三、第十四等六篇。是其全書具在，實四十二篇，與〈序〉又不相應。豈〈序〉爲後人追改，以就所存之篇數耶？《唐書‧藝文志》以爲光啓閒隱民。考〈序〉中有不述姓名游宦語，則亦嘗登仕籍，非隱民也。其書多竊《莊》、《列》之旨，又雜以釋氏之說，詞旨頗淺，第以唐代遺書漸少，姑以舊本錄之耳。」可供參考。

莊子義十卷

《莊子義》十卷，參政清源呂惠卿吉父撰。元豐七年，先表進〈內篇〉，其餘蓋續成之。

廣棪案：《郡齋讀書志》卷第十二〈道家類〉著錄：「《呂吉甫注莊子》十卷。右皇朝呂惠卿撰。吉甫，惠卿字也。」與此應爲同一書。考傅增湘《藏園群書題記》卷第十〈道家類〉「《跋宋本呂惠卿莊子義殘卷》」條曰：「呂氏《莊子義》，宋刊本，半葉十行，每行十七字，注雙行二十五字，白口，左右雙闌，卷二存第二十五、六兩葉，爲〈德充符〉篇，卷三存第一葉，爲〈大宗師〉篇，卷四存第一至第二十六葉，爲〈駢拇〉、〈馬蹄〉、〈胠篋〉、〈在宥〉各篇，卷五存第三至二十八葉，爲〈天地〉、〈天道〉、〈天運〉各篇，凡五十五葉。標題爲『呂觀文進莊子內篇義』。或『外篇義』。玄、匡字缺末筆，桓、愼字不缺。原本藏俄國亞細亞博物院，新寄影本貽北平圖書館，余因得見之，略爲考訂於左：考是書，陳氏《直齋書錄解題》著錄云：『《莊子義》十卷，參政清源呂惠卿吉父撰。』《宋史‧藝文志》作《莊子解》，焦氏《國史經籍志》作《莊子注》。觀此本作《內篇義》、《外篇義》，則陳氏所題正合，而宋，明二〈志〉皆失之矣。又

書名上冠『呂觀文進』四字，考陳氏言，惠卿於『元豐七年，先表進〈內篇〉，其餘蓋續成之』。按元豐七年，惠卿爲河東經略使，知太原府；至紹聖中知大名府，乃加觀文殿大學士，知此書雖進於元豐，其成書付雕必在紹聖時，故追題此銜耳。其刊工古拙，於宋諱不避桓字，則北宋開板，殆無疑義。褚氏《南華眞經義海纂微》采呂氏書，其目下注云『川本』。以余所見《冊府元龜》、《李太白集》、《二百家名賢文粹》諸本參之，皆字畫疏古，風氣樸厚，正與此類。則茲本爲蜀刻，或不妄也。」是傅氏所跋者，即此書。

莊子十論一卷

《莊子十論》一卷，題李士表撰，未詳何人。

廣棪案：《宋史》卷二百五〈志〉第一百五十八〈藝文〉四〈道家類〉著錄：「李士表《莊子十論》一卷。」與此同。士表，《宋史》無傳。

法家類

管子二十四卷

《管子》十四卷，_{館臣案：〈隋〉、〈唐‧經籍志〉俱作十九卷。}齊相管夷吾撰。唐房玄齡注。案〈漢志〉，《管子》八十六篇，列於道家。〈隋〉、〈唐志〉著之法家之首。今篇數與〈漢志〉合，而卷視〈隋〉、〈唐〉為多。

廣棪案：《漢書》卷三十〈藝文志〉第十〈諸子略‧道家〉著錄：「《筦子》八十六篇。_{名夷吾，相齊桓公，九合諸侯，不以兵車也，有〈列傳〉。}」《隋書》卷三十四〈志〉第二十九〈經籍〉三〈子‧法〉著錄：「《管子》十九卷，齊相管夷吾撰。」《舊唐書》卷四十七〈志〉第二十七〈經籍〉下〈法家類〉著錄：「《管子》十八卷，_{管夷吾撰。}」《新唐書》卷五十九〈志〉第四十九〈藝文〉三〈法家類〉著錄：「《管子》十九卷，_{管仲。}」是《解題》列《管子》於法家，與〈漢志〉不合，而其書作二十四卷，則視〈隋志〉及兩〈唐志〉為多。然《宋史》卷二百五〈志〉第一百五十八〈藝文〉四〈法家類〉著錄：「《管子》二十四卷，_{齊管夷吾撰。}」則與《解題》同。

管子似非法家，而世皆稱管、商，豈以其操術用心之同故耶？然以為道_{廣棪案：盧校本「道」下有「家」字。}則不類，今從〈隋〉、〈唐志〉。

案：高似孫《子略》卷三「《管子》」條曰：「劉邵之志人物也，曰管仲，曰商鞅，皆以隸之法家。李德裕以『邵之索隱精微，研幾玄妙，實天下奇才；至以管仲與商鞅俱，人物之品，往往不倫』。德裕顧未嘗熟讀其書耳，邵所謂『皆出於法』者，其至論歟！」是高似孫亦以《管子》應隸法家，與商鞅俱。殆以管仲之操術用心，與鞅同也。

商子五卷

《商子》五卷，秦相衛公孫鞅撰。或稱商君者，其封邑也。

廣棪案：《史記》卷六十八〈商君列傳〉第八載：「商君者，衛之諸庶孽子也。名鞅，姓公孫氏。……秦封之於商十五邑，號為商君。」《解題》所述，據《史

記》也。

〈漢志〉二十九篇。今二十六篇，廣棪案：《文獻通考》作「今二十八篇」。又亡其一。

案：《漢書》卷三十〈藝文志〉第十〈諸子略‧法家〉著錄：「《商君》二十九篇。名鞅，姬姓，衛後也，相秦孝公，有〈列傳〉。」是〈漢志〉此書作二十九篇。《郡齋讀書志》卷第十一〈法家類〉著錄：「《商子》五卷。右秦公孫鞅撰。鞅，衛之庶孽，好刑名之學。秦孝公委之以政，遂致富強，後以反誅。鞅封於商，故以名其書。本二十九篇，今亡者三篇。」是《郡齋讀書志》亦謂宋時此書僅存二十六篇。故《解題》著錄「又亡其一」句，「一」乃「三」之訛。惟《四庫全書總目》卷一百一〈子部〉十一〈法家類〉「《商子》五卷兩江總督採進本。」條載：「舊本題秦商鞅撰。鞅事蹟具《史記》。鞅封於商，號商君。故〈漢志〉稱《商君》二十九篇。《三國志‧先主傳》註亦稱《商君書》。其稱《商子》，則自〈隋志〉始也。陳振孫《書錄解題》云：『〈漢志〉二十九篇，今二十八篇，已亡者一。』晁公武《讀書志》則云：『本二十九篇，今亡者三篇。』《讀書志》成於紹興二十一年，既云已闕三篇。《書錄解題》成於宋末，乃反較晁本多二篇。蓋兩家所錄，各據所見之本，故多寡不同歟？」《四庫全書總目》所引《解題》，乃據《文獻通考》，故考論不同如此。

慎子一卷

《慎子》一卷，趙人慎到撰。〈漢志〉四十二篇，先於申、韓廣棪案：盧校本「申韓」下重「申韓」二字。并注曰：當重「申韓」二字，《通攷》亦脫。稱之。〈唐志〉十卷，滕輔注。今麻沙刻本纔五篇，固非全書也。案莊周、荀卿書皆稱田駢、慎到。到，趙人；駢，齊人，見於《史記》列傳。今《中興館閣書目》乃曰瀏陽人。瀏陽在今潭州，吳時始置縣，與越南北了不相涉，蓋據書坊所稱，不知何謂也。《崇文總目》言三十七篇。

廣棪案：《漢書》卷三十〈藝文志〉第十〈諸子略‧法家〉著錄：「《慎子》四十二篇。名到，先申、韓，申、韓稱之。」《舊唐書》卷四十七〈志〉第二十七〈經籍〉下〈法家類〉著錄：「《慎子》十卷，慎到撰，滕輔注。」〈新唐志〉同。《解題》所述，全據〈漢〉、〈唐志〉。《四庫全書總目》卷一百一〈子部〉十一〈法家類〉亦著錄此書，曰：「《慎子》一卷，少詹事陸費墀家藏本。周慎到撰，趙人。

《中興書目》作瀏陽人。陳振孫《書錄解題》曰：『慎到，趙人，見於《史記》。瀏陽在今潭州，吳時始置縣，與趙南北了不相涉。蓋據書坊所稱，不知何謂也。』則稱瀏陽者非矣。明人刻本又云『到一名廣』。案陸德明《莊子釋文》田駢下註曰：「《慎子》云：名廣。』然則駢一名廣，非到一名廣，尤舛誤也。《莊子・天下篇》曰：『慎到棄知去己，而緣不得已，泠汰於物，以爲道理。曰知不知，將薄知而後鄰傷之者也。謑髁無任，而笑天下之尚賢也；縱脫無行，而非天下之大聖。椎拍輐斷，與物宛轉，舍是與非，苟可以免，不師智慮，不知前後，魏然而已矣。推而後行，曳而後往，若飄風之還，若羽之旋，若磨石之隧。全而無非，動靜無過，未嘗有罪。是何故？夫無知之物，無建己之患，無用知之累，動靜不離於理，是以終身無譽。故曰至於若無知之物而已，無用賢聖。夫塊不失道，豪傑相與笑之。曰慎到之道，非生人之行而至死人之理，適得怪焉』云云。是慎子之學近乎釋氏，然〈漢志〉列之於法家。今考其書，大旨欲因物理之當然，各定一法而守之。不求於法之外，亦不寬於法之中，則上下相安，可以清淨而治。然法所不行，勢必刑以齊之。道德之爲刑名，此其轉關。所以申、韓多稱之也。語見《漢書・藝文志》。其書〈漢志〉作四十二篇。〈唐志〉作十卷。《崇文總目》作三十七篇。《書錄解題》則稱『麻沙刻本凡五篇，已非全書』。此本雖亦分五篇，而文多刪削，又非陳振孫之所見。蓋明人捃拾殘剩，重爲編次。觀『孝子不生慈父之家，忠臣不生聖君之下』二句，前後兩見。知爲雜錄而成，失除重複矣。」足資參證。是《四庫全書》本《慎子》，亦非《解題》所記之麻沙刻木。

韓子二十卷

《韓子》二十卷，韓諸公子韓非撰。〈漢志〉五十五篇，今同。所謂〈孤憤〉、〈說難〉之屬皆在焉。

廣棪案：《漢書》卷三十〈藝文志〉第十〈諸子略・法家〉著錄：「《韓子》五十五篇。名非，韓諸公子，使秦；李斯害而殺之。」《郡齋讀書志》卷第十一〈法家類〉著錄：「《韓非子》二十卷。右韓非撰。非，韓之諸公子也。喜刑名法術之學，作〈孤憤〉、〈五蠹〉、〈說林〉、〈說難〉十餘萬言。」《解題》所述，殆據〈漢志〉、《郡齋讀書志》隱括。韓非，《史記》有傳。

名家類

公孫龍子三卷

《公孫龍子》三卷，趙人孫龍為白馬非馬，堅白之辨者也。其為說淺陋迂僻，不知何以惑當時之聽。〈漢志〉十四篇，館臣案：《漢書・藝文志》六十四篇，此云十四篇，誤。　廣枝案：張宗泰《魯巖所學集》卷六〈五跋書錄解題〉云：「按《公孫龍子》，〈漢志〉正作十四篇。則是《解題》本不誤，而案語反誤也。」今書六篇。首敘孔穿事，文意重複。

廣枝案：《史記》卷七十六〈平原君虞卿列傳〉第十六載：「平原君厚待公孫龍，公孫龍善言堅白之辯；及鄒衍過趙言至道，乃絀公孫龍。」《漢書》卷三十〈藝文志〉第十〈諸子略・名家〉著錄：「《公孫龍子》十四篇，趙人。師古曰：『即為堅白之辯者。』」《解題》殆據《史》、《漢》。《四庫全書總目》卷一百十七〈子部〉二十七〈雜家類〉一著錄：「《公孫龍子》三卷，兩江總督採進本。周公孫龍撰。案《史記》：『趙有公孫龍，為堅白異同之辨。』《漢書・藝文志》：『龍與毛公等並游平原君之門。』亦作趙人。高誘註《呂氏春秋》謂龍為魏人，不知何據？《列子釋文》：『龍字子秉』。莊子謂惠子曰：『儒、墨、揚、秉四，與夫子為五。』秉即龍也。據此，則龍當為戰國時人。司馬貞《索隱》謂『龍即仲尼弟子者』，非也。其書〈漢志〉著錄十四篇，至宋時八篇已亡。今僅存〈跡府〉、〈白馬〉、〈指物〉、〈通變〉、〈堅白〉、〈名實〉，凡六篇。其首章所載與孔穿辨論事，《孔叢子》亦有之，謂龍為穿所絀。而此書又謂穿願為弟子，彼此互異。蓋龍自著書，自必欲伸己說。《孔叢》偽本，出於晉漢之間，朱子以為孔氏子孫所作，自必欲伸其祖說，記載不同，不足怪也。其書大旨疾名器乖實，乃假指物以混是非，借白馬而齊物我，冀時君有悟而正名賢。故諸史皆列於名家。《淮南鴻烈解》：『公孫龍粲於辭而貿名。』揚子《法言》稱：『公孫龍詭辭數萬。』蓋其持論雄贍，實足以聳動天下。故當時莊、列、荀卿並著其言，為學術之一。特品目稱謂之間，紛然不可數計。龍必欲一一核其真，而理究不足以相勝，故言愈辨，而名實愈不可正。然其書出自先秦，義雖恢誕，而文頗博辨。陳振孫《書錄解題》概以淺陋迂僻譏之，則又過矣。」殆《解題》謂龍說「淺陋迂僻」，又謂其書「首敘孔穿事，文意重複」，《四庫全書總目》均不以為然，故詳為辯

析之。所論足資參考。

鄧析子二卷

《鄧析子》二卷，鄭人鄧析。《左氏傳》：「鄭駟歂嗣子太叔為政，殺鄧析，而用其竹刑。」即此人也。

　　廣棪案：《左傳》定公九年春載：「鄭駟歂殺鄧析，而用其竹刑。君子謂子然於是不忠。苟有可以加於國家者，棄其邪可也。」子然，駟歂字。是《左傳》謂駟歂殺析也。

《列子》、《荀子》以為子產所殺，顏師古辨之矣。

　　案：《列子》卷六〈力命〉第六載：「鄧析操兩可之說，設無窮之辭，當子產執政，作竹刑，鄭國用之。數難子產之治，子產屈之。子產執而戮之，俄而誅之。」又《荀子》卷三〈非十二子篇〉第六曰：「不法先王，不是禮義，而好治怪說，玩琦辭，甚察而不惠，辯而無用，多事而寡功，不可以爲治綱紀。然而持之有故，其言之成理，足以欺惑愚眾，是惠施、鄧析也。」《漢書》卷三十〈藝文志〉第十〈諸子略‧名家〉著錄：「《鄧析》二篇。鄭人，與子產並時。師古曰：『《列子》及《孫卿》並云子產殺鄧析。據《左傳》，昭公二十年子產卒，定公九年駟歂殺鄧析而用其竹刑。則非子產所殺也。』」是《列子》謂子產殺鄧析，而顏師古辨之。然荀子則末言析爲子產所殺，師古誤矣。

尹文子三卷

《尹文子》三卷，館臣案：《宋史‧藝文志》作一卷，《文獻通考》作二卷。齊人尹文撰。〈漢志〉齊宣王時人，先公孫龍。今本稱仲長氏撰定，魏黃初末得於繆熙伯；又言與宋鈃、田駢同學於公孫龍，則不然也。龍書稱尹文乃借文對齊宣王語，以難孔穿，其人當在龍先。班〈志〉言之是矣。仲長氏，即統也耶？熙伯名襲。

　　廣棪案：《漢書》卷三十〈藝文志〉第十〈諸子略‧名家〉著錄：「《尹文子》一篇。說齊宣主，先公孫龍。師古曰：『劉向云與宋鈃俱游稷下。鈃音形。』」是班〈志〉謂尹文先公孫龍也。《郡齋讀書志》卷第十一〈名家類〉著錄：「《尹文子》二卷。右周尹文撰，仲長氏所定。〈序〉稱文當齊宣王時居稷下，學於公孫龍，龍稱之。

而《前漢・藝文志》敘此書在龍書上。顏師古謂嘗說齊宣王，在龍之前。《史記》云公孫龍客於平原君，君相趙惠文王，文王元年，齊宣歿已四十餘歲矣。則知文非學於龍者也。今觀其書，雖專言刑名，然亦宗六藝，數稱仲尼，其叛道者蓋鮮。豈若龍之不宗賢聖，好怪妄言哉！李獻臣云：『仲長氏，統也。熙伯，繆襲字也。』〈傳〉稱統卒於獻帝遜位之年，而此云『黃初末到京師』，豈史之誤乎？此本富順李氏家藏者，謬誤殆不可讀，因爲是正其甚者，疑則闕焉。」《子略》卷三「《尹文子》」條亦曰：「班固〈藝文志〉名家者流錄《尹文子》，其書言大道，又言名分，又言仁義、禮樂，又言法術、權勢，大略則學老氏，而雜申、韓也。其曰：『民不畏死，由過於刑罰者也，刑罰中則民畏死，畏死則知生之可樂，知生之可樂，故可以死懼之。』此有希於老氏者也。又有不變之法、齊等之法、理眾之法、平準之法，此有合於申、韓。然則其學雜矣，其學淆矣，非純乎道者也。仲長統爲之〈序〉，以子學於公孫龍。按龍客于平原君，趙惠文王時人也。齊宣王死，下距趙王之立四十餘年矣，則子之先於公孫龍爲甚明，非學乎此者也。晁氏嘗稱其宗六藝，數稱仲尼，熟考其書，未見所以稱仲尼，宗六藝者，僅稱誅少正卯一事耳！嗚呼！士之生於春秋、戰國之間，其所以熏烝染習，變幻捭闔，求騁於一時，而圖其所大欲者，往往一律而同歸。其能屹立中流，一掃群異學，必孔氏，言必《六經》者，孟子一人而已。」是公武與似孫亦不認爲尹文後於公孫龍。此書《四庫全書總目》卷一百十七〈子部〉二十七〈雜家類〉一亦著錄，曰：「《尹文子》一卷，兩江總督採進本。周尹文撰。前有魏黃初宋山陽仲長氏〈序〉，稱條次撰定爲上下篇。《文獻通考》著錄作二卷。此本亦題〈大道〉上篇、〈大道〉下篇，與〈序〉文相符，而通爲一卷，蓋後人所合併也。《莊子・天下篇》以尹文、田駢並稱。顏師古注《漢書》，謂齊宣王時人。考劉向《說苑》載文與宣王問答，顏蓋據此。然《呂氏春秋》又載其與湣王問答事，殆宣王時稷下舊人，至湣王時猶在歟？其書本名家者流，大旨指陳治道，欲自處於虛靜，而萬事萬物則一一綜核其實。故其言出入於黃、老、申、韓之間。周氏《涉筆》謂其自道以至名，自名以至法。蓋得其眞。晁公武《讀書志》以爲誦法仲尼，其言誠過，宜爲高似孫《緯略》廣棪案：應作「《子略》」。所譏。然似孫以儒理繩之，謂其淆雜，亦爲未允。百氏爭鳴，九流並列，各尊所聞，各行所知，自《老》、《莊》以下，均自爲一家之言。讀其文者，取其博辨閎肆足矣，安能限以一格哉。〈序〉中所稱熙伯，蓋繆襲之字。其山陽仲長氏，不知爲誰。李淑《邯鄲書目》以爲仲長統。然統卒於建安之末，與所云黃初末者不合。晁公武因此而疑史誤，未免附會矣。」則《四庫全書總目》以

為作〈序〉之仲長氏，非統也。

人物志三卷

《人物志》三卷，館臣案：劉劭《人物志》止上、中、下三卷，原本作二十卷，誤。今改正。　廣棪案：盧校本改為十二卷。注曰：「元本作二十卷，蓋誤倒也。陳以一篇為一卷，晁〈志〉作三卷，與今本合。」**魏散騎常侍邯鄲劉劭孔才撰。梁儒林祭酒燉煌劉昺注。《梁史》無劉昺，《中興書目》云爾。晁氏云偽涼人。**

廣棪案：《隋書》卷三十四〈志〉第二十九〈經籍〉三〈子〉著錄：「《人物志》三卷，劉邵撰。」《舊唐書》卷四十七〈志〉第二十七〈經籍〉下〈名家類〉著錄：「《人物志》三卷，劉邵撰。又三卷，劉邵撰，劉炳注。」《新唐書》卷五十九〈志〉第四十九〈藝文〉三〈名家類〉著錄：「劉邵《人物志》三卷、劉炳注《人物志》三卷。」是「劉劭」或作「劉邵」，「劉昺」或作「劉炳」，均與《解題》所著錄者不同。《中興館閣書目·子部·名家》著錄：「《人物志》二卷，魏劉劭撰，梁劉昺注。」趙士煒輯考本考《中興館閣書目》以昺為梁人，實誤。又《梁書》既無劉昺，《解題》亦不應稱「梁儒林祭酒燉煌劉昺」。《郡齋讀書志》卷第十一〈名家類〉著錄：「《人物志》三卷。右魏邯鄲劉劭孔才撰，偽涼燉煌劉昺注。以人之材器尚不同，當以『九徵』、「八觀」，審察而任使之。凡十二篇。劭，郤慮所薦。慮，譖殺孔融者，不知在劭書為何等，而劭受其知也。」則公武確指昺乃偽涼人。《玉海》卷第五十七〈藝文·志〉「魏《人物志》」條載：「劉劭《人物志》三卷。魏散騎常侍。《崇文目》三卷。劉昺注《人物志》三卷。涼祭酒，字延明。《中興書目》：『二卷。述人性品有上下，材質有邪正，欲考諸行事而約之中庸。十二篇：〈九證〉、〈體別〉、〈流業〉、〈才理〉、〈才能〉、〈利害〉、〈接識〉、〈英雄〉、〈八觀〉、〈七繆〉、〈效難〉、〈釋事〉。』」《四庫全書總目》卷一百十七〈子部〉二十七〈雜家類〉一亦著錄此書，曰：「《人物志》三卷，副都御史黃登賢家藏本。魏劉邵撰。邵字孔才，邯鄲人。黃初中官散騎常待，正始中賜爵關內侯，事蹟具《三國志》本傳。別本或作劉劭，或作劉邵。此書末有宋庠〈跋〉云：『據今官書，〈魏志〉作勉劭之劭，從力。他本或從邑者，晉邑之名。案字書，此二訓外別無他釋，然俱不協孔才之義。《說文》則為卲，音同上，但召旁從卪耳，訓高也。李舟《切韻》訓美也。高美又與孔才義符。揚子《法言》曰：「周公之才之卲。」是也。』所辨精核，今從之。其註為劉昺所作。昺字延明，燉煌人。舊本名上結銜題涼儒林祭酒，蓋李嵩時嘗授是官。然《十六國春

秋》稱：『沮渠蒙遜平酒泉，授昺秘書郎，專管注記。魏太武時又授樂平從事中
郎。』則昺歷事三主，惟署涼官者誤矣。邵書凡十二篇，首尾完具。晁公武《讀
書志》作十六篇，疑傳寫之誤。其書主於論辨人才，以外見之符，驗內藏之器。
分別流品，研析疑似，故〈隋志〉以下皆著錄於名家。然所言究悉物情，而精
覈近理，視尹文之說兼陳黃、老、申、韓，公孫龍之說惟析堅白同異者，迥乎
不同。蓋其學雖近乎名家，其理則弗乖於儒者也。昺註不涉訓詁，惟疏通大意，
而文詞簡古，猶有魏晉之遺。」均足資參證。

廣人物志十卷

《廣人物志》十卷，_{館臣案：《唐書・藝文志》作三卷，《宋史・藝文志》作二卷。}唐鄉
貢進士京兆杜周士撰。敘武德至貞元選舉薦進人物事實，凡五十五科。

廣棪案：《玉海》卷第五十七〈藝文・志〉「唐《廣人物志》」條載：「《中興書目》：
『《廣人物志》一卷，唐進士杜周士撰。〈志〉三卷，《崇文目》一卷。採唐朝名臣
賞拔人物，自武德，止正元，凡五十五科，以廣劉劭〈志〉云。」足資參證。
惟參之《崇文總目》與《中興書目》所記，疑《解題》著錄此書之「十卷」，乃
「一卷」之誤。

墨家類

墨子三卷

《墨子》三卷，廣棪案：盧校本改為十五卷。并注曰：「此三卷者非全書。」

廣棪案：此直齋據一己所藏之書著錄。故此條下文云：「又二本，止存十三篇者，當是此本也。」是直齋所藏《墨子》，僅三卷，十三篇，乃一不全之本。

孟子所謂邪說詖行，與揚朱同科者也。

案《孟子・滕文公》下曰：「世衰道微，邪說暴行有作。臣弑其君者有之，子弑其父者有之。……聖人不作，諸侯放恣，處士橫議，揚朱、墨翟之言盈天下；天下之言，不歸揚則歸墨。揚氏為我，是無君也；墨氏兼愛，是無父也。無父無君，是禽獸也。」《解題》所述殆據此。

韓吏部推尊孟氏，而〈讀墨〉一章，乃謂孔、墨相為用，何哉？

案：《韓昌黎先生集》卷十一〈讀墨子〉曰：「儒譏墨以上同、兼愛、上賢、明鬼。而孔子畏大人，居是邦不非其大夫，《春秋》譏專臣。不上同哉？孔子泛愛、親仁，以博施濟眾為聖。不兼愛哉？孔子賢賢，以四科進褒弟子，疾末世而名不稱。不上賢哉？孔子祭如在，譏祭如不祭者曰：『我祭則受福』。不明鬼哉？儒、墨同是堯、舜，同非桀、紂，同脩身、正心以治天下、國家。奚不相悅如是哉？余以為辯生於末學，各務售其師之說，非二師之道本然也。孔子必用墨子，墨子必用孔子。不相用，不足為孔、墨。」是昌黎謂孔、墨相為用也。然直齋不以為然。《四庫全書總目》卷一百十七〈子部〉二十七〈雜家類〉「《墨子》十五卷」條亦曰：「墨家者流，史罕著錄，蓋以孟子所闢，無人肯居其名。然佛氏之教，其清淨取諸老，其慈悲則取諸墨。韓愈〈送浮屠文暢序〉稱『儒名墨行，墨名儒行』，以佛為墨，蓋得其真。而〈讀墨子〉一篇，乃稱『墨必用孔，孔必用墨』，開後人三教歸一之說，未為篤論。」是《四庫全書總目》亦不贊成孔、墨相為用之說。

〈漢志〉七十一篇，《館閣書目》有十五卷、六十一篇者，多訛脫，不相聯屬。又二本，廣棪案：《四庫全書總目》作「又一本」。**止存十三篇者，當是此本也。**

案：《漢書》卷三十〈藝文志〉第十〈諸子略・墨家〉著錄：「《墨子》七十一

篇。名翟，為宋大夫，在孔子後。」《四庫全書總目》著錄：「《墨子》十五卷，兩江總督採進本。舊本題宋墨翟撰。考《漢書‧藝文志》墨子七十一篇，註曰：『名翟，宋大夫』。《隋書‧經籍志》亦曰：『宋大夫墨翟撰。』然其書中多稱子墨子，則門人之言，非所自著。又諸書多稱墨子名翟。《因樹屋書影》則曰：『墨子姓翟，母夢烏而生，因名之曰烏，以墨為道。』今以姓為名，以墨為姓，是老子當姓老耶？其說不著所出，未足為據也。宋《館閣書目》稱：『《墨子》十五卷、六十一篇。』此本篇數與〈漢志〉合，卷數與《館閣書目》合。惟七十一篇之中，僅佚〈節用〉下第二十二、〈節葬〉上第二十三、〈節葬〉中第二十四、〈明鬼〉上第二十九、〈明鬼〉下第三十、〈非樂〉中第三十三、〈非樂〉下第三十四、〈非儒〉上第三十八，凡八篇。尚存六十三篇，與《館閣書目》不合。陳振孫《書錄解題》又稱『有一本，止存十三篇』者，今不可見。或後人以兩本相校，互有存亡，增入二篇歟？抑傳寫者訛以六十三為六十一也。」是《四庫全書總目》頗疑《中興館閣書目》「六十一篇」應為「六十三」也。

方揚、墨之盛，獨一孟子訟言非之，諄諄焉惟恐不勝。今揚朱書不傳，《列子》僅存，其餘墨氏書傳於世者亦止於此。《孟子》越百世益光明，道能上配孔氏，與《論語》並行，異端之學，安能抗吾道哉！

案：高似孫《子略》曰：「《韓非子》謂：『墨子死，有相里氏之墨，相芬氏之墨，鄧陵氏之墨。孔、墨之後，儒分為八，墨離為三。』其為說異矣。墨子稱堯曰：『采椽不斲，茅茨不剪。』稱周曰：『嚴父配天，宗祀文王。』又引『若保赤子，發罪惟均。』出於〈康誥〉。〈泰誓篇〉固若依於經，據於禮者。孟子方排之不遺一力，蓋聞之夫子曰：『惡似是而非者。惡莠，恐其亂苗也，惡紫，恐其亂朱也；惡鄉原，恐其亂德也。』墨之為書，一切如莊周，如申、商，如韓非、惠施之徒，雖不闢可也，惟其言近乎偽，行近乎誣。使天下後世人盡信其說，其害有不可勝言者，是以不可不加闢也。」是似孫亦贊成孟子闢墨。馬端臨《文獻通考》卷二百十二〈經籍考〉三十九〈子‧墨家〉「《墨子》十五卷」條，其按語曰：「按夫子沒而異端起，老、莊、揚、墨、蘇、張、申、商之徒，各以其知舛馳，至孟子始辭而闢之。然觀七篇之書，所以距揚、墨者甚至，而闢略於餘子，何也？蓋老、莊、申、商、蘇、張之學，大概俱欲掊擊聖人，鄙堯、笑舜、陋禹，而自以其說勝。老、莊之蔑棄仁義禮法，生於憤世嫉邪，其語雖高虛可聽，而實不可行，料當時亦無人崇尚其說，故

鄒書略不及之。蘇、張之功利，申、商之刑名，大抵皆枉尋直尺，媚時取寵，雖可以自售，而鄉黨自好少知義者亦羞稱之。故孟子於二家之說，雖斥絕之，而猶未數數然者，正以其與吾儒旨趣本自冰炭薰蕕，遊於聖門之徒，未有不知其非者，固毋俟於辯析也。獨揚朱、墨翟之言，未嘗不本仁祖義，尚賢尊德，而擇之不精，語之不詳，其流遂至取於無父無君，正孔子所謂『似是而非』，明道先生所謂『淫聲美色，易以惑人者』，不容不深鋤而力辨之。高氏《子略》之言得之矣，而其說猶未暢，愚故備而言之。韓文公謂儒墨同是堯舜，同非桀紂，以爲其二家本相爲用，而咎末學之辯。嗚呼！孰知惟其似同而實異者，正所當辯乎！」是端臨暢論孟子闢揚、墨之故，既與高似孫同趨，亦足與直齋相發明也。

縱橫家類

鬼谷子三卷

《鬼谷子》三卷，館臣案：《唐書‧藝文志》作二卷。戰國時，蘇秦、張儀所師事者，號鬼谷先生，其地在潁川陽城，名氏不傳於世。

廣棪案：《郡齋讀書志》卷第十一〈縱橫家類〉著錄：「《鬼谷子》三卷。右鬼谷先生撰。按《史記》，戰國時隱居潁川陽城之鬼谷，因以自號。長於養性治身，蘇秦、張儀師之。」《解題》所述與之同。

此書〈漢志〉亦無有，〈隋〉、〈唐志〉始見之，〈唐志〉則直以為蘇秦撰。不可考也。

案：高似孫《子略》卷三「《鬼谷子》」條曰：「按劉向、班固錄書無《鬼谷子》，〈隋志〉始有之，列於〈縱橫家〉；〈唐志〉以為蘇秦之書。」與《解題》所述同。考《隋書》卷三十四〈志〉第二十九〈經籍〉三〈子〉著錄：「《鬼谷子》三卷，皇甫謐注。鬼谷子，周世隱於鬼谷。」《舊唐書》卷四十七〈志〉第二十七〈經籍〉下〈縱橫家類〉著錄：「《鬼谷子》二卷，蘇秦撰。」〈新唐志〉著錄同。

〈隋志〉有皇甫謐、樂壹二家注，今本稱陶弘景注。館臣案：徐廣曰：「潁川陽城有鬼谷。注其書者樂壹、皇甫謐、陶弘景、尹知章。」

案：〈隋志〉除著錄皇甫謐注外，又著錄：「《鬼谷子》三卷，樂一注。」〈舊唐志〉除著錄蘇秦撰《鬼谷子》二卷外，其下著錄：「又三卷，樂臺撰。又三卷，尹知章注。」〈新書志〉略同，惟兩〈唐志〉著錄之「樂臺」，均應為「樂壹」又謂「樂臺撰」，亦誤。考《玉海》卷第五十三〈藝文‧諸子〉「《鬼谷子》」條載：「《中興書目》：『三卷，周時高士，無鄉里、族姓、名字，以其所隱，自號鬼谷先生。蘇秦、張儀事之，授以〈捭闔〉，下至〈符言〉等十有二篇，及〈轉圓〉、〈本經〉、〈持樞〉、〈中經〉等篇，亦以告儀、秦者也。《揚子》曰：『儀、秦學乎鬼谷術。』一本始末皆晉陶弘景注，一本〈捭闔〉、〈反應〉、〈內揵〉、〈抵巇〉四篇，不詳何人訓釋；中、下二卷，與弘景所注同。有〈飛鉗〉、〈揣摩〉之篇。』」是則《解題》所謂「今本稱陶景弘注」者，即與《中興館閣書目》所言「一本始末皆晉陶弘景注」同也。

農家類

農家者流，本於農稷之官，勤_{廣梭案：《漢書‧藝文志》作「勸」。}**耕桑以足衣食。**

> 廣梭案：《漢書》卷三十〈藝文志〉第十〈諸子略〉曰：「農家者流，蓋出於農稷之官。播百穀，勸耕桑，以足衣食，故八政：一曰食，二曰貨。孔子曰：『所重民食。』此其所長也。」《解題》所述據〈漢志〉。

神農之言，許行學之。

> 案：〈漢志〉著錄《神農》二十篇。《孟子‧滕文公》上載：「有為神農之言者許行，自楚之滕，踵門而告文公曰。」此乃《解題》所本。

漢世《野老》之書，不傳於後。

> 案：〈漢志〉著錄：「《野老》十七篇。_{六國時，在齊、楚間。師古曰：『年老居田野，相民耕種，故號野老。』}」考《野老》之書，〈隋志〉已不著錄，是不傳於後矣。

而〈唐志〉著錄，雜以歲時、月令及相牛馬諸書，是猶薄有關於農者。

> 案：《舊唐書》卷四十七〈志〉第二十七〈經籍〉下〈農家類〉著錄有崔寔撰《四人月令》一卷、伯樂撰《相馬經》一卷、諸葛穎等撰《相馬經》一卷、甯戚撰《相牛經》一卷。《新唐書》卷五十九〈志〉第四十九〈藝文〉三〈農家類〉著錄有崔寔《四民月令》一卷、宗懍《荊楚歲時記》一卷、杜公瞻《荊楚歲時記》二卷、王氏《四時錄》十二卷、《相馬經》三卷、伯樂《相馬經》一卷、徐成等《相馬經》二卷、諸葛穎《相馬經》六十卷、甯戚《相牛經》一卷、薛登《四時記》二十卷、裴澄《乘輿月令》十二卷、王涯《月令圖》一軸、李綽《秦中歲時記》一卷、韋行規《保生月錄》一卷、韓鄂《四時纂要》五卷。斯皆《解題》所謂「猶薄有關於農者」也。

至於錢譜、相貝、鷹、鶴之屬，於農何與焉？今既各從其類。

> 案：《舊唐書》著錄顧烜《錢譜》一卷、浮丘公《相鶴經》一卷、堯須跋《鷙擊錄》二十卷、《鷹經》一卷、《相貝經》一卷。〈新唐志〉著錄同。斯皆《解題》所謂「於農何與」者。考《解題》著錄有光祿少卿孫建《集馬相書》一卷、浮邱公《相鶴經》一卷，不知作者《相貝經》一卷，惟皆歸〈子錄‧形法類〉，而不歸〈農家類〉。

而花果栽植之事，猶以農圃一體，附見於此，其實則浮末之病本者也。

案：《解題・農家類》著錄花果栽植之書，凡二十四種，斯皆直齋所謂「浮末之病本者」也。

齊民要術十卷

《齊民要術》十卷，後魏高陽太守賈思勰撰。起自耕農，終於醯醢。資生之業，靡不畢書，凡九十三篇。廣棪案：思勰〈序〉作「凡九十二篇」。《郡齋讀書志》同。

廣棪案：思勰，《魏書》無傳，始末未詳。賈氏〈序〉有云：「今采捃經傳，爰及歌謠，詢之老成，驗之行事，起自耕農，終於醯醢，資生之業，靡不畢書，號曰《齊民要術》。凡九十二篇，分為十卷。……後魏高陽太守賈思勰撰。」斯乃《解題》述說之據依。《解題》作「凡九十三篇」，殆筆誤。

其曰「治生之道，不仕則農」，蓋名言也。

案：此書卷端〈雜說〉篇，開首即曰：「夫治生之道，不仕則農。若昧於田疇，則多匱乏。」《解題》所言本此。

山居要術三卷

《山居要術》三卷，稱王旼撰。《館閣書目》作王旻。皆莫知何時人也。

廣棪案：《崇文總目》卷三〈農家類〉著錄：「《山居要術》三卷，王旼撰。」錢東垣輯釋本。《四庫闕書目・農家類》著錄：「王旻《山居要術》三卷。」徐松編輯本。《中興館閣書目・子部・儒家》著錄：「《山居要術》三卷，王旻撰。《書錄解題》十。」趙士煒輯考本。《宋史》卷二百五〈志〉第一百五十八〈藝文〉四〈農家類〉著錄：「王旻《山居要術》三卷，又《山居雜要》三卷、《山居種蒔要術》一卷。」是王旼所著作，實不止此書。旼、旻，音同而義不同。《四庫闕書目》等均作「旻」，《崇文總目》與《解題》作「旼」，未知孰是。

四時纂要五卷

《四時纂要》五卷，館臣案：《宋史・藝文志》作十卷。唐韓諤撰。雖曰歲時之書，然皆為農事也。

廣棪案：《新唐書》卷五十九〈志〉第四十九〈藝文〉三〈農家類〉著錄：「韓鄂《四時纂要》五卷。」《解題》著錄卷數與之同。此書惟〈宋志〉著錄作十卷，疑有誤，否則乃分卷有所不同。《玉海》卷第十二〈律曆‧時令〉「唐《四時纂要》」條載：「《中興書目》：『《崇文目‧歲時類》鄂采諸家農書，紀風雲之候，錄種殖之法，下及方書、蓄產之事皆載。天禧中，頒其書於諸道。鄂〈自序〉曰：『遍閱群書，《爾雅》則言其土產，〈月令〉則序彼時宜，采氾勝種蓺之書，二卷。（掇）崔寔試穀之法，《四人月令》一卷。韋氏《月錄》傷於簡缺，《齊民要術》弊在迂疏。韋行規《保生月錄》一卷，賈思勰《要術》十卷。』』《郡齋讀書志》卷第十三〈農家類〉著錄：「《四時纂要》五卷。右唐韓諤撰。諤遍閱農書，取《廣雅》、《爾雅》定土產，取〈月令〉、〈家令〉敘時宜，采氾勝種樹之書，掇崔寔試穀之法，兼刪韋氏《月錄》，《齊民要術》，編成五卷。」皆可參證。至諤之名，或作鄂。孫猛《郡齋讀書志校證》云：「韓諤，〈新唐志〉卷三〈農家類〉、《崇文總目》卷二〈史部‧歲時類〉、《玉海》卷十二引《中興書目》、〈宋志〉卷四俱作韓鄂。《書錄解題》卷十同《讀書志》。《讀書志》另有《歲華紀麗》四卷，撰者當是同一人，《四庫總目》卷三二七〈類書類存目〉一《歲華紀麗》條謂：『考《唐書‧宰相世系表》載韓休之弟殿中丞倩，倩之子河南兵曹參軍滌，鄂乃滌之曾孫也。』《四庫提要辨證》卷十六云：『《唐書‧宰相世系表》河南兵曹參軍滌之曾孫名鍔，不名鄂。其名鄂者，韓休第三子邢州長史洪之曾孫也。』又云：『是其人是否名鄂不可知。』」考《新唐書》卷七十三上〈表〉第十三上〈宰相世系〉三上載：「寮，秋浦令。子四人：邨、鄂、都、邢、邨。」是鄂乃秋浦令韓寮次子。

蠶書二卷

《蠶書》二卷，<small>館臣案：《宋史‧藝文志》作三卷。</small>孫光憲撰。

廣棪案：《宋史》卷二百五〈志〉第一百五十八〈藝文〉四〈農家類〉著錄：「孫光憲《蠶書》三卷。」卷數與《解題》不同。《宋史》卷四百八十三〈列傳〉第二百四十二〈世家〉六載：「孫光憲字孟文，陵州貴平人。……光憲博通經史，尤勤學，聚書數千卷，或自抄寫，孜孜讎校，老而不廢。好著譔，自號葆光子，所著《荊臺集》三十卷、《鞏湖編玩》三卷、《筆傭集》三卷、《橘齋集》三卷、《北夢瑣言》三十卷、《蠶書》三卷。」是光憲本傳所著錄《蠶書》亦作二卷，〈宋志〉作三卷誤也。

光憲事跡，見〈小說類〉。

案：《解題》卷十一〈小說家類〉著錄：「《北夢瑣言》三十卷，黃州刺史陵井孫光憲孟文撰。載唐末、五代及諸國雜事。光憲仕荊南高從誨，三世在幕府。『北夢』者，言在夢澤之北也。後隨繼沖入朝，有薦於太祖者，將用爲學士，未及而卒。光憲自號葆光子。」是光憲事跡，見《解題》「《北夢瑣言》三十卷」條。然《宋史》光憲本傳載：「孫光憲字孟文，陵州貴平人。世業農畝，惟光憲少好學。游荊渚，高從誨見而重之，署爲從事。歷保融及繼沖三世，皆在幕府，累官至檢校秘書監兼御史大夫，賜金紫。慕容延釗等救朗州之亂，假道荊南，繼沖開門納延釗，光憲乃勸繼沖獻三州之地。太祖聞之甚悅，授光憲黃州刺史，賜賚加等。在郡亦有治聲。乾德六年，卒。時宰相有薦光憲爲學士者，未及召，會卒。」所記事跡較《解題》翔實，足資參證。

秦少游蠶書一卷

《秦少游蠶書》一卷，_{廣棪案：盧校注：「館本此下增《秦少游蠶書》一條，云據《通攷》補入。按《通攷》此條并無『陳氏曰』三字，且標題已與此書不類，其云『見少游《淮海集》第六卷』，即此一句，更見非陳氏所登，陳氏未嘗分一書另見也。」}見少游《淮海集》第六卷。〈序〉略曰：「予閒居，婦善蠶，從婦論蠶，作《蠶書》。考之〈禹貢〉，揚、梁、幽、雍不貢繭物，兗篚織文，徐篚玄纖縞，荊篚玄纁璣組，豫篚纖纊；青篚厴絲，皆繭物也。而桑土既蠶，獨言於兗，然則九州蠶事，兗爲最乎？予游濟、河之間，見蠶者豫事時作，一婦不蠶，比屋詈之。故知兗人可爲蠶師。今予所書，有與吳中蠶家不同者，皆得之兗人也。」_{館臣案：此條《文獻通考》引陳氏之言。原本脫，今補入。}

廣棪案：此條乃《四庫》館臣據《文獻通考》補入，然《通考》此條並未注明「陳氏曰」，其標題及著錄體式亦與《解題》不類，且開端處有「見少游《淮海集》第六卷」一句，更顯知非直齋所記錄，直齋未嘗分一書另見。故盧氏所校注甚是。今考宋乾道癸巳高郵軍學刻《淮海集・後集》卷第六〈雜文〉有《蠶書》，館臣補入此條謂「見少游《淮海集》第六卷」，脫「《後集》」三字。《淮海集・後集》卷第六所載《蠶書》，下分〈種變〉、〈時食〉、〈制居〉、〈化治〉、〈錢眼〉、〈鎖星〉、〈添梯〉、〈車〉、〈禱神〉、〈戎治〉，凡十條。前有〈序〉，與此條所記全同。然此書《中興館閣書目・子部・農家》著錄：「《蠶書》一卷，_{南唐秦處度撰。}」趙士煒輯考本。《宋史》卷二百五〈志〉第一百五十八〈藝文〉四〈農

家類〉著錄:「秦處度《蠶書》一卷。」《四庫全書總目》卷一百二〈子部〉十二〈農家類〉「《農書》三卷附《蠶書》一卷」條曰:「此書影宋鈔本,題曰陳旉撰。……書末有《蠶書》一卷,宋秦湛撰。湛字處度,高郵人,秦觀之子也。所言蠶事頗詳。〈宋志〉與旉書各著錄,不知何人綴旉書後,合爲一編。其說與旉書下篇可以互相補苴,今亦仍並錄之焉。」是《中興館閣書目》等均以此書爲秦處度撰。惟王應麟《困學紀聞》卷二十〈雜識〉曰:「《館閣書目》:『《蠶書》一卷,南唐秦處度撰。以九州蠶事,獨兗州爲最。』按《蠶書》見秦少游《淮海後集》。少游子湛字處度。以爲南唐人,誤矣。」又今人徐培均《淮海集箋注》曰:「《秦譜》元豐六年案曰:『先生《蠶書》云云……。先生自高郵至汴,必經兗境,此當自京師歸,閒居所作。』案《宋史·藝文志》卷四云:『秦處度,《蠶書》一卷。』《宋元學案補遺》卷九九引王深寧(應麟)曰:『《館閣書目》:「《蠶書》一卷,南唐秦處度撰,以九州蠶事,獨兗州爲最。」按《蠶書》見秦少游《淮海集》。少游子湛,字處度,以爲南唐人,誤矣。』據少游《田居四首》之二云:『入夏桑柘稠,陰陰翳虛落。新麥已登場,餘蠶猶占箔。……冢婦餉初還,丁男耘有託。』可見其家嘗飼蠶,其婦能勞動,與本篇『婦善蠶』合。《蠶書》云:『予游濟、河之間。』考少游元豐元年曾攜李公擇書訪蘇軾於徐州,後入京應試,必經兗境而『游濟,河之間』,則《蠶書》之作,以少游爲宜矣。此書約作於元豐間。」是此書應爲秦觀撰。王毓瑚《中國農學書錄》著錄:「《蠶書》一卷,《宋史·藝文志·農家類》著錄,撰人作秦處度。《直齋書錄解題》中有秦少游《蠶書》一卷。按:秦少游名觀,高郵人,卒於元符末年,平生事蹟見《宋史·文苑傳》。秦處度名湛,是秦觀的兒子。《四庫全書總目提要》也認爲本書的作者是處度。近人余嘉錫《四庫提要辨證》引《困學紀聞》,指出〈宋志〉以撰人爲處度是根據《中興館閣書目》。但《直齋書錄解題》的作者陳振孫和《困學紀聞》的作者王應麟都是南宋時人,他們所見的秦少游的《淮海集》裡面就是有《蠶書》在內,可知本書確是出於少游之手。《館閣書目》把本書的作者認作處度,也就如同它把處度認作五代時南唐的人一樣,是錯誤的。書的內容分爲〈變種〉、〈時食〉、〈制居〉、〈化治〉、〈錢眼〉、〈瑣星〉、〈添梯〉、〈車〉、〈禱神〉、〈戎治〉等十目,敘述可稱簡明。作者說:書中所記的是兗州人的方法,可能與吳地的蠶家有所不同,這就說明他的著作是根據的直接觀察,文字雖然簡略,還是極有價值的。後世有《說郛》、《夷門廣牘》、《百陵學山》、《知不足齋叢書》、《龍威秘書》、《清照堂叢書》、《藝苑捃華》、《農學叢書》、《農薈》以及《叢書集成》等本。」徐、王二家之說,均以爲少游撰,可供參考。

禾譜五卷

《禾譜》五卷，宣德郎溫陵曾安止移忠撰。

> 廣棪案：《四庫闕書目·農家類》著錄：「曾安止《禾譜》五卷。」_{徐松編輯本。}
> 所著錄與《解題》同。《秘書省續編到四庫闕書目》卷二〈子類·農家〉著錄：
> 「曾安正《禾譜》一卷。輝按：〈宋志〉五卷，陳《錄》作曾安止，《遂初目》
> 作曾安上。」_{葉德輝考證本。}則著錄與《解題》異。考宋徐鹿卿〈清正公存稿〉
> 卷五有〈文谿曾氏五君圖贊並序〉云：「西昌曾肅溫夫，嘉祐進士。山谷宰邑，
> 以清高處士目之。有子四人：長_{安辭}長吉，三舉與大觀三年特奏名，闢室以居，
> 繪古逸士十人於壁，而徜徉其間，號十一居士。次安上移忠，熙寧中兩中第，
> 仕止彭澤令，號屠龍君，嘗著《禾譜》，東坡所爲作〈秧馬歌〉者。次嶧舜和，
> 元符二年進士，仕止清川丞，號青城山人。次_{安強}南夫，第元符三年一科，仕
> 止湖南常平使者，號秀溪居士。是爲文溪曾氏五君子。其曾孫待舉，繪爲圖，
> 求〈贊〉。〈贊〉曰：『超然一翁，四子儀之。孝友之風，見於鬚眉。窮不失義，
> 達不離道。問胡爲然？從吾所好。落落難合，皓皓易汙。歲晚松檜，獨不我
> 疏。父子一家，榘矱千古。勗我雲仍，祖乃厥祖。』」則移忠之名似作安上爲
> 合。惟蘇軾撰〈秧馬歌〉又稱「曾君安止」。止、正、上三字，字形相近，故
> 易混也。

東坡所爲賦〈秧馬歌〉也，謂《禾譜》文既溫雅，事亦詳實，惜其不譜農器，
故以歌附之。

> 案：《東坡全集》卷二十二有〈秧馬歌_{並引}〉曰：「過盧陵，見宣德郎致仕曾君
> 安止，出所作《禾譜》，文既溫雅，事亦詳實，惜其有所缺，不譜農器也。予昔
> 游武昌，見農夫皆騎快馬，以榆棗爲腹，欲其滑；以楸桐爲背，欲其輕。腹如
> 小舟，昂其首尾，背如覆瓦，以便兩髀雀躍于泥中。繫束藳其首以縛秧，日行
> 千畦，較之傴僂而作者，勞佚相絕矣。《史記》禹乘四載，泥行乘橇。解者曰：
> 『橇形如箕，摛行泥上。』豈秧馬之類乎？作〈秧馬歌〉一首，附于《禾譜》
> 之末云。『春雲濛濛雨淒淒，春秧欲老翠剡齊。嗟我婦子行水泥，朝分一壠暮千
> 畦。腰如箜篌首啄雞，筋煩骨殆聲酸嘶。我有桐馬手自提，頭尻軒昂腹脅低。
> 背如覆瓦去角圭，以我兩足爲四蹄。聳踊滑汰如鳧鶩，纖纖束藳亦可齎。何用
> 繁纓與月題，揭從畦東走畦西。山城欲閉聞鼓聲，忽作的盧躍檀溪。歸來挂壁
> 從高栖，了無芻秣饑不啼。少壯騎汝逮老羸，何曾蹶軼防顛擠。錦韉公子朝金
> 閨，笑我一生蹋牛犁，不知自有木駃騠。」《解題》殆據此。

安止，熙寧進士，嘗為彭澤令。

案：上引徐鹿卿〈文谿曾氏五君圖贊並序〉曰：「次安上移忠，熙寧中兩中第，仕止彭澤令，號屠龍君。」與《解題》同。

右丞黃履安中誌其墓。

案：履字安中，邵武人。《宋史》卷三百三十八〈列傳〉第八十七有傳，哲宗時拜尚書右丞。惜履誌墓之文已不可見矣。

農器譜三卷、續二卷

《農器譜》三卷、《續》二卷，耒陽令曾之謹撰。安止之姪孫也。追述東坡作歌之意為此編。周益公為之〈序〉。

廣棪案：周必大《文忠公集》卷五十四〈曾氏農器譜題辭〉云：「紹聖初元，蘇文忠公軾南遷，過太和，邑人宜德郎致仕曾公安止獻所著《禾譜》。文忠美其溫雅詳實，為作〈秧馬歌〉，又惜不譜農器。時曾公已喪明，不暇為也。後百餘年，其姪孫耒陽令之謹始續成之。凡耒耜、耨鑮、車扉、簑笠、銍刈、篠簣、杵臼、斗斛、釜甑、倉庾，厥類惟十，附以雜記，勒成三卷，皆考之經傳，參合令制，無不備者，是可補伯祖之書，成蘇公之志矣。」《解題》殆據益公〈題辭〉檃括，即直齋所謂〈序〉也。惟〈題辭〉僅謂「勒成三卷」，《宋史》卷二百五〈志〉第一百五十八〈藝文〉四〈農家類〉亦著錄：「曾之謹《農器譜》三卷。」則《續》二卷，益公亦未之見，或之謹續有所作也。另《文忠公集》卷五十有〈跋東坡秧馬歌〉，曰：「東坡蘇公年五十九南遷，過太和縣，作〈秧馬歌〉遺曾移忠，心聲心畫，惟意所適。如王湛騎難乘馬于羊腸蟻封之間，姿容既妙，回策如縈，無異乎康莊，是殆得意之作。既到嶺南，往往錄示邑宰。予家亦藏一本，然不若初本尤精。李璆道潤之語，庶幾得其髣髴。今傳三家，乃至嚴臨，猶幸不出一邑，所謂楚人亡弓，楚人得之也。近歲移忠姪孫之謹，已譜農器，成公素志，予嘗為之〈序〉。其與《禾譜》並傳無疑矣。璆字西美，宣和中書舍人。紹興四年守廬陵，此必當時所題也。嘉泰壬戌正月戊午。」可供參證。

陸務觀亦作詩題其後。

案：《劍南詩稿》卷六十七〈耒陽令曾君寄《禾譜》《農器譜》二書求詩〉云：「歐陽公譜西都花，蔡公亦記北苑茶。農功最大置不錄，如棄六藝崇百家。曾侯奮筆譜多稼，儋州讀罷深咨嗟。一篇〈秧馬〉傳海內，農器名數方萌芽。令君繼

之筆何健，古今一一辨等差。我今八十歸抱耒，兩編入手喜莫涯。神農之學未可廢，坐使末俗慚浮華。」《解題》殆記此。

農書三卷

《農書》三卷，稱西山隱居全真子陳旉撰。館臣案：《農書》係陳旉撰。原本誤作「雩」，今改正。　廣棪案：《文獻通考》作「陳雩」。未詳何人。其書曰〈田〉、曰〈牛〉、曰〈蠶〉。洪慶善為之〈後序〉。

廣棪案：《四庫全書總目》卷一百二〈子部〉十二〈農家類〉著錄：「《農書》三卷，附《蠶書》一卷，江蘇巡撫採進本。此書影宋鈔本，題曰陳旉撰。《宋史・藝文志》亦同。陳振孫《書錄解題》作『西山隱居全眞子陳雩撰。未詳何人。』《永樂大典》所載則作陳敷。考〈漢郊祀歌〉『朱明旉與』，顏師古註曰：『旉古敷字。』《永樂大典》蓋改古文從今文。陳氏作雩，則字形相近而誤也。首有〈自序〉，佚其前二頁。末有洪興祖〈後序〉及旉〈自跋〉。興祖〈序〉稱：『西山陳居士，於六經、諸子、百家之書，釋、老氏、黃帝、神農氏之學，貫穿出入，往往成誦。下至術數小道，亦精其能。平生讀書，不求仕進。所至即種藥、治圃以自給。』又稱其『紹興己巳年七十四』。則南北宋閒處士也。〈自跋〉稱：『此書成於紹興十九年，眞州雖曾刊行，而當時傳者失其眞，首尾顛倒，意義不貫者甚多。又爲或人不曉旨趣，妄自刪改，徒事緝章繪句，而理致乖越。故取家藏副本繕寫成帙，以待當世之君子採取以獻於上。』則興祖所刊之本，有所點竄，旉蓋不以爲然。其〈自序〉又稱：『此書非騰口空言，誇張盜名，如《齊民要術》、《四時纂要》迂疏不適用之比。』其自命殊高。今觀其書，上卷泛言農事，中卷論養牛，下卷論養蠶。大抵泛陳大要，引經史以證明之。虛論多而實事少，殊不及《齊民要術》之典核詳明。遽詆前人，殊不自量。然所言亦頗有入理者，宋人舊帙久無刊本，姑存備一家可也。」所考翔實，可補《解題》之未及。考《讀書附志》卷上〈農家類〉著錄：「《農書》三卷。右平江陳峻景文所述也。唐德宗因李泌之請，以二月朔爲中和節，令百官進農書以示務本，而其書不見於史。景文輯《六經》中所載農圃之事，參以田、牛、蠶、桑等爲此編，以補史記之闕。謝艮齋諤爲之〈序〉。」《讀書附志》著錄此事，其書名、卷數雖與《解題》相同，然撰人不同，應非同屬一書。

耕桑治生要備二卷

《耕桑治生要備》二卷，左宣教郎、通判橫州何先覺撰。紹興癸酉序。

　　廣棪案：王毓瑚《中國農學書錄》載：「《耕桑治生要備》二卷，《文獻通考‧經籍考‧農家類》著錄。據《書錄解題》，撰人是宣教郎、通判橫州何先覺。書前有〈序〉，題紹興癸酉（1153），本書當是作於南宋初年。作者的生平全不可考，書也沒有流傳。」考《宋元學案補遺》卷二〈別附〉載：「何先覺，字民師，桂陽人。建炎二年進士，紹興中累知橫州，弭盜除姦，勸農訓士，立孔子行教石於縣學。改知連州，治行尤著，民愛之如父母。」是先覺生平仍有可考者。

耕織圖一卷

《耕織圖》一卷，於潛令鄞樓璹壽玉撰。廣棪案：《文獻通考》脫「壽」字。

　　廣棪案：《宋史》卷二百五〈志〉第一百五十八〈藝文〉四〈農家類〉著錄：「樓璹《耕織圖》一卷。」與此同。璹，《宋史翼》卷二十〈列傳〉第二十〈循吏〉三有傳，略謂：「樓璹字壽玉，一字國器。异之子，以父任得官，佐婺州幕。……除知於潛縣，篤意民事，為《耕》、《織》二圖。耕自浸種以至入倉，凡二十一事；織自浴蠶以至翦帛，凡二十四事。事為之圖，繫以五言詩各一章，章八句。雖四方習俗間有不同，其大略不外乎此。」《四庫全書總目》卷一百二〈子部〉十二〈農家類〉著錄：「《耕織圖詩》，無卷數，湖江巡撫採進本。宋樓璹撰。鄞縣人。鑰之伯父也。《文獻通考》載是書，引陳氏之言曰：『於潛令鄞樓壽玉撰』。今檢《永樂大典》所載陳振孫《書錄解題》，乃作『於潛令鄞樓璹壽玉撰。』是壽玉乃璹之字，刊《通考》者誤落一『璹』字也。此本後有嘉定庚午璹孫洪〈跋〉。又有作霖〈跋〉，不著其姓，謂公孫洪〈跋語〉，未載公名，引樓鑰〈後序〉及宋濂〈題耕織圖後〉，以證此書為璹所作。蓋作霖併未見《通考》耳。璹原書凡《耕圖》二十一，《織圖》二十四，各系以詩。今內府所藏畫本尚在，業經御題勒石。此本僅存詩三十五首，不載其圖，蓋非原本矣。」均足資參證。

攻媿參政之伯父也。

　　案：攻媿參政即樓鑰。鑰，《宋史》卷三百九十五〈列傳〉第一百五十四有傳，寧宗時進參知政事。所撰《攻媿集》卷七十六有〈跋揚州伯父耕織圖〉云：「周家以農事開基，〈生民〉之尊祖，〈思文〉之配天。后稷以來，世守其業。〈公劉〉之厚於民，〈太王〉之于疆于理，以致文、武、成、康之盛。周公〈無逸〉

之書，切切然欲君子知稼穡之艱難。至〈七月〉之陳王業，則又首言授衣，與夫無衣無褐，何以卒歲。條桑載績，又兼女工而言之。是知農桑爲天下之本，孟子備陳王道之始，由於黎民不飢不寒，而百畝之田，牆下之桑，言之至於再三。而天子三推，皇后親蠶，遂爲萬世法。高宗皇帝身濟大業，紹開中興，出入兵閒，勤勞百爲，櫛風沐雨，備知民瘼，尤以百姓之心爲心，未遑他務。下重農之詔，躬耕緒之勤。伯父時爲臨安於潛令，篤意民事，慨念農夫、蠶婦之作苦，究訪始末，爲《耕》、《織》二圖。耕自浸種以至入倉，凡二十一事；織自浴蠶以至剪帛，凡二十四事。事爲之圖，繫以五言詩一章，章八句。農桑之務，曲盡情狀，雖四方習俗間有不同、其大略不外於此，見者固已韙之。未幾，朝廷遣使循行郡邑，以課最聞。尋又有近臣之薦，賜對之日，遂以進呈。即蒙玉音嘉獎，宣示後宮，書姓名屛間。初除行在審計司，後歷廣閩舶使，漕湖北、湖南、淮東，攝長沙，帥維揚，麾節十有餘載，所至多著聲績，實基於此。晚而退閒，斥俸餘以爲義莊，宗黨被賜者近五紀，則其居官時惠利之及民者多矣。孫洪、深等慮其久而湮沒，欲以詩刊諸石，鑰爲之書丹，庶以傳永久云。嗚呼！士大夫飽食煖衣，猶有不知耕織者，而況萬乘主乎！累朝仁厚，撫民最深，恐亦未必盡知幽隱。此圖此詩，誠爲有補於世。夫霑體塗足，農之勞至矣，而粟不飽其腹；蠶繰織紝，女之勞至矣，而衣不蔽其身；使盡如二圖之詳，勞非敢憚，又必無兵革力役以奪其時，無汙吏暴胥以肆其毒。人事既盡，而天時不可必旱潦，螟螣既有以害吾之農夫，桑遭雨而葉不可食，蠶有變而壞於垂成，此實斯民之困苦，上之人尤不可以不知，此又圖之所不能述也。伯父諱从玉从壽，字壽玉，一字國器，官至朝議大夫。」讀此〈跋〉，可藉悉此書撰作之目的及其背景。

竹譜一卷

《竹譜》一卷，_{館臣案：《宋史·藝文志》作三卷。}**武昌戴凱之慶預撰。皆四字語。**廣棪案：《郡齋讀書志》卷第十二〈農家類〉著錄：「《竹譜》一卷。右戴凱之撰。凱之字慶預，武昌人。裒輯竹事，四字一讀，有韻，類賦頌。李邯鄲云：『未詳何代人。』」孫猛《郡齋讀書志校證》曰：「按《竹譜》一卷，始載〈隋志〉卷二《史部·譜系類》，不著撰人，兩〈唐志〉入〈農家類〉，始題戴凱之撰，皆不明時代。至左圭《百川學海》收入，題作晉人，之後多沿左氏之說。據姚振宗《隋書經籍志考證》卷二十二、陳直《古籍述聞》（《文史》第三輯）、胡立初

《齊民要術引用書目考證》，戴氏當爲劉宋人。」考《宋書》卷八十四〈列傳〉第四十四〈鄧琬〉載：「鄧琬字元琬，豫章南昌人也。……時齊王率眾東北征討，而齊王世子爲南康贛令，琬遣使收世子。……琬遣武昌戴凱之爲南康相，世子率眾攻之，凱之戰敗遁走。」是凱之寶南朝劉宋人。

筍譜一卷

《筍譜》一卷，_{廣棪案：《郡齋讀書志》作三卷、《文獻通考》作二卷。}**僧贊甯撰。**_{館臣案：晁公武《讀書志》作「僧惠崇撰」。}

廣棪案：《崇文總目》卷三〈小說類〉下著錄：「《筍譜》一卷，釋贊甯撰。」_{錢東垣輯釋本。}與此同。惟《郡齋讀書志》卷第十三〈農家類〉則著錄：「《筍譜》三卷。右皇朝僧惠崇撰。」其所載卷數與撰人均與《解題》不同。考王毓瑚《中國農學書錄》「《筍譜》一卷」條著錄：「《宋史·藝文志·農家類》著錄，題僧贊甯撰。贊甯俗姓高，德清人，卒於宋太宗至道二年。書凡五目，其中『一之名』部除列舉筍的別名之外，並記載栽培的方法。『二之出』部所記筍的品種只九十八。『三之食』部記述調治、保藏的方法，也都有參考價值。後世有《百川學海》、《說郛》、《山居雜志》、《唐宋叢書》等本。晁公武《郡齋讀書志·後志·農家類》有《筍譜》三卷，題『皇朝僧惠崇撰』，《文獻通考》據以著錄，但卷數是『二』，此外又指出陳氏《書錄解題》以作者爲贊甯。按：贊甯和惠崇都是宋初很有文學修養的僧人，難怪後人弄錯。此書最早見於《崇文總目》，而《總目》是作贊甯，似乎應認爲更可靠些。」孫猛《郡齋讀書志校證》亦曰：「『《筍譜》三卷』，臥雲本，〈經籍考〉卷四十五作二卷。按今本作一卷（如《百川學海》本）或二卷（如《唐宋叢書》本）。」又曰：「『惠崇』，按當作贊甯。《崇文總目》卷三〈小說類〉下、《書錄解題》卷十、〈宋志〉卷四、晁載之《續談助》以及今存諸本俱題僧贊甯，且書中云『愚著《物類相感志》』，《物類相感志》載《讀書志》卷十二〈雜家類〉，題僧贊甯，則是贊甯而非惠崇明矣。王得臣《麈史》卷中云：贊甯《筍譜》『掎摭古人詩詠，自梁元帝至唐楊師道皆詩中言及筍者，惟孟蜀時學士徐光溥等三人絕句，亦可謂勤篤，然未盡也。』」是此書應爲贊甯撰，《郡齋讀書志》作惠崇，誤矣。至卷數則有一、二、三卷之別，疑分卷有所不同矣。贊甯，《新續高僧傳》四集卷六十有傳。

夢溪忘懷錄三卷

《夢溪忘懷錄》三卷，沈括存中撰。自稱夢溪丈人。_{廣棪案：《文獻通考》闕「沈}
_{括存中撰。自稱夢溪丈人」凡十一字。}括坐永樂事閒廢。晚歲乃以光祿卿分司卜居
京口之夢溪，有水竹山林之適。少有《懷山錄》，可資居山之樂者輒記之，自
謂今可忘于懷矣，故名《忘懷錄》。

> 廣棪案：《郡齋藝文志》卷第十二〈農家類〉著錄：「《忘懷錄》三卷。右皇朝元
> 豐中夢溪丈人撰。所集皆飲食器用之式、種藝之方，可以資山居之樂者。或曰
> 沈括也。」所記即此書。《宋史》卷三百五〈志〉第一百五十八〈藝文〉四〈農
> 家類〉著錄：「沈括《志懷錄》三卷。」「志」字乃「忘」字形近之誤。《郡齋讀
> 書志校證》曰：「《忘懷錄》三卷，按是書著錄《解題》卷十題作《夢溪忘懷錄》
> 三卷，《遂初堂書目·農家類》作《山居忘懷錄》，〈宋志〉卷四作《志懷錄》，「志」
> 當「忘」之誤，《文淵閣書目》卷八〈荒〉字第一櫥有二部，題《忘懷錄》，各
> 一冊，均闕。是明時尚存。胡道靜輯得三十五條，題〈夢溪忘懷錄鉤沉〉，并著
> 文〈沈括的農學著作夢溪忘懷錄〉，載《文史》第三輯。」又曰：「『元豐中夢溪
> 丈人』，袁本，舊鈔本『溪』作『上』誤。又，此書乃沈括隱居潤州夢溪後撰，
> 夢溪丈人即得名於所築夢溪園，園建於元祐元年，故此『元豐』當『元祐』之
> 誤，參見胡道靜所著文章。」《中國農學書錄》「《夢溪忘懷錄》（《忘懷錄》）三
> 卷」條載：「晁公武《郡齋讀書志·農家類》有《忘懷錄》三卷，元豐中夢上丈
> 人撰，姓名不詳。《直齋書錄解題》肯定為沈括所作，書的全名作《夢溪忘懷錄》。
> 據說作者早年寫過一部《懷山錄》，凡是有關居山的一切事物，隨時記錄下來。
> 晚年定居在京口附近的夢溪，『自謂今可忘於懷矣』，就把書名改為『《忘懷錄》』。
> 《宋史·藝文志》著錄就是作沈括《忘懷錄》，《遂初堂書目·農家類》有一種
> 《山居忘懷錄》，好像也就是此書。按：沈括字存中，錢唐人，寄籍吳縣，《宋
> 史·沈邁傳》後面有他的附傳。他的學識非常淵博，是著名的《夢溪筆談》的
> 作者。本書是他遣興之作，據晁公武說，『所集皆飲食器用之式、種藝之方，可
> 以資山居之樂者』，但因他是個具有科學頭腦的人，即使是這樣的隨筆漫記，也
> 必很有價值。明俞貞木《種樹書》中〈種竹篇〉說，『《夢溪忘懷錄》之法尤妙』，
> 那大約就是本書所記『種藝之方』的一項。《文獻通考》列之於〈小說家類〉，
> 也許是根據書的體裁。」均足資參證。括之生平事迹，見《宋史》卷三百三十
> 一〈列傳〉第九十附〈沈邁傳〉，謂「括博學善文，於天文、方志、律曆、音樂、
> 醫藥、卜算，無所不通，皆有所論著」。所惜其少作《懷山錄》一書已散佚。

越中牡丹花品二卷

《越中牡丹花品》_{廣棪案：《文獻通考》闕「品」字。}二卷，僧仲休撰。其〈序〉言：「越之所好尚惟牡丹，其絕處者三十二種，始乎郡齋，豪家名族，梵字道宮，池臺水榭，植之無間。來賞花者，不問親疏，謂之看花局。澤國此月多有輕雲微雨，謂之養花天。里語曰：『彈琴種花，陪酒陪歌。』」末稱：「丙戌歲八月十五日移花日序。」丙戌者，當是雍熙三年也。越在國初繁富如此，殆不減洛中。今民貧至骨，種花之風遂絕。何今昔之異耶？其故有二：一者鏡湖為田，歲多不登；二者和買土_{廣棪案：盧校本「土」為「白」字。}著，數倍常賦。勢不得不貧也。

廣棪案：《崇文總目》卷三〈小說類〉下著錄：「《花品》一卷，釋仲休撰。」_{錢東垣輯釋本。}雖書名、卷數有所不同，與《解題》著錄者應同屬一書。王毓瑚《中國農學書錄》著錄：「《越中牡丹花品》（《牡丹花品、花品、花品記》）一卷，《崇文總目・小說類》有僧仲休的《花品》一卷，《通志・藝文略・食貨類・種藝門》於《花品》之外，又有《牡丹花品》一卷，兩書的撰人都是僧仲林。《宋史・藝文志》則〈農家類〉有《花品記》，〈小說家類〉有《花品》，都是一卷，又都是僧仲林的作品。而陳氏《書錄解題・農家類》又有《越中牡丹花品》一卷，撰人作僧仲休。《通考・經籍考》據《書錄解題》著錄，但書名沒有『品』字，撰人又作僧仲林。從以上這些著錄推考起來，似乎可以得出這樣一個假說，這就是：實際上只是一部書，書的全名是『《越中牡丹花品》』，《直齋書錄》所引此書的原〈序〉說，『越之所好尚惟牡丹』，可以為證。著錄者有的漏掉『越中』兩字，又因宋人習呼牡丹為『花』，所以又有的更略去『牡丹』二字，更有人又在『花品』下面隨意加一『記』字，也是傳錄時常有的事。至於《通考》著錄短少『品』字，恐是傳刻時偶然脫字。各家著錄都作一卷，也是題名雖異，書只一部的一個證明。至於書的作者，則仲休、仲林都有可能；二字形近，不能斷定何者為正，但二者必有一是。總之，今天所見的《崇文總目》是不完整的，陳氏《書錄解題》也是久佚之後從《永樂大典》上重輯起來的，難保沒有訛誤。《通志》的著錄一般是不很精確，《宋史・藝文志》更是有名的『蕪雜多訛』，因此造成這種混亂，原不足怪。從《書錄解題》所引書的原〈序〉得知，書中記述了牡丹之絕麗者三十二種。〈序〉作於丙戌歲，那是宋太宗雍熙三年（986）。《說郛》目錄有《越中牡丹記》一種，撰人作僧仲殊，但有目無書，顯然就是此書，但書名和撰人都是錯的。

原書已看不到。」可供參考。《宋詩紀事》卷九十一有仲休詩,載:「仲休一
作仲林,越僧,李文靖公以名上,賜號海慧大師。有《天衣十峰詠》,錢易爲
〈序〉。」是仲休、仲林,實屬一人也。

牡丹譜一卷

《牡丹譜》一卷,歐陽修撰。少年爲河南從事,遂爲此《譜》。

    廣棪案:《郡齋讀書志》卷第十二〈農家類〉著錄:「《牡丹譜》一卷。右皇朝歐
    陽修撰。修初調洛陽從事,見其俗重牡丹,因著花品,凡三篇。」可相參證。
    修,《宋史》卷三百一十九〈列傳〉第七十八有傳,惟闕記修爲河南從事。

蔡君謨書之,盛行於世。

    案:君謨,蔡襄字。襄工於書,《宋史》卷三百二十〈列傳〉第七十九有傳。其
    傳載:「蔡襄字君謨,興化仙遊人。舉進士,爲西京留守推宮、館閣校勘。范仲
    淹以言事去國,余靖論救之,尹洙請與同貶,歐陽脩移書責司諫高若訥,由是
    三人者皆坐譴。襄作《四賢一不肖詩》,都人士爭相傳寫,鬻書者市之,得厚利。
    契丹使適至,買以歸,張於幽州館。慶曆三年,仁宗更用輔相,親擢靖、脩及
    王素爲諫官,襄又以詩賀,三人列薦之,帝亦命襄知諫院。」可悉蔡、歐二人
    情誼。

冀王宮花品一卷

《冀王宮花品》一卷,題景祐元年滄州觀察使記。以五十種分爲三等九品,
而「潛溪緋」、「平頭紫」居正一品,「姚黃」反居其次,不可曉也。

    廣棪案:《秘書省續編到四庫闕書目》卷二〈子類・農家〉著錄:《□王宮牡
    丹品》第一卷,闕。輝按:陳《錄》有《冀王宮花品》一卷,言牡丹品次,
    即此書。」葉德輝考證本。二者應屬同一書。《中國農學書錄》著錄:「《冀王宮
    花品》一卷,《文獻通考・經籍考・農家類》著錄。據陳氏《書錄解題》,本
    書題『景祐元年(1034)滄州觀察使記』,沒有作者的姓名。《書錄解題》又
    說,書中所記的花共五十種,分爲三等九品,而『潛溪緋』、『平頭紫』爲正
    一品,『姚黃』反居其次,可知這也是一種品花性質的牡丹譜。『冀王宮』好
    像說的是冀王的宮苑,書中所記的也就是宮苑中的牡丹。按宋太祖次子德昭

的一個兒子惟吉，仁宗明道二年進封為冀王，那恰是景祐元年的前一年，此書也許是惟吉的某一個兒子寫的，因為親貴的身份，所以不題姓名，只稱官號。而且這個官也並非實職，因此不能認為所記的花真地生長在滄州。」可供參考。考《宋史》卷二百四十四〈列傳〉第三〈宗室〉一〈燕王德昭〉載德昭之子「惟吉好學，善屬文。……雅善草隸飛白，真宗次為七卷，御製〈序〉，命藏祕府。其子守節以父所書《真草千文》以獻，詔書褒答，仍付史館。追贈太尉，明道二年封冀王。」是惟吉於仁宗明道二年（1033）封冀王，此書題《冀王宮花品》，應指惟吉所居宮苑也。景祐元年（1034）即明道二年之翌年，事迹正相接。滄州觀察使乃贈職，據《宋史》，惟吉有子六人，除上引守節外，尚有守約、守異、守度、守廉、守康。而守度即曾被「贈廣州觀察使」。惟未悉被贈滄州觀察使者為誰人耳？意惟吉子任滄州觀察使者撰此書。

吳中花品一卷

《吳中花品》一卷，慶曆乙酉趙郡李英述。皆出洛陽花品之外者，以今日吳中論之，雖曰植花，未能如永平之盛也。

　　廣棪案：明陳第《世善堂藏書目錄》卷下〈各家〉六著錄：「《吳中花品》一卷，李英。」則此書明代尚存。慶曆乙酉，乃仁宗慶曆五年（1045）。李英，《宋史翼》卷三十〈列傳〉第三十〈忠義〉一有傳，曰：「李英字子厚，高要人，天聖中同學究出身。初仕象州司理參軍，轉博羅簿用，辟薦歷橫州、白州、欽州推官，所至以廉能稱。熙寧中，欽州守臣謀啟釁，交人攻城，陷之。英以死守，一家殲于刃者十有三人。《明統志》云：『儂寇之難。』神宗聞而悼之，贈比部郎中，詔錄其季子忠為班行，從弟表為三班。忠乃招魂，葬之於祿村，建祠祀之，號比部廟，祀於鄉賢。《黃志》。」是英殆高要人，《解題》稱「趙郡李英」者，乃舉其郡望。王毓瑚《中國農學書錄》著錄：「《吳中花品》一卷，《文獻通考・經籍考・農家類》著錄。據陳氏《書錄解題》，書是仁宗慶曆乙酉（1045）趙郡李英作的，書中所記，『皆出洛陽花品之外者』，當然是以吳中所產的為限。這也說明當時吳地有此牡丹的品種，是洛陽所沒有的。作者的生平全無可考，本書也不見於《宋史・藝文志》，最後的著錄是明陳氏《世善堂藏書目錄》。明末杭州宛委山堂重刊本《說郛》裡有目無書，當是失傳。」可供參考。然毓瑚謂「作者的生平全無可考」，則有欠細核也。

花譜二卷

《花譜》二卷，_{館臣案：《宋史·藝文志》作一卷。}滎陽_{廣枝案：《文獻通考》作：「滎陽」。}張峋子堅撰。以花有千葉、多葉，黃、紅、紫、白之別，類以為《譜》，凡千葉五十八品，多葉六十二品，又以芍藥附其末。

> 廣枝案：《通志》卷六十六〈藝文略〉第四〈食貨·種藝〉著錄：「《洛陽花譜》三卷，張峋撰。」與此應屬一書，而卷數不同。《宋史》卷二百五〈志〉第一百五十八〈藝文〉四〈農家類〉著錄：「張峋《花譜》一卷。」卷數亦與《解題》異。《中國農學書錄》著錄：「《洛陽花譜》(《花譜》、《慶曆花譜》)三卷，宋張峋撰，《通志·藝文略·食貨類·種藝門》著錄。按《文獻通考·經籍考》和《宋志·農家類》都有張峋《花譜》這樣一部書，只是卷數，前者作『二』，後者作『一』。又據《直齋書錄解題》，作者是按照花有千葉、多葉、黃、紅、紫、白不同顏色的區別來分類，寫成了《譜》，後面又附上了芍藥。這裡所說的『花』，自然是指牡丹而言。宋代人習慣簡稱牡丹為『花』，而洛陽又是產牡丹最盛的所在，因此懷疑《通志》、《通考》和〈宋志〉所著錄的是同一部書，卷數互異，可能是傳刻的差誤。又宋尤氏《遂初堂書目·譜錄類》有一部《慶曆花譜》，也好像就是此書。尤氏《書目》是一概不載撰人和卷數的，猜想的根據是作者的時代。張峋字子堅，滎陽人，他的弟弟張嵋是邵康節的學生，因此他一定是北宋中期的人。可能他這部書是在慶曆年間（1041-1048）寫成的，所以書名又別題『慶曆花譜』。此書還見於《世善堂藏書目錄》，可知到明代末期還沒有失亡。」可供參考。

峋與其弟嵋子望同登進士第。嵋嘗從邵康節學。

> 案：《宋元學案》卷三十三《王張諸儒學案》「常博張先生峋」條曰：「張峋，字子堅，滎陽人也，康節謂門弟子中可語道者。熙寧十年春，赴調京師，_{雲濠案：先生嘗官太常博士。}康節愀然色變曰：『吾老矣！不復能相見也。』及秋而卒。補。祖望謹案：子堅當是子望之弟。_{梓材案：《直齋書錄解題》云峋與其弟嵋同登進士第，嵋從邵康節學。是子堅乃子望之兄。然直齋言嵋從康節而不及峋，亦屬挂漏。}」可資參證。又峋乃滎陽人，《解題》作「滎陽」，亦誤。

牡丹芍藥花品七卷

《牡丹芍藥花品》七卷，不著名氏。錄歐公及仲休等諸家《牡丹譜》、孔常甫《芍藥譜》，共為一編。_{廣枝案：《文獻通考》作「篇」，誤。}

廣桉案：《中國農學書錄》著錄：「《牡丹芍藥花品》七卷，《直齋書錄解題·農家類》著錄，注文說：『不著名氏，錄歐公及仲休等諸家《牡丹譜》、孔常甫《芍藥譜》，共爲一編。』看來此書只是一種合編，也許書中還有編者的序跋一類的文字，所以藏書家特爲著錄。」可供參考。至孔常甫《芍藥譜》，《解題》同卷〈農家類〉著錄：「《芍藥圖序》一卷，待制新淦孔武仲常甫撰。」應即同一書之序。

洛陽貴尚錄一卷

《洛陽貴尚錄》一卷，廣桉案：此條《四庫全書》本原闕，盧校本據《文獻通考》補入。殿中丞新安丘濬道源撰。專爲牡丹作也。其書援引該博，而迂怪不經。濬，天聖五年進士，通數，知未來，壽八十一，及歛衣空，人以爲尸解。《新安志》，云爾。

廣桉案：丘濬，《宋史》無傳。羅願《新安志》卷八〈敘進士題名〉載：「天聖五年王堯臣榜：丘濬，點殿中丞。」同卷〈敘仙釋·丘濬〉載：「丘濬字道源，黟縣人，天聖中登進士第。因讀《易》悟〈損〉、〈益〉二卦，以此能通數，知未來興廢。早歲游華陽洞，求爲句容令，秩滿，以詩寄茅山道友曰：『鳴鳳相邀覽德輝，松蘿從此與心違。孤峰萬仞月正照，古屋數間人未歸。欲助唐虞開有道，深慚巢許勸忘機。明朝又引輕帆去，紫術年年空自肥。』歷官至殿中丞。嘗語家人曰：『吾壽終九九。』後在池州，一日起盥沐，索筆爲〈春草詩〉。詩畢，端坐而逝，年八十一。及殮，衣空。眾謂尸解。光祿大夫滕甫元發爲太守，爲記其事，葬於九華山。後數年，有黃衣人持濬書抵滁州，家人啓封，持書者忽不見。書中云：『吾本預仙籍，以推步象數謫爲太山主宰。』」是《解題》所述乃據《新安志》。

芍藥譜一卷

《芍藥譜》一卷，中書舍人清江劉攽貢父撰。

廣桉案：《宋史》卷二百五第一百五十八〈藝文〉四〈農家類〉著錄：「劉攽《芍藥譜》一卷。」與《解題》同。《中國農學書錄》著錄：「《芍藥譜》一卷，宋劉攽撰，《宋史·藝文志·農家類》著錄。攽字貢父，清江人，《宋史》有傳。此書收在祝穆的《事文類集·後集》裡面，《四庫提要》說今世已無傳本，僅陳景

沂《全芳備祖》和《嘉靖維揚志》中保存著書的摘要，是不對的；近人余嘉錫已加辨證。書中所記揚州芍藥有三十一個品種，評爲七等。〈自序〉說：熙寧六年（1073），來到廣陵，正當四月花開的季節，邀集友人觀賞，因而寫成此《譜》，所記諸品，都讓畫工描畫下來。據此得知，原書還有附圖。這是最早的一部芍藥專譜。清錢謙益《絳雲樓書目・雜藝術類》著錄書名作『《維揚芍藥譜》』，是後世的一種別題。」考《四庫全書總目》卷一百十五〈子部〉二十五〈譜錄類〉「《揚州芍藥譜》一卷」條載：「宋王觀撰。……揚州芍藥，自宋初名於天下。《宋史・藝文志》載爲之《譜》者三家。其一孔武仲，其一劉攽，其一即觀此《譜》。孔、劉所述，世已無傳。僅陳景衍《全芳備祖》載有其略，今與此《譜》相較，其所謂三十一品前人所定者，實即本之於劉《譜》。惟劉《譜》有妒裙紅一品，此《譜》改作妒鵝黃，又略爲移易其次序。其劉《譜》所無者，新增八種而已。又觀〈後論〉所稱『或者謂唐張祐、杜牧、盧仝之徒居揚日久，無一言及芍藥，意古未有如今之盛』云云，亦即孔《譜》序中語，觀蓋取其義而翻駁之。至孔《譜》謂可紀者三十有三種，具列其名，比劉《譜》較多二種。今《嘉靖維揚志》尚載其原目，亦頗有異同云。」余嘉錫《四庫提要辨證》卷十四〈子部〉五〈藝術類〉一「《揚州芍藥譜》一卷_{宋王觀}」條云：「嘉錫案：孔常甫《芍藥譜》，《能改齋漫錄》卷十五具載其文，劉貢父《芍藥花譜》，亦收入《事文類聚・後集》卷三十，皆不僅見於《全芳備祖》。孔《譜》三十三種、劉《譜》三十一種之名目，兩書亦臚列具詳，《嘉靖維揚志》蓋從此販稗得之耳。孔《譜》皆以花之形狀名之，其詞甚質，劉、王兩《譜》則爲之撰美名，亦頗有異同。」王毓瑚所考殆本此，惟所述未盡精確。

芍藥圖序一卷

《芍藥圖序》一卷，待制新淦孔武仲常甫撰。_{館臣案：孔武仲，新淦人，原本誤作}「_{新塗」，今改正。}

廣棪案：《宋史》卷二百五〈志〉第一百五十八〈藝文〉四〈農家類〉著錄：「孔武仲《芍藥譜》一卷。」應與此爲同一書。《中國農學書錄》著錄：「《芍藥譜》一卷，宋孔武仲撰，《宋史・藝文志・農家類》著錄。武仲字常甫，新淦人，與劉攽、王觀同時。《四庫提要》說此書已失傳，近人余嘉錫《四庫提要辨正》指出，全文收在宋吳曾的《能改齋漫錄》裡面，現在所能看到的，不僅僅是《全芳備祖》（《前集》）所載的摘要而已。書中所記芍藥共三十三種，都按花的形狀

命名，文詞很樸素。明王路《花史左編》以爲三十九種，當是誤記。陳氏《書錄解題・農家類》有《芍藥譜圖序》一卷，題『新淦孔武仲常甫撰』，《通考・經籍考》也據以著錄，應當就是此書。書名既有『圖序』字樣，原書必然也有附圖。」可供參考。至《四庫全書總目》卷一百十五〈子部〉二十五〈譜錄類〉「《揚州芍藥譜》一卷」條載：「宋王觀撰。……《宋史・藝文志》載爲之《譜》者三家，其一孔武仲，其一劉攽，其一即觀此《譜》。孔、劉所述，世已無傳。」余嘉錫《四庫提要辨證》卷十四〈子部〉五〈藝術類〉一「《揚州芍藥譜》一卷 宋王觀」條云：「嘉錫案：孔常甫《芍藥譜》，《能改齋漫錄》卷十五具載其文。」毓瑚所述殆據此。

芍藥譜一卷

《芍藥譜》一卷，知江都縣王觀通叟撰。

廣棪案：《宋史》卷二百五〈志〉第一百五十八〈藝文〉四〈農家類〉著錄：「王觀《芍藥譜》一卷。」與此同。《四庫全書總目》卷一百十五〈子部〉二十五〈譜錄類〉著錄：「《揚州芍藥譜》一卷，浙江鮑士恭家藏本。宋王觀撰。觀字達叟，如皋人。熙寧中嘗以將仕郎守大理寺丞，知揚州江都縣事。在任，爲〈揚州賦〉上之，大蒙襃賞，賜緋衣銀章。見《嘉靖維揚志》中。汪士賢刻入《山居雜志》，題爲江都人者，誤也。」可供參證。觀，《宋史》無傳，其字《解題》作「通叟」，《四庫全書總目》作「達叟」。考清厲鶚《宋詩紀事》卷二十二「王觀」載：「觀字通叟，高郵人。一作如皋人。嘉祐二年進士，遷大理丞，知江都縣。嘗著〈揚州賦〉及《芍藥譜》。」似應作「通叟」爲是。

三家皆述維揚所產花之盛。

案：維揚即揚州。三家，指劉攽、孔武仲與觀此書也。《中國農學書錄》著錄：「《芍藥譜》（《揚州芍藥譜》）一卷，宋王觀撰，《宋史・藝文志・農家類》著錄。觀字達叟，如皋人。宋代揚州的芍藥名聞天下，與洛陽的牡丹並稱。作者於熙寧八年（1075）來到揚州做官，在前人著作的基礎上，又寫成一部新譜，大體上仍然依照劉《譜》的序次；另外增入八種，則不列等。開卷先講栽培的方法，最後面有一篇〈後論〉。此書後世傳刻書名題爲『《揚州芍藥譜》』，有《百川學海》、《說郛》、《山居雜志》、《群芳清玩》、《珠叢別錄》、《墨海金壺》、《香艷叢書》、《揚州叢刻》以及《叢書集成》等本。」可供參考。

荔枝譜一卷

《荔枝譜》一卷，端明殿學士莆田蔡襄君謨撰，且書而刻之，與《牡丹記》
_{廣棪案：應作：「《牡丹譜》」。}並行。閩無佳石，以板刊，歲久地又濕，皆蠹朽，
至今猶藏其家，而字多不完，可惜也。

廣棪案：《郡齋讀書志》卷第十二〈農家類〉著錄：「《荔支譜》一卷、《荔支故
事》一卷。右皇朝蔡襄撰。記建安荔支味之品第，凡三十餘種，古今故事。」
晁氏謂記建安荔支味之品第，殆指福建之建安，惟宋時已改作建寧府。此書，《四
庫全書總目》卷一百十五〈子部〉二十五〈譜錄類〉著錄，曰：「《荔枝譜》一
卷，_{浙江鮑士恭家藏本。}宋蔡襄撰。是編爲閩中荔枝而作，凡七篇。其一〈原本
始〉，其二〈標尤異〉，其三〈誌賈鬻〉，其四〈明服食〉，其五〈慎護養〉，其六
〈時法制〉，其七〈別種類〉。嘗手寫刻之，今尙有墨版傳於世。亦載所著《端
明集》中，末有『嘉祐四年，歲次己亥，秋八月二十日，莆陽蔡某述』十九字，
而此本無之。案其年月，蓋自福州移知泉州時也。荔枝之有譜自襄始，敘述特
詳，詞亦雅潔。而王世貞《四部稿》乃謂白樂天、蘇子瞻爲荔枝傳神，君謨不
及。是未知詩歌可極意形容，譜錄則惟求記實，文章有體，詞賦與譜錄殊也。
襄詩篇中屢詠及荔枝，劉克莊《後村詩話》謂〈四月池上〉一首，『荔枝纔似小
青梅』句，即《譜》中之火山。〈七月二十四日食荔枝〉一首，『絳衣仙子過中
元』句，即《譜》中之中元紅。〈謝宋評事〉一首，『兵鋒卻後知神物』句，即
《譜》中之宋公荔枝。蓋劉亦閩人，故能解其所指，知其體物之工。洪邁《容
齋隨筆》又謂：『方氏有樹，結實數千顆，欲重其名，以二百顆送蔡忠惠，給以
常歲所產止此。蔡爲目之曰方家紅，著之於《譜》。自後華實雖極繁茂，逮至成
熟，所存未嘗越二百，遂成語讖。』云云。其事太誕，不近理，殆好事者謬造
斯言。然亦足見當時貴重此《譜》，故有此附會矣。」《中國農學書錄》著錄：「《荔
枝譜》一卷，宋蔡襄撰，《文獻通考·經籍考·農家類》著錄。《宋史·藝文志》
列在〈小說類〉中。《通志·藝文略·食貨類·種藝門》有蔡襄《荔枝新譜》一
卷，顯然也就是此書。襄字君謨，《宋史》有傳。他本是閩人，又在那裡做官很
久，荔枝是當地的名產，因而寫成此《譜》。書作於仁宗嘉祐四年（1059），分
爲七篇，記載荔枝的品種三十二個，還有培養技術和果實的加工、貯藏的方法。
原來收在作者的《端明集》中，後來廣泛流傳，有《百川學海》、《說郛》、《山
居雜志》、《藝圃搜奇》、《古今說部叢書》以及《叢書集成》等本。」可供參考。
考襄，《宋史》卷三百二十〈列傳〉第七十九有傳。字君謨，興化仙遊人。英宗

時拜端明殿學士。《牡丹譜》一卷，歐陽修撰，乃君謨所書者。《解題》同卷已著錄修書。

荔枝故事一卷

《荔枝故事》一卷，無名氏。館臣案：晁公武《讀書志》亦作蔡襄撰。

　　廣棪案：《郡齋讀書志》卷第十二〈農家類〉著錄：「《荔枝譜》一卷、《荔枝故事》一卷。右皇朝蔡襄撰。」陳第《世善堂藏書目錄》卷下〈各家〉六〈農圃〉著錄同。惟《宋史》卷二百五〈志〉第一百五十八〈藝文〉四〈農家類〉著錄：「《牛皇經》一卷、《辨五音牛欄法》一卷、《農家切要》一卷、《荔枝故事》一卷，並不知作者。」〈宋志〉謂「不知作者」，與《解題》同。

增城荔枝譜一卷

《增城荔枝譜》一卷，亦無名氏。其〈序〉言福唐人，熙寧九年承乏增城，多植荔枝，蓋非嶠南之「火山」，實類吾鄉之「晚熟」。搜境內所出得百餘種，其初亦得閩中佳種植之，故為是《譜》。

　　廣棪案：鄭樵《通志》卷六十六〈藝文略〉四《食貨・種藝》著錄：「《增城荔枝譜》一卷，張宗閔撰。」考梁克家《淳熙三山志》卷二十六載：「張宗閔，字尊道，閩縣人。嘉祐二年進士，終從政郎、建陽令。」福唐，唐置，即閩縣。《解題》謂〈序〉言其撰者乃福唐人，或即宗閔也。《中國農學書錄》著錄：「《增城荔枝譜》一卷，《通志・藝文略・食貨類・種藝門》著錄，撰人是張宗閔，大約是北宋人。《直齋書錄解題》上不載作者的姓名，只說從書的〈原序〉上得知他是福唐人。〈序〉文裡說，熙寧九年（1076），來到增城做官，積極種植荔枝，搜尋縣境以內所產的，得到一百多個品種，因而寫出此《譜》。按增城，今屬廣東省，一向以產荔枝著稱。書沒有流傳下來。」可供參考。

四時栽接花果圖一卷

《四時栽接花果圖》一卷，無名氏。

　　廣棪案：《世善堂藏書目錄》卷下〈各家〉六〈農圃〉著錄：「《四時栽接花果圖》一卷。」亦無撰人。《中國農學書錄》著錄：「《四時栽接花果圖》一卷，《文獻

通考・經籍考・農家類》著錄，沒有撰人的名字。《世善堂藏書目錄・農圃類》還載有此書，可知明代後期還存在著，以後就再無消息。從書名來看，內容似是以圖爲主。」可供參考。

桐譜一卷

《桐譜》一卷，銅陵逸民陳翥撰。

　　廣棪案：《宋史》卷二百五〈志〉第一百五十八〈藝文〉四〈農家類〉著錄：「陳翥《桐譜》一卷。」翥，《宋史》無傳。《宋詩紀事》卷十七「陳翥」條載：「翥字子翔，號咸聱子，又號銅陵逸民。慶曆間布衣，好植桐竹。又號桐竹君，作《桐譜》。」《宋詩紀事》且載其〈桐竹君詠〉，云：「高桐凌紫霞，修篁拂碧雲。吾常居其間，自號桐竹君。不解放俗利，所希脫世紛。會友但文學，啓談皆《典》、《墳》。吁嗟機巧徒，反道胡足云。《桐譜》。」《中國農學書錄》著錄：「《桐譜》一卷，宋陳翥撰，《宋史・藝文志・農家類》著錄。翥字子翔，自號咸聱子，因喜好種植桐和竹，又自稱桐竹君。《直齋書錄解題》又稱爲銅陵逸民。書前有〈序〉，作於皇祐元年（1049）。內分十目：一敘源，二類屬，三種植，四所宜，五所出，六採斫，七器用，八雜說，九記志，十詩賦。記志部份包括〈西山植桐記〉和〈西山桐竹志〉兩篇文章，是作者關於本人植桐的記述。後世有《說部》、《唐宋叢書》、《適園叢書》以及《叢書集成》等本。」可供參考。

皇祐元年序。

　　案：翥有〈自序〉曰：「古者《氾勝之書》，今絕傳者，獨《齊民要術》行於世，雖古今之法小異，然其言亦甚詳矣。然茶有『經』，竹有『譜』，吾皆略而不具。吾植桐乎西山之南，乃述其桐之事十篇，作《桐譜》一卷。其植桐則有〈記〉、〈誌〉存焉，聊以示於子孫，庶知吾既不能干祿以代耕，亦有補農家說云耳。皇祐元年十月七日夜，銅陵逸民陳翥子翔序。」是此書撰於仁宗皇祐時，至《解題》稱翥爲「銅陵逸民」，蓋據〈序〉末翥自署也。

何首烏傳一卷

《何首烏傳》一卷，初見唐《李翺集》，今後人增廣之耳。

　　廣棪案：《宋史》卷二百七〈志〉第一百六十〈藝文〉六〈醫書類〉著錄：「李

翱《何首烏傳》一卷。」與此同。翱字習之，涼武昭王之後。《舊唐書》卷一百六十〈列傳〉第一百一十、《新唐書》卷一百七十七〈列傳〉第一百二有傳。《何首烏傳》，見《李文公集》卷十八，題作〈何首烏錄〉。其文曰：「僧文象好養生術，元和七年三月十八日朝茅山，遇老人於華陽洞口，告僧曰：『汝有仙相，吾授汝秘方。有何首烏者，順州南河縣人，祖能嗣，本名田兒，天生閹，嗜酒。年五十八，因醉夜歸，臥野中，及醒，見田中有藤，兩本相遠三尺，苗蔓相交，久乃解，解合三四，心異之。遂掘根持問村野人，無能名。曝而乾之，有鄉人麦良戲而曰：『汝閹也，汝老無子，此藤異而後以合，其神藥，汝盍餌之。』田兒乃篩末酒服，經七宿，忽思人道，累旬，力輕健，慾不制，遂娶寡婦曾氏。田兒因常餌之，加餐兩錢，七百餘日，舊疾皆愈，反有少容。遂生男，鄉人異之。十年生數男，俱號爲藥。告田兒曰：『此交藤也，服之可壽百六十歲，而古方《本草》不載，吾傳於師亦得之於南河，吾服之遂有子。吾本好靜，以此藥害於靜，因絕不服，女偶餌之，乃天幸。』因爲田兒盡記其功，而改田兒名能嗣焉。嗣年百六十歲乃卒，男女一十九人。子庭服，亦年百六十歲，男女三十人。子首烏服之，年百三十歲，男女二十一人。安期敘交藤云：『交藤味甘溫無毒，主五痔腰腹中宿疾，冷氣長筋益精，令人多子，能食，益氣力，長膚延年。一名野苗，一名交莖，一名夜合，一名地精，一名桃柳。藤生順州南河縣田中，嶺南諸州往往有之。其苗大如木藁，光澤，形如桃柳葉。其背偏獨單，皆生不相對，有雌雄。雄者苗色黃白，雌者黃赤，其生相遠，夜則苗蔓交，或隱化不見，春末夏中初秋三時，候晴明日，兼雌雄採之，烈日曝乾，散服酒下良。採時盡其根，勿洗乘潤，以布帛拭去泥土，勿損皮，密器貯之。每月再曝，凡服偶日，二四六八日是。服訖以衣覆汗出，導引尤忌豬羊肉血。』老人言訖，遂別去，其行如疾風。浙東知院殿中孟侍御識何首烏，嘗餌其藥，言其功如所傳，出賓州牛頭山，苗如萆薢，蔓生根如杯拳，削去側皮，生啖之，南人因呼爲何首烏焉。元和八年八月錄。」《解題》謂此文乃後人增廣，恐未是。

海棠記一卷

《海棠記》一卷，吳人沈立撰。

廣棪案：《通志》卷六十六〈藝文略〉第四〈食貨・種藝〉著錄：「《海棠記》一卷。」《秘書省續編到四庫闕書目》卷二〈小說〉著錄：「《海棠記》一卷。輝按：陳《錄》入〈農家類〉，云吳人沈立撰。」葉德輝考證本。是此書《通志》及《秘

書省續編到四庫闕書目》均未著錄撰人。陳第《世善堂藏書目錄》卷下〈各家〉六〈農圃〉著錄此書，作沈立撰。則此書明代猶存，後始散佚。考沈立，《宋史》卷三百三十三〈列傳〉第九十二有傳，謂「沈立字立之，歷陽人」。歷陽，宋屬和州歷陽郡，隸淮南西路，在今安徽和縣。據是，則立乃皖人也。惟考檢蔡襄《端明集》卷四十〈墓誌銘・贈光祿少卿沈君墓誌銘〉載：「府君諱平，字遵道。曾祖曰籍，衢州常山令；祖曰德饒，越州剡縣丞；父曰仁諒，海州朐山令。其先吳人，剡縣丞卒，葬會稽。後朐山退老於和州，因而家焉。」沈平者，立之父。據〈墓誌銘〉則立之先為吳人，至其祖仁諒，家和州，始改籍焉。是則《解題》稱立為「吳人」，《宋史》稱為「歷陽人」，二者各有所據依。

菊譜一卷

《菊譜》一卷，彭城劉蒙撰。凡三十五品。

廣棪案：《四庫全書總目》卷一百十五〈子部〉二十五〈譜錄類〉著錄：「《劉氏菊譜》一卷，浙江鮑士恭家藏本。宋劉蒙撰。蒙，彭城人。仕履未詳。〈自序〉中載：『崇寧甲申龍門之游，訪劉元孫所居，相與訂論，為此《譜》。』蓋徽宗時人。故王得臣《麈史》中已引其說。焦竑《國史經籍志》列於范成大之後者，誤也。其書首〈譜敘〉，次〈說疑〉，次〈定品〉，次列菊名三十五條，各敘其種類、形色而評次之，以龍腦為第一。而以〈雜記〉三篇終焉。書中所論諸菊名品，各詳所出之地。自汴梁以及西京、陳州、鄧州、雍州、相州、滑州、鄆州、陽翟諸處，大抵皆中州物產，而萃聚於洛陽園圃中者。與後來史正志、范成大等南渡之後，拘於疆域，偏志一隅者不同。然如金鈴、金錢、酴醾諸名，史、范二〈志〉亦載。意者本出河北，而傳其種於江左歟？其〈補意篇〉中謂掇接治療之方，栽培灌種之宜，宜觀於方冊而問於老圃，不待余言也。故惟以品花為主，而他皆不及焉。」足資參證。考《紹興十八年同年小錄》載：「劉蒙字養正，冀州棗強縣人。年二十八，中紹興十八年五甲第八名進士。」惟字養正之劉蒙乃南宋高宗時冀州人，與撰《菊譜》之彭城劉蒙，絕非同一人。

菊譜一卷

《菊譜》一卷，史正志志道撰。孝廟朝為發運使者也。

廣棪案：《宋史》卷二百五〈志〉第一百五十八〈藝文〉四〈農家類〉著錄：「史

正志《菊譜》一卷。」與此同。《四庫全書總目》卷一百十五〈子部〉二十五〈譜錄類〉著錄：「《史氏菊譜》一卷，浙江鮑士恭家藏本。宋史正志撰。正志字志遠，江都人。紹興二十一年進士，累除司農丞。孝宗朝歷守廬、揚、建康，官至吏部侍郎。歸老姑蘇，自號吳門老圃。所著有《清暉閣詩》、《建康志》、《菊圃集》諸書，今俱失傳。此本載入左圭《百川學海》中。《宋史・藝文志》亦著於錄。所列凡二十七種。前有〈自序〉，稱『自昔好事者，爲牡丹、芍藥、海棠、竹、筍作譜記者多矣，獨菊花未有爲之譜者。余故以所見爲之』云云。然劉蒙《菊譜》先已在前，正志殆偶未見也。末有〈後序〉一首，辯王安石、歐陽修所爭《楚詞》落英事。謂菊有落有不落者，譏二人於草木之名未能盡識。其說甚詳，是可以息兩家之爭。至於引詩『訪落』之語，訓落爲始，雖亦根據《爾雅》，則反爲牽合其文，自生蛇足。上句『木蘭之墜露』，墜字又作何解乎？英落不可餐，豈露墜尚可飲乎？此所謂以文害詞者也。」可供參考。《宋詩紀事》卷五十「史正志」條載・「正志字志道，江都人。紹興二十一年進士，累除司農丞。孝宗朝仕至右文殿修撰，知靖江府。歸老姑蘇，號吳門老圃。」《宋人傳記資料索引》載：「史正志，字志道，號吳門老圃，丹陽人。舉紹興二十一年進士。陳康伯薦於朝，除樞密院編修。引孫權築濡須塢故事，乞築和州壘，及舒揚防守，荊襄事勢。高宗視師江上，上〈恢復要覽〉五篇。車駕駐建康，正志言三國六朝形勢與今日不同，要當無事則都錢塘，有事則幸建康。詔下集議，從之。後歸姑蘇以終老，號樂閑居士、柳溪釣翁，卒年六十。著有《建康志》、《菊譜》等書。」則正志雖《宋史》無傳，而其生平事迹猶多可考者。

范村梅菊譜二卷

《范村梅菊譜》二卷，范成大至能撰。有園在居第之側，號范村。

廣棪案：成大此書原分作《梅》、《菊譜》各一卷。《四庫全書總目》卷一百十五〈子部〉三十五〈譜錄類〉著錄：「《范村梅譜》一卷，浙江鮑士恭家藏本。宋范成大撰、。成大有《桂海虞衡志》，已著錄。此乃記所居范村之梅，凡十二種。前有〈自序〉，稱：『於石湖玉雪坡既有梅數百本，又於舍南買王氏僦舍七十楹，盡拆除之，治爲范村，以其地三分之一與梅。吳下栽梅特盛，其品不一，今始盡得之。隨所得爲之《譜》。』蓋記其別業之所有，故以『范村』爲目也。梅之名雖見經典，然古者不重其花。故《離騷》遍詠香草，獨不及梅。《說苑》始有越使執一枝梅遺梁王事，其重花之始歟？六朝及唐遞相賦詠，

至宋而遂爲詩家所最貴。然其裒爲譜者，則自成大是編始。其所品評，往往與後來小異。如綠萼梅今爲常產，而成大以爲極難得。是蓋古今地氣之異，故以少而見珍也。又楊无咎〈雪梅〉，後世珍爲絕作，而成大〈後序〉乃謂其畫大略皆如吳下之氣條，雖筆法奇峭，去梅實遠，與宋孝宗詆无咎爲村梅者所論相近。至嘉熙、淳祐間，趙希鵠作《洞天清祿》，始稱江西人得无咎一幅梅，價不下百千匹。是又貴遠賤近之證矣。《通考》以此書與所作《菊譜》合爲一編，題曰《范村梅菊譜》二卷。然觀其〈自序〉，實別爲書，今故仍分著於錄焉。」同書同卷又著錄：「《范村菊譜》一卷，浙江鮑士恭家藏本。宋范成大撰。記所居范村之菊，成於淳熙丙午，蓋其以資政殿學士領宮祠家居時作。〈自序〉稱『所得三十六種』，而此本所載，凡黃者十六種，白者十五種，雜色四種，實止三十五種，尚闕其一，疑傳寫有所脫佚也。菊之種類至繁，其形色幻化不一，與芍藥、牡丹相類，而變態尤多。故成大〈自序〉稱：『東陽人家菊圃多至七十種，將益訪求他品爲《後譜》也。』今以此《譜》與史正志《譜》相核，其異同已十之五六，則菊之不能以譜盡，大概可睹。但各據耳目所及，以記一時之名品，正不必以挂漏爲嫌矣。至種植之法，《花史》特出『芟蕊』一條，使一枝之力盡歸一蕊，則開花尤大。成大此《譜》，乃以一榦所出數千百朵婆娑團植爲貴，幾於俗所謂千頭菊矣。是又古今賞鑒之不同，各隨其詩之風尚者也。又案謝采伯《密齋筆記》，稱《菊譜》范石湖略，胡少瀹詳。今考胡融《譜》載史鑄《百菊集譜》中，其名目亦互有出入。蓋各舉所知，更無庸以詳略分優劣耳。」可供參證。

橘錄三卷

《橘錄》三卷，廣棪案：盧校注：「《文獻通考》作一卷。」知溫州延安韓彥直子溫撰。世忠長子也。

廣棪案：《宋史》卷二百五〈志〉第一百五十八〈藝文〉四〈農家類〉著錄：「韓彥直《永嘉橘錄》三卷。」應與此爲同一書。《四庫全書總目》卷一百十五〈子部〉二十五〈譜錄類〉著錄：「《橘錄》三卷，浙江鮑士恭家藏本。宋韓彥直撰。彥直字子溫，延安人，蘄忠武王世忠之長子，登紹興十八年進士，官至龍圖閣學士，提舉萬壽觀。以光祿大夫致仕，封蘄春郡公，事蹟附見《宋史·世忠傳》。此《譜》乃淳熙中知溫州時所作。《宋史·藝文志》、焦竑《國史經籍志》俱作《永嘉橘錄》，卷數與此本相合。《文獻通考》作一卷，蓋字

之誤也。彥直有才略，而文學亦優，嘗輯宋朝故事，名《水心鏡》，凡一百六
十餘卷，爲尤袤所稱，今不傳。是《錄》亦頗見條理，上卷載柑品八、橙品
一；中卷載橘品十八，以泥山乳柑爲第一；下卷則言種植之法，皆詳贍可觀。
陳景沂作《全芳備祖》引彥直此《錄》，謂『其但知乳柑出於泥山，而不知出
於天台之黃巖。出於泥山者固奇，出於黃巖者尤天下之奇』云云。蓋景沂家
本天台，故自夸飾土產。不知彥直是《錄》，專記永嘉，不當借材於異地也，
其亦昧於著作之體矣。」可供參證。彥直，《宋史》卷三百六十四〈列傳〉第
一百二十三附其父〈韓世忠傳〉。彥直知溫州，約在孝宗淳熙間。

糖霜譜一卷

《糖霜譜》一卷，遂寧王灼晦叔撰。言四方所產，遂寧爲冠。灼自號頤堂。

廣棪案：《四庫全書總目》卷一百十五〈子部〉二十五〈譜錄類〉著錄：「《糖霜
譜》一卷，內府藏本。宋王灼撰。灼字海叔，號頤堂，遂寧人。紹興中嘗爲幕
官。是編凡七篇，惟首篇題〈原委〉第一，敘唐大歷中鄒和尚始創糖霜之事。
自第二篇以下，則皆無標題。今以其文考之，第二篇言以蔗爲糖始末，言蔗
漿始見《楚詞》，而蔗餳始見《三國志》。第三篇言種蔗。第四篇言造糖之器。
第五篇言結霜之法。第六篇言糖霜或結或不結，似有運命，因及於宣和中供
御諸事。第七篇則糖霜之性味及製食諸法也。蓋宋時產糖霜者，有福唐、四
明、番禺、廣漢、遂寧五地，而遂寧爲最。灼生於遂寧，故爲此《譜》。所考
古人題詠，始於蘇、黃。案古人謂糟爲糖，《晉書·何曾傳》所云『蟹之將糖，
躁擾彌甚』，是也。《說文》有餳字，無糖字。徐鉉新附字中乃有之，然亦訓
爲餳，不言蔗造。鉉，五代宋初人也，尚不知蔗糖事，則灼所徵故實始於元
祐，非疏漏矣。惟灼稱糖霜以紫色爲上，白色爲下。而今日所尚乃貴白而賤
紫。灼稱糖霜須一年有半乃結，其結也以自然。今則製之甚易，其法亦不相
同，是亦今古異宜，未可執後來以追議前人也。」可供參考。惟《四庫全書
總目》所考，以糖霜爲沙糖則有誤，余嘉錫《四庫提要辨證》卷十四〈子部〉
五〈藝術類〉二「《糖霜類》一卷宋王灼」條嘗辨之，曰：「嘉錫案：灼之所譜
者，冰糖也，《提要》所言今日貴白而賤紫者，乃沙糖也。沙者凝而爲泥，冰
則結而成塊，雖同以蔗造，初非一物。糖霜之入詠，始於蘇、黃，亦指冰糖
言之，若沙糖殆即《三國志》之煎餳，又謂之石蜜，見於載籍夥矣，何至五
代、宋初之人猶不知有蔗糖之事。《提要》誤以糖霜爲沙糖，遂有古今異宜之

疑，又曲解徐鉉之說以附會之，不知與上文蔗餳始見《三國志》之句，已自相矛盾矣。何以明之？由灼之書而明之也。灼書第一篇云：『糖霜一名糖冰。』其第五篇云：『糖水入甕，上元後結小塊，漸次增大如豆，至如指節，甚者成座如假山。』就其所言名義形狀觀之，可知其為冰糖也。其第二篇云：『自古食蔗者，始為蔗漿，其後為蔗餳，孫亮使黃門就中藏吏取交州所獻甘蔗餳，是也。其後又為石蜜。《南中八郡志》，笮甘煎汁，曝成餳，謂之石蜜。《本草》亦去煉糖和乳為石蜜，是也。唐史載太宗遣使至摩揭陀國取熬糖法，即詔揚州上蔗柞瀋，如其劑，色味愈西域遠甚。按此《唐書‧西域傳》語，《續高僧傳》卷五〈玄奘傳〉云：「天竺信命，自奘而通使，既西返，又敕王玄策等隨往大夏，并就菩提寺僧召石蜜匠，乃遣匠二人、僧八人俱到東夏。尋敕往越州，就甘蜜造之，皆得成就。」較《唐書》更詳。按《集韻》，酢笮醶醋通用，而《玉篇》柞，側板切，疑字誤。熬糖瀋作劑，似是今之沙糖也，蔗之技盡於此，不言作霜，然則糖霜非古也。戰國後論吳、蜀方物，如左太沖〈三都賦〉論旨味，如宋玉〈招魂〉、景差〈大招〉、枚乘〈七發〉、傅毅〈七激〉、崔駰〈七依〉、李尤〈七疑〉、元鱗〈七說〉、張衡〈七辨〉、曹植〈七啓〉、徐幹〈七喻〉、劉邵〈七華〉、張協〈七命〉、陸機〈七徵〉、湛方生〈七歡〉、蕭子範〈七誘〉，水陸動植之產，搜羅殆盡，未有及此者。歷世詩人，模奇寫異，不可勝數，亦無一章一句。至本朝元祐間，大蘇公過潤州金山寺，作詩送遂寧僧圓寶，有云：「冰盤薦琥珀，何似糖霜美。」元符間，黃魯直在戎州頌答梓州雍熙元老寄糖霜有云：「遠寄糖霜知有味，勝於崔浩水晶鹽。」遂寧糖霜見於文字，始於二公，然則糖霜果非古也。』其所考可謂明且晰矣。夫取蔗瀋以熬糖，非沙糖而何？唐初已能造，而五代、宋初之人猶不知有此物，有是理乎？《演繁露》卷四云：『張衡〈七辨〉曰：「沙飴石蜜，遠國貢儲。」即今沙糖也。』使糖霜即沙糖，灼安得謂〈七辨〉未嘗言及乎？灼書第一〈原委篇〉云：『先是唐大曆間有僧號鄒和尚，跨白驢登繖山，結茅以居。一日，驢犯山下黃氏者蔗苗，黃請償於鄒，鄒曰：「汝未知蓄蔗糖為霜，利當十倍，吾語汝，塞責可乎？」試之，果信，自是流傳其法。』《輿地紀勝》卷一百五十五『遂寧府仙釋鄒和尚』條下所載略同，并云：『至今遂寧糖霜色如琥珀，遂為上品。又土人王灼嘗為《糖冰譜》。』是則此書一名《糖冰譜》，與灼所言糖霜一名糖冰者合，其為今之冰糖，可無疑義。至其第五篇所言紫為上，深琥珀次之，淺黃色又次之，淺白為下，則今人之於冰糖，蓋猶如此。紫者不過深黃中微帶紫色，然頗難得，黃者亦甚甘，至色白，則味薄矣，惟沙糖乃貴白賤紫耳。由此言

之，《提要》誤以糖霜爲沙糖審矣。」灼，《宋史》無傳。《宋詩紀事》卷四十四「王灼」條載：「灼字晦叔，遂寧人。嘗佐總幕，有《頤堂先生集》。」《宋人傳記資料索引》載：「王灼，字晦叔，號頤堂，遂寧人。紹興中嘗爲幕官。著有《糖霜譜》、《碧雞漫志》、《頤堂詞》、〈水調歌頭〉、《頤堂集》。」是則《四庫全書總目》謂灼字「海叔」，「海」字乃「晦」字形近之誤也。

蟹譜二卷

《蟹譜》二卷，稱怪山傅肱子翼撰。嘉祐四年序。「怪山」者，越之飛來山也。

　　廣棪案：《四庫全書總目》卷一百十五〈子部〉二十五〈譜錄類〉著錄：「《蟹譜》二卷，浙江鮑士恭家藏本。宋傅肱撰。肱字自翼，其自署曰怪山。陳振孫謂怪山乃越州之飛來山，則會稽人也。其書分上、下兩篇，前有嘉祐四年〈自序〉。而下篇『貪花』一條，又引神宗時大臣趙姓者出鎮近輔事，而諱其名。考《宋史》惟神宗熙寧初，樞密使、參知政事趙槩嘗出知徐州，似即其事。則嘉祐當爲元祐之訛。然《書錄解題》亦載是〈序〉爲嘉祐四年，而趙槩爲北宋名臣，亦不容著貪墨聲。或刊本神宗字誤也。書中所錄皆蟹之故事。上篇多採舊文，下篇則其所自記，詮次頗見雅訓。所引《唐韻》十七條，尤足備考證。蓋其時孫恂原本尚存，故肱猶及見之云。」傅肱〈序〉曰：「蟹之爲物雖非登俎之貴，然見於經，引於傳，著於子史，志於隱逸，歌詠於詩人，雜出於小說，皆有意謂焉，故因益以今之所見聞，次而譜之。自〈總論〉而列爲上下二篇，又敘其後，聊亦以補博覽者所闕也。神宗嘉祐四年多序。」均足資參考。惟「嘉祐」乃仁宗年號，〈序〉署「神宗嘉祐四年多序」，《四庫全書總目》謂「或刊本神宗字誤也」，甚當。

蟹略四卷

《蟹略》四卷，高似孫續古撰。

　　廣棪案：《四庫全書總目》卷一百十五〈子部〉二十五〈譜錄類〉著錄：「《蟹略》四卷，浙江鮑士恭家藏本。宋高似孫撰。似孫有《剡錄》，已著錄。是編以傅肱《蟹譜》徵事太略，因別加裒集。卷一曰蟹原、蟹象，卷二曰蟹鄉、蟹具、蟹品、蟹占，卷三曰蟹貢、蟹饌、蟹牒，卷四曰蟹雅、蟹志。賦詠每門之下，分條記載。多取蟹字爲目，而系以前人詩句。俞文豹《吹劍錄》嘗譏其誤以林逋

『草泥行郭索，雲木叫鉤輈』一聯爲杜甫詩。今檢卷首〈郭索傳〉內，信然。殊爲失於詳核。又《本草圖經》『蟹生伊洛池澤中』一語，『澤蟹』、『洛蟹』條下兩引之，亦爲複出。又白居易詩『亥日饒鰕蟹』句，爲傅肱《譜》中所原引，而此書『鰕蟹』條下乃反遺之。其餘編次亦小有疏漏，特其採摭繁富，究爲博雅。遺編佚句，所載尤多，視傅《譜》終爲勝之云。」可供參考。似孫，《宋史翼》卷二十九〈列傳〉第二十九〈文苑〉四有傳。

雜家類

呂氏春秋二十六卷

《呂氏春秋》二十六卷，館臣案：〈唐〉、〈宋・藝文志〉俱作二十六卷，原本作三十六卷，誤。今改正。　廣棪案：《文獻通考》作二十卷，誤。秦相呂不韋撰，後漢高誘注。其書有〈十二紀〉、〈八覽〉、〈六論〉。〈十二紀〉者，即今《禮記》之〈月令〉也。廣棪案：《文獻通考》此條僅著錄「十二紀者」以下十二字。

　　廣棪案：《漢書》卷三十〈藝文志〉第十〈諸子略・雜家〉著錄：「《呂氏春秋》二十六篇。秦相呂不韋輯智略士作。」《隋書》卷三十四〈志〉第二十九〈經籍〉三〈子〉著錄：「《呂氏春秋》二十六卷，秦相呂不韋撰，高誘注。」是此書應為二十六卷。《郡齋讀書志》卷第十二〈雜家類〉著錄：「《呂氏春秋》三十六卷。右秦呂不韋撰，後漢高誘注。按《史記・不韋傳》云：『不韋相秦，招致辯士，厚遇之。使人人著所聞，集論以為〈八覽〉、〈六論〉、〈十二紀〉，二十餘萬言，以為備天地萬物古今之事，號曰《呂氏春秋》。暴之咸陽市門，懸千金其上，有能增損一字者予之，時人無增損者。』高誘以為：『非不能也，畏其勢耳！昔〈張侯論〉為世所貴，崔浩《五經注》，學者尚之。二人之勢，猶能使其書傳如此。不韋權位之盛，學者安敢牾其意而有所更易乎？』誘之言是也。然〈十二紀〉者，本周公書，後儒置於《禮記》，善矣。而目之為〈月令〉者，誤也。」可資參證。高誘，《後漢書》無傳。誘注此書有〈序〉，略謂：「誘正《孟子章句》，作《淮南》、《孝經解》畢訖，家有此書，尋繹案省，大出諸子之右。既有脫誤，小儒又以私意改定，猶慮傳義失其本真，少能詳之，故復依先師舊訓，輒乃為之解焉，以述古儒之旨，凡十七萬三千五十四言。若有紕繆不經，後之君子，斷而裁之，比其義焉。」〈序〉署「漢河東高誘撰」。今人陳奇猷《呂氏春秋校釋》曰：「梁玉繩曰：『誘，涿人，見《水經・易水注》。當靈、獻之時，從同縣盧植。建安十年辟司空掾，除東郡濮陽令。十七年遷監河東。見高氏〈淮南子序〉。誘又有《正孟章句》，見《玉海》。』奇猷案：《玉海》所謂《正孟章句》，蓋即此〈序〉文中所說『正《孟子章句》』，此書未見於書錄，早已佚。王應麟之說，諒即據諸此〈序〉。」所考誘之仕履，可與《解題》「《淮南鴻烈解》二十一卷」條相參證。

淮南鴻烈解二十一卷

《淮南鴻烈解》二十一卷,漢淮南王安與賓客撰。後漢太尉許慎叔重注。案〈唐志〉又有高誘注。廣棪案:《文獻通考》闕此句之上一段文字。

> 廣棪案:《隋書》卷三十四〈志〉第二十九〈經籍〉三〈子〉著錄:「《淮南子》二十一卷,漢淮南王劉安撰,許慎注。」又:「《淮南子》二十一卷,高誘注。」是〈隋志〉已著錄此書有許、高二家注。

今本既題許慎記上,而詳〈序〉文則是高誘,不可曉也。

> 案:《四庫全書總目》卷一百十七〈子部〉二十七〈雜家類〉一「《淮南子》二十一卷」條曰:「陳振孫謂:『今本題許慎註。而詳〈序〉文即是高誘,殆不可曉。』蘆泉劉績又謂:『記上猶言標題進呈,並非慎爲之註。』然〈隋志〉、〈唐志〉、〈宋志〉皆許氏、高氏二註並列。陸德明《莊子釋文》引《淮南子註》稱許慎。李善《文選註》、殷敬順《列子釋文》引《淮南子註》,或稱高誘,或稱許慎。是原有二註之明證。後慎註散佚,傳刻者誤以誘註題慎名也。觀書中稱景古影字,而慎《說文》無影字,其不出於慎審矣。誘,涿郡人,盧植之弟子。建安中辟司空掾,歷官東郡濮陽令,遷河東監。並見於〈自序〉中。慎則和帝永元中人,遠在其前,何由記上誘註。劉績之說,蓋徒附會其文,而未詳考時代也。」惟於《四庫全書總目》之說,余嘉錫則辨其誤。《四庫提要辨證》卷十四〈子部〉五〈雜家類〉一曰:「案島田翰云:『劉績補注本分卷二十八,每卷題漢太尉祭酒許慎記上,蓋自《道藏》本出。末卷結尾有識語云:「右《淮南》一書,漢許慎記上,而高誘爲之注。」記上,猶言標題進呈也。《四庫提要》云:「慎遠在其前,何由記上誘注。」今案識文蓋謂慎標題進呈,未及下注,誘乃就慎本自下其注耳。』案島田氏說是也。劉績之誤,惟在不知慎自有注,而曲爲之說,若謂績不知慎在高誘之前,未免厚誣。島田氏又云:『以《說文》無影字,直斷爲非慎,恐屬武斷。蓋古書有後人改竄,一句一節之大,尚且攙入增改,即執一字云云,似不可爲確論。景,古影字,見茅本案謂明萬曆壬午茅一桂刻本。《淮南子‧原道訓注》,而《道藏》、劉績、莊逵吉諸本並無此注,則固不宜引證矣。』今檢各本,果如島田氏之說,然則今本〈原道〉諸篇雖非許慎注,而《提要》執誤本中之一字以爲之證,亦未爲得也。且《提要》謂許注散佚,傳刻者誤以誘注題慎名,亦未盡然。蓋今本《淮南子》內有許注,有高注,自陳振孫已不能別白;至近世勞格、陶方琦二家考之《蘇魏公集》,始得其說,而陶氏辨之更詳。勞氏書成較早,而刻行甚遲,勞書著於道光間,刻於光緒四年。

陶未見也。今並錄二家之說，除其複重，又頗補益其所未備，爲之疏通證明之。勞氏《讀書雜識》卷二曰：『衢本《郡齋讀書志》，案見卷十二。《淮南子》二十一卷，慎自名注曰記上，今存〈原道〉、〈俶眞〉、〈天文〉、〈墜形〉、〈時則〉、〈覽冥〉、〈精神〉、〈本經〉、〈主術〉、〈繆稱〉、〈齊俗〉、〈道應〉、〈氾論〉、〈詮言〉、〈兵略〉、〈說山〉、〈說林〉等十七篇。李氏《書目》亦云第七、第十九亡。《崇文目》則云存者十八篇。蓋李氏亡二篇，《崇文》亡三篇，家本又少其一，俟求善本是正之。勞氏自注云：「袁本云慎標其首，皆曰閒詁。（當作詁）次曰《淮南鴻烈》，自名注曰記上，第七十九闕。」《直齋書錄解題》，案見卷十。《淮南鴻烈解》二十一卷，後漢太尉案太尉下原脫「祭酒」二字。許慎叔重注。案〈唐志〉又有高誘注，今本既題許慎記上，而詳〈序〉文則是高誘，不可曉也。蘇頌〈校淮南子題序〉云：案見《蘇魏公文集》卷六十六。今校崇文舊書，與蜀印本暨臣某家書，凡七部，並題曰《淮南子注》，許、高相參，不復可辨，惟集賢本卷末有前賢題識云：許標其首，皆是閒詁，鴻烈之下，謂之記上。陶氏注云：《開元占經》所引《淮南閒詁》皆許氏說。琦案：王氏《漢藝文志考證》亦云許慎注《淮南》曰閒詁，其注曰記上。高題卷首皆謂之《鴻烈解經》，陶氏注云：《呂覽》高誘〈敘〉云：誘作《淮南子經解》。解經之下，曰高氏注，每篇之下皆曰訓，又分數篇爲上、下，陶氏注云：『《道藏》凡〈原道〉、〈俶真〉、〈天文〉、〈墜形〉、〈時則〉、〈主術〉、〈人間〉皆分上、下卷。』嘉錫案：〈隋〉、〈唐志〉，許、高注皆二十一卷，而《道藏》本因篇分上、下，故為二十八卷，據此知宋本分卷已有與《道藏》本同者。以此爲異。《崇文總目》亦云如此，又謂高注更詳于許氏，本書文句亦有小異。然今此七本皆有高氏訓敘，題卷仍各不同，或於解經下云許慎記上，或於閒詁上云高氏，或但云《鴻烈解》，或不言高氏注，或以〈人間篇〉爲第七，或以〈精神篇〉爲第十八，參差不齊，非復昔時之體。臣某據文推次，頗見端緒。高注篇名，皆有故曰因以題篇之語，其間奇字，並載音讀。陶氏注云：誘〈自敘〉云：比之其事，為之注解，悉載本文，並舉音讀，故十三篇中，音讀最詳，而許注八篇，音讀闋寂，淄澠之別，不言可知。許於篇下粗論大意，卷內或有假借用字，以周爲舟，以楯爲循，以而爲如，以恬爲惔，如此非一，又其詳略不同，誠如《總目》之說，互相考正，去其重複，共得高注十三篇，許注十八篇。陶氏引至此句為止。又案高氏〈敘〉典農中郎將弁揖借八卷，會揖喪亡，後復補足，今所闕八卷，得非後補者失。句。其定著外所闕卷，但載《淮南》本書，仍於篇下題目，注云今亡，許注仍不敘錄，並以黃紙繕寫，藏之館閣云云。格案：今《道藏》本題許慎記，與陳氏所見本正同，據蘇〈序〉，高注篇名皆有因以題篇之語，訂正今本，

知高注僅存十三篇，其〈繆稱〉、〈齊俗〉、〈道應〉、〈詮言〉、〈兵略〉、〈人間〉、〈泰族〉、〈要略〉八篇注皆無是句，又注文簡約，與高注頗殊，與諸書所引許注相合，當是許注無疑。較晁本少〈原道〉、〈俶眞〉、〈天文〉、〈時則〉、〈覽冥〉、〈精神〉、〈本經〉、〈主術〉、〈氾論〉、〈說山〉、〈說林〉十一篇，多〈人間〉、〈泰族〉、〈要略〉三篇。高注十三篇，《宋史》亦作十三卷，僅據見存殘本而言耳。又蘇頌校本於高注所闕卷，但載本書，許注仍不敘錄，今本以許注補高本之闕者，蓋別是一本也。』嘉錫案：許注自《崇文總目》已只存十八篇，蘇頌以七本互校，所得許注亦僅與《總目》適合。晁〈志〉載許慎注已有十七篇，而今本又有三篇爲《晁志》所無，是宋時許注當共存二十篇矣。其數轉溢出蘇頌所見本之外，此事之所必無。蓋晁本雖題許慎注，實係未經校定之本，其中亦必許、高相參者，當即蘇氏所謂七本中之一，晁氏不知其中雜有高注耳，未可以晁氏所言之十七篇，概指爲許注也，勞氏似尚考之未詳。又案蘇頌所得之高注十三篇，乃是從各本中寫出，然仍不載許注，今本蓋即用蘇校本，又從許注十八篇中刺取其八篇以補之，刻者各以其意，或并題高誘，或并題許慎。《直齋書錄》所載之許注二十一卷，不云有所殘闕，蓋已用兩本互補，即今《道藏》本題許慎記者之祖，島田翰謂合併本之傳當在宋中世以降，是也。陶氏〈淮南許注異同詁自敘〉見本書卷首。云：『《淮南》許、高二注並出，東漢佼長詁記，說尤古樸，漢令之注雖祖南郡，要非其匹也。己巳之歲，閒居無事，繙帋群冊，刺取許氏之逸說：育爲一卷。舊傳《道藏》本有許注羼入，相沿累代，疇能釐析，嘗疑〈原道〉以次十三篇多詳，自注云：〈原道〉、〈俶真〉、〈天文〉、〈墜形〉、〈時則〉、〈覽冥〉、〈精神〉、〈本經〉·〈主術〉，〈氾論〉、〈說林〉、〈說山〉、〈脩務〉。《繆稱》以次八篇多略，篇名見上引勞氏説中。詳者當是許、高注，雜略者必係一家之言。解故簡塙，尤近許氏。後讀宋《蘇魏公文集》，內有〈校淮南子題敘〉，所引原文不如勞氏之詳，已見前不錄。與方琦舊說適相吻合，遂取舊輯許氏逸注，比而勘之。〈原道〉以次十三篇，許注與高注文義多異，〈繆稱〉以次八篇，許注與今注文義多同，其異者正見二注之並參，其同者益見許注之不繆。況《隋書·經籍志》，《淮南子》載許慎注二十一卷、高誘注二十一卷，《舊唐書》載《淮南商詁》二十一卷，自注云：商詁乃間詁之訛，不言許慎注，明係敓文。高誘注二十一卷，《新唐書》所載卷目都合。自注云：《新唐書》直云許慎注二十一卷，不云《商詁》，知《舊唐書》無許慎注三字，乃佚文也。惟《宋史·藝文志》載許慎注二十一卷、高誘注十三卷。今〈原道〉以次有題篇適十三篇，意者北宋時高注僅存此數，嘉錫案：《宋史》十三卷，蓋即蘇頌校本去其無注之八篇耳，蘇頌即是北宋人。

與蘇魏公高注得十三篇之說如出一揆。至云許注二十一卷，乃合高注而言之，此下有自注，見後。知高注篇內必雜附許氏殘注，故宋本及《道藏》本並題爲漢太尉祭酒許慎記上。自注云：錢溉亭曰：宋時安得復有許注，大抵許注既佚，宋人遂以零落僅存者屬入高注，遂題許慎之名。又云：正統《道藏》本，即宋時屬人之本，校通行高注增十三四，其間當有許注是也。而〈繆稱〉以下八篇全無高注，斯盡存許氏殘說，故注獨簡質，並無故日因以題篇等字。自注云：莊氏逵吉曰：〈繆稱訓〉下數篇標目下皆無「因以題篇」四字，注又簡略，蓋不全者也，此莊氏不見蘇魏公〈序〉文，故云此。方琦又讀宋本《淮南》，其〈繆稱篇〉題首有《淮南鴻烈閒詁》，于〈要略篇〉亦題「閒詁」二字。閒詁，許注本也，知〈繆稱〉至〈要略〉八篇塙爲許注舊本無疑，而前人志別之，苦心不絕如縷矣。千古沈惑，重相剖析，所望同志，信以傳信。』陶氏之爲說，較勞氏加詳矣。然其中有自注一節云：『宋蘇氏云：互相考證，去其重複，共得高注十三篇，許注十八篇，十字疑衍文。蓋高注十三篇，許注八篇，正合二十一篇之數，故云去其重複。否則八篇即〈繆稱〉以次無題篇之八篇，十篇之注，淆入高注十三篇中，不可復識矣，宋時安得有許注全本？《宋史》誤也。』此則有大謬不然者。蘇頌所言去其重複，蓋所見七本之中皆許、高相參，而互有多少，其間某篇，數本皆有，某篇，此有彼無，故必互相除補，於各本之中，刺取高注之不同者，共得十三篇，校讎寫出，其許注亦除重複，又得十八篇，別爲一本，劉向校書所謂除復重，定著若干篇者，皆如此，陶氏乃謂許注十八篇，十字爲衍文。考《玉海》卷五十五云：『漢《淮南鴻烈》，〈隋志〉二十一篇，許慎、高誘注，〈唐志〉、《中興書目》同。蘇頌去其重複，共得高注十三篇，許注十八篇。』此即是引蘇氏〈序〉，亦作十八篇，則安得謂十字爲衍文？又謂高注十三篇，許注八篇，正合二十一篇之數，是謂今本爲蘇頌所校定，不知蘇氏〈序〉明云：『定著外所闕卷，但載本書，許注仍不敘錄。』則蘇校本中無許注明矣。陶氏刪去此數句不引，自生藤葛，竟似未睹其全篇者然，亦可異矣。晁〈志〉所載許注，雖只十七篇，而仍題二十一卷，陳《錄》二十一卷，謂是高誘，而仍題許慎，則凡宋時許注，皆非全本，〈宋志〉未爲大誤，無勞獻疑也。陶氏既謂十三篇之注爲高、許相雜，則必如其後一說，許注八篇之外，尚有十篇淆入高注而後可，可則蘇頌所見已只八篇，後人安從得之乎？而惡得謂十字爲衍文乎？尋蘇氏所以校定高注，不校許注者，蓋以高注詳而許注略，以爲高優於許故也。然許注十八篇具在，當時固自別行，不知何人取其八篇以補高注。今十三篇中有無許注，無明文可考，如其有之，亦當僅十篇，不能篇篇都有也。陶氏謂高注之中屢有許注，固自言之成

理，島田翰則謂：『誘之注必取之於慎，更加詳審，義則有異。』_{島田氏未見蘇}〈序〉及勞氏、陶氏説。説亦可通。蓋高在許後，不容不見其書，則從之采獲，增損入注，亦事屬理所有，未必定是後人羼入高注。各本皆二十一卷，或二十八卷，惟藤原佐世《日本國見在書目》獨作三十一卷，不知其爲別一本，抑傳寫之誤也。高注自宋時僅存十三篇，《玉海》言之甚明，而自來目錄家皆忽不加察，《提要》此篇所引證，不能出《通考》卷二百十三《淮南子》諸條之外，故尤不能知此，勞氏、陶氏求之《蘇魏公集》而得其説，然所考又皆不能無誤，故詳辨之如此。」余氏所辨，引證翔實，考證精確，足解直齋之惑，而糾《四庫全書總目》之誤也。

〈序〉言：「自誘之少，從同縣盧君受其句讀。」盧君者，植也。與之同縣，則誘乃涿郡人。又言：「是_{廣棪案：《文獻通考》無『是』字，盧校本同。}建安十年辟司空掾，東郡濮陽令，_{廣棪案：盧校本『令』上有『除』字。《文獻通考》無。高誘}_{〈敘目〉作『除東郡濮陽令』。盧氏誤。}十七年遷監河東。」則誘乃漢末人，其出處略可見。

案：誘〈淮南鴻烈解敘目〉曰：「自誘之少，從故侍中同縣盧君，受其句讀，誦舉大義。會遭兵災，天下棋峙，亡失書傳，廢不尋修二十餘載。建安十年，辟司空掾，除東郡濮陽令。睹時人少爲《淮南》者，懼遂凌遲，於是以朝餔事畢之間，乃深思先師之訓，參以經傳道家之言，比方其事，爲之注解，悉載本文，並舉音讀。典農中郎將弁揖借八卷刺之，會揖身喪，遂亡不得。至十七年，遷監河東，復更補足。淺學寡見，未能備悉，其所不達，注以未聞。唯博物君子覽而詳之，以勸後學者云爾。」《解題》殆據此。

子華子十卷

《子華子》十卷，稱晉人程本，字子華，與孔子同時。考前世史志及諸家書目並無此書，蓋假託也。《館閣書目》辨之，當矣。

廣棪案：《玉海》卷第五十三〈藝文·諸子〉「《子華子》」載條：「《書目》：『儒家，十卷，載劉向〈校錄序〉曰：「向所校讎中外書《子華子》，凡二十四篇，以相校，除複重十三篇，定著十篇。」』又曰：『《子華子》，程氏名本，字子華，晉人也。善持論，不肯苟容於諸侯，聚徒著書，自號程子。案〈漢志〉及〈隋〉、〈唐〉二志，《崇文總目》、《國史藝文志》悉無此書，吳競、李淑二家《書目》

亦不載，必近世依託也。』」《玉海》所引《書目》，即《中興館閣書目》，《解題》所述據此。

《家語》有孔子遇程子，傾蓋贈帛之事。而《莊子》亦載子華子見昭僖候一則，此其姓字之所從出。昭僖侯與孔子不同時也。《莊子》 廣棪案：盧校本「《莊子》」上有「然」字。**固寓言，而《家語》亦未可考信。**

案：《文獻通考》卷二百十三〈經籍考〉四十〈子雜家〉「《子華子》十卷」條引朱子曰：「會稽官書版本有《子華子》者，云是程本字子華者所作，孔子所與傾蓋而語者，好奇之士多喜補之。以予觀之，其詞故爲艱澀，而理實淺近；其體務爲高古，而氣實輕浮；其理多取佛、老、醫、卜之言，其語多用《左傳》、《班史》中字；其粉飾塗澤、俯仰態度，但如近年後生巧於模擬變撰者所爲，不惟決非先秦古書，亦非百十年前文字也。原其所以，祇因《家語》等書有孔子與程子傾蓋而語一事，而不見其所語者爲何說，故好事者妄意此人既爲先聖所予，必是當時賢者，可以假託聲勢，眩惑世人，遂爲造此書以傅會之。」《郡齋讀書志》卷第十二〈雜家類〉著錄：「《子華子》十卷。右其傳曰：『子華子，程氏，名本，晉人也。』劉向校定其書。按《莊子》稱『子華子見韓昭侯』，陸德明以爲魏人，既不合。又〈藝文志〉不錄《子華子》書。觀其文辭，近世依託爲之者也。其書有『子華子爲趙簡子不悅』，又有『秦襄公方啓西戎，子華子觀政於秦』。秦襄之卒在春秋前，而趙簡子與孔子同時，相去幾二百年，其牴牾類如此。且多用《字說》，謬誤淺陋，殆元豐以後舉子所爲耳。」《解題》所述，當有依據朱子與晁氏者。

班固〈古今人表〉亦無之。使果有其人，遇合於夫子，班固豈應見遺也？

案：《漢書》卷二十〈古今人表〉第八無子華子。

其文不古，然亦有可觀者，當出於近世能言之流，為此以玩世爾。

案：《四庫全書總目》卷一百十七〈子部〉二十七〈雜家類〉一「《子華子》二卷」條曰：「此本自宋南渡後始刊版於會稽。晁公武以其多用《字說》，指爲元豐後舉子所作。朱子以其出於越中，指爲王銍、姚寬輩所託，而又疑非二人所及。周氏《涉筆》則據其〈神氣〉一篇，指爲黨禁未開之時，不得志者所爲。今觀其書，多採掇黃、老之言，而參以術數之說。《呂氏春秋·貴生》篇一條，今在〈陽城渠胥問篇〉中；〈知度篇〉一條，今在〈虎會篇〉中；〈審爲篇〉一條，則故佚不載，以掩剿剟之跡，頗巧於作僞。然商榷治道，大旨皆不詭於聖賢。其論『黃帝鑄鼎』一條，以爲古人之寓言，足正方士之謬。其論『唐堯土

階』一條，謂聖人不徒貴儉，而貴有禮，尤足砭墨家之偏。其文雖稍曼衍，而
縱橫博辨，亦往往可喜，殆能文之士發憤著書，託其名於古人者。觀篇末自敘
世系，以程出於趙，睠睠不忘其宗，屬其子勿有二心以事主。則明寓宋姓。其
殆熙寧、紹聖之間，宗子之忤時不仕者乎？諸子之書，僞本不一。然此最有理
致文彩，辨其贋則可，以其贋而廢之則不可。陳振孫謂：『其文不古，而亦有可
觀，當出近世能言之流。』實爲公論。晁公武以『謬誤淺陋』譏之，過矣。」
是《四庫全書總目》亦以直齋所考爲是也。

論衡三十卷

《論衡》三十卷，漢上虞王充仲任撰。肅宗時人。仕爲州從事、治中。初著
書八十五篇，釋物類同異，正時俗嫌疑。蔡邕、王朗初傳之時，以爲不見異
人，當得異書。自今觀之，亦未見其奇也。廣棪案：《文獻通考》作「充，肅宗時
人，仕爲州從事、治中。初作此書，北方初未有得者。王朗嘗詣蔡伯喈，搜求至隱處，果
得《論衡》，捉取數卷將去。伯喈曰：『唯我與爾共，勿廣也。』然自今觀之，亦未爲奇。」
與此條文字大不相同，是《解題》板本有異之證。盧校本據《通考》。盧校注：「館本與《通
考》所載不同。」

　　廣棪案：《郡齋讀書志》卷第十二〈雜家類〉著錄：「《論衡》三十卷。右後漢王
充仲任撰。充好論說，始如詭異，終有實理。以俗儒守文，多失其眞，乃閉門
潛思，戶牖牆壁各置刀筆，著《論衡》八十五篇，釋物類同異，正時俗嫌疑。
後蔡邕得之，秘玩以爲談助云。世謂漢文章溫厚爾雅，及其東也已衰。觀此書
與《潛夫論》、《風俗通義》之類，比西京諸書驟不及遠甚，乃知世人之言不誣。」
高似孫《子略》卷四「王充《論衡》」條曰：「《論衡》者，後漢治中王充所論著
也。書八十五篇，二十餘萬言。……袁崧《後漢書》云：『充作《論衡》，中土
未有傳者。蔡邕入吳始見之，以爲談助。』談助之言，可以了此書矣。」考充，
《後漢書》卷四十九〈列傳〉第三十九有傳，其〈傳〉曰：「充好論說，始若詭
異，終有理實。以爲俗儒守文，多失其眞，乃閉門潛思，絕慶弔之禮，戶牖牆
壁各置刀筆。著《論衡》八十五篇，二十餘萬言，釋物類同異，正時俗嫌疑。」
李賢注：「《袁山松書》曰：『充所作《論衡》，中土未有傳者，蔡邕入吳始得之，
恆秘玩以爲談助。其後王朗爲會稽太守，又得其書，及還許下，時人稱其才進。
或曰：不見異人，當得異書。問之，果以《論衡》之益，由是遂見傳焉。』《抱
朴子》曰：『時人嫌蔡邕得異書，或搜求其帳中隱處，果得《論衡》，抱數卷持

去。邕丁寧之曰：「唯我與爾共之，勿廣也。」』」是《解題》等書所述，多據《後漢書》與李賢《注》。《後漢書》本傳又謂：「刺史董勤辟爲從事，轉治中，自免還家。友人同郡謝夷吾上書薦充才學，肅宗特詔公車徵，病不行。」是充之任州從事、治中職，在漢章帝時。惟其卒時，已爲和帝永元中矣。

女誡一卷

《女誡》一卷，漢曹世叔妻班昭撰。固之妹也。俗號《女孝經》。

廣梭案：《隋書》卷三十四〈志〉第二十九〈經籍〉三〈子〉著錄：「《曹大家女誡》一卷。」《宋史》卷二百三〈志〉第一百五十六〈藝文〉三〈傳記類〉著錄：「班昭《女誡》一卷。」書名雖略異，應與《解題》所著錄者爲同一書。惟《四庫全書總目》卷九十五〈子部〉五〈儒家類存目〉一著錄：「《女孝經》一卷，內府藏本。唐鄭氏撰。鄭氏，朝散郎侯莫陳邈之妻。侯莫陳三字，複姓也。前載〈進書表〉，稱姪女策爲永王妃，因作此以戒。《唐書‧藝文志》不載，《宋史‧藝文志》始載之。《宣和畫譜》載：『孟昶時，有石恪畫《女孝經》像八。』則五代時乃盛行於世也。其書仿《孝經》分十八章，章首皆假班大家以立言。〈進表〉所謂『不政自專，因以班大家爲主』。其文甚明。陳振孫《書錄解題》直以班昭所撰，誤之甚矣。」是《四庫全書總目》謂直齋以鄭氏《女孝經》誤作班昭《女誡》。恐非是。南宋時必有稱譽《女誡》爲《女孝經》者，故《解題》謂「俗號《女孝經》」，殊非誤將鄭氏《女孝經》視爲班氏《女誡》也。況《後漢書》卷八十四〈列女傳〉第七十四「曹世叔妻」傳中即載《女誡》七篇，直齋豈容有誤，而將二者相混，故《四庫全書總目》所云，厚誣直齋矣。

潛夫論十卷

《潛夫論》十卷，漢安定王符節信撰。

廣梭案：《隋書》卷三十四〈志〉第二十九〈經籍〉三《子‧儒》著錄：「《潛夫論》十卷，後漢處士王符撰。」與此同，惟〈隋志〉入〈儒家類〉，此入〈雜家類〉爲不同耳。考《後漢書》卷四十九〈列傳〉第三十九〈王符〉載：「王符字節信，安定臨涇人也。少好學，有志操，與馬融、竇章、張衡、崔瑗等友善。安定俗鄙庶孽，而符無外家，爲鄉人所賤。自和、安之後，世務游宦，當塗者更相薦引，而符獨耿介不同於俗，以此遂不得升進。志意蘊憤，及隱居著書三

十餘篇，以譏當時失得，不欲章顯其名，故號曰《潛夫論》。其指訐時短，討覈物情，足以觀見當時風政，著其五篇云爾。」《郡齋讀書志》卷第十〈儒家類〉著錄：「《潛夫論》十卷。右後漢王符節信撰。在和、安之世，耿介不同於俗，遂不得進，隱居著書三十六篇，以譏當時失得，不欲彰顯其名，故號曰《潛夫》。范曄取其〈貴忠〉、〈浮侈〉、〈實貢〉、〈愛日〉、〈述赦〉等五篇，以爲足以觀見當時風政。頗潤益其文。後韓愈亦贊其〈述赦〉旨意甚明云。」足資參證。此書《郡齋讀書志》亦收入〈儒家〉。

風俗通義十卷

《風俗通義》十卷，漢泰山太守汝南應劭仲遠撰。

廣棪案：《後漢書》卷四十八〈列傳〉第三十八〈應劭〉載：「劭字仲遠。少篤學，博覽多聞。靈帝時舉孝廉，辟車騎將何苗掾。（中平）六年，拜太山太守。……撰《風俗通》，以辯物類名號，釋時俗嫌疑。文雖不典，後世服其洽聞。」足資參證。

〈唐志〉二十卷。

案：《隋書》卷三十四〈志〉第二十九〈經籍〉三《子·雜》著錄：「《風俗通義》三十一卷，《錄》一卷。應劭撰。梁三十卷。」《舊唐書》卷四十七〈志〉第二十七〈經籍〉下〈雜家類〉著錄：「《風俗通義》三十卷，應劭撰。」《新唐書·藝文志》同。是兩〈唐志〉著錄均作三十卷，疑《解題》「二」乃「三」之訛。

今惟存十卷。

案：《玉海》卷第五十五〈著書雜著〉「漢《風俗通》」條載：「《中興書目》：『十卷。』案〈隋志〉本三十一卷，今存十卷：〈皇霸〉、〈正失〉、〈愆禮〉、〈過譽〉、〈十反〉、〈聲音〉、〈窮通〉、〈祀典〉、〈怪神〉、〈山澤〉。」是南宋時此書惟存十卷。

餘略見庾仲容《子鈔》。

案：《隋書》卷三十四〈志〉第二十九〈經籍〉三《子·雜》著錄：「《子鈔》三十卷，梁黟令庾仲容撰。」《玉海》卷第五十三〈藝文·諸子〉「唐〈子書要略〉」條載：「〈志·雜家〉：『庾仲容《子鈔》三十卷。』《書目》：『梁庾仲容鈔諸子，凡百有五家，輯為是書。一云一百七家。』」是庾氏《子鈔》所輯《風俗通義》，應有溢出今存十卷之外者。

蔣子萬機論二卷

《蔣子萬機論》二卷，魏太尉平河_{廣校案：《文獻通考》作「平阿」，盧校本同。}蔣濟子通撰。

> 廣校案：《三國志》卷十四〈魏書〉十四〈程郭董劉蔣劉傳〉第十四載：「蔣濟字子通，楚國平阿人也。」是濟之籍貫應作平阿，《解題》誤。考平阿，在今安徽懷遠縣。〈濟傳〉又載：「文帝即王位，……濟上《萬機論》，帝善之。」是此書魏文帝時所上。又載：「齊王即位，徙爲領軍將軍，進爵昌陵亭侯，遷太尉。」《解題》稱濟爲「魏太尉」，殆本此。

案《館閣書目》卷_{廣校案：《文獻通考》「卷」上有「十」字。盧校本同。}五十五篇。今惟十五篇，恐_{廣校案：《文獻通考》作「疑」，盧校本同。}非全書也。

> 案：《隋書》卷三十四〈志〉第二十九〈經籍〉三〈子·雜〉著錄：「《蔣子萬機論》八卷，蔣濟撰。」是此書唐初時僅存八卷。《玉海》卷第六十二〈藝文·論〉「魏《萬機論》」載：「〈蔣濟傳〉：『字子通。上《萬機論》，文帝善之。』〈隋志·雜家〉：『八卷。』〈唐志〉十卷，〈舊志〉八卷。《書目》：『《蔣子萬機論》十卷，凡五十五篇，雜論立政、用人、兵家之說，及考論前賢故事、雜問。』《三國志注》引《萬機論》。」是此書北宋時已作十卷。今檢〈宋志〉亦作十卷，直齋所得者二卷，殆一不全之本也。

博物志十卷

《博物志》十卷，_{館臣案：此書別有注本，互見〈小說家〉。}晉司空范陽張華茂先撰。多奇聞異事。

> 廣校案：華，字茂先，范陽方城也。《晉書》卷三十六〈列傳〉第六有傳。謂惠帝時，華代下邳王晃爲司空。又謂華著《博物志》十篇。《隋書》卷三十四〈志〉第二十九〈經籍〉三〈子·雜〉著錄：「《博物志》十卷，張華撰。」《郡齋讀書志》卷第十三〈小說類〉「周、盧注《博物志》十卷、盧氏注六卷」條云：「右晉張華撰，載歷代四方奇物異事。」《玉海》卷第五十七〈藝文·志〉「晉《博物志》」載：「《書目》：『十卷。采錄雜記異聞。有周日用、盧氏注釋聞見於下。』」與此略同。

華能辨龍鮓，

> 案：《晉書》本傳載：「陸機嘗餉華鮓，于時賓客滿座，華發器，便曰：『此龍肉

也。』眾未之信，華曰：『試以苦酒濯之，必有異。』既而五色光起。機還問鮓主，果云：『園中茅積下得一白魚，質狀殊常，以作鮓，過美，故以相獻。』」即記此事。

識劍氣，其學固然也。

案：《晉書》本傳載：「初，吳之未滅也，斗牛之間常有紫氣，道術者皆以吳方強盛，未可圖也，惟華以爲不然。及吳平之後，紫氣愈明。華聞豫章人雷煥妙達緯象，乃要煥宿，屏人曰：『可共尋天文，知將來吉凶。』因登樓仰觀。煥曰：『僕察之久矣，惟斗牛之間頗有異氣。』華曰：『是何祥也？』煥曰：『寶劍之精，上徹於天耳！』華曰：『君言得之。吾少時有相者言，吾年出六十，位登三事，當得寶劍佩之，斯言豈效與？』因問曰：『在何郡？』煥曰：『在豫章豐城。』華曰：『欲屈君爲宰，密共尋之，可乎？』煥許之。華大喜，即補煥爲豐城令。煥到縣，掘獄屋基，入地四丈餘，得一石函，光氣非常，中有雙劍，並刻題，一曰龍泉，一曰太阿。其夕，斗牛間氣不復見焉。煥以南昌西山北巖下土以拭劍，光芒艷發。大盆盛水，置劍其上，視之者精芒炫目。遣使送一劍并土與華，留一自佩。或謂煥曰：『得兩送一，張公豈可欺乎？』煥曰：『本朝將亂，張公當受其禍，此劍當繫徐君墓樹耳。靈異之物，終當化去，不永爲人服也。』華得劍，寶愛之，常置坐側。華以南昌土不如華陰赤土，報煥書曰：『詳觀劍文，乃干將也，莫邪何復不至？雖然，天生神物，終當合耳。』因以華陰土一斤致煥。煥更以拭劍，倍益精明。華誅，失劍所在。煥卒，子華爲州從事，持劍行經延平津，劍忽於腰間躍出墮水。使人沒水取之，不見劍，但見兩龍各長數丈，蟠縈有文章，沒者懼而反。須臾，光彩照水，波浪驚沸，於是失劍。華歎曰：『先君化去之言，張公終合之論，此其驗乎！』華之博物多此類，不可詳載焉。」即記此事。

古今注三卷

《古今注》三卷，晉太傅丞崔豹正熊撰。

廣棪案：《玉海》卷第四十八〈記注〉「晉《古今注》」載：「〈唐志・儀注類〉：『崔豹《古今注》一卷。』又〈雜家〉：『崔豹《古今注》三卷。〈輿服〉、〈都邑〉、〈音樂〉、〈鳥獸蟲魚〉、〈草木〉、〈雜注〉、〈問答〉、〈釋義〉八篇。』〈隋志・雜家〉：『《古今注》三卷。』《書目・雜家》：『《古今注》三卷，晉太傅丞崔豹撰。雜取古今

名物，各爲考釋，凡八門。』」足供參證。惟〈新唐志・儀注類〉著錄作「一卷」，應爲「三卷」之誤。

孫子十卷

《孫子》十卷，題晉孫綽興公撰。恐依託。〈唐志〉及《中興書目》並無之。

　　廣棪案：綽字興公，博學善屬文，作〈天台山賦〉，辭致甚工。《晉書》卷五十六〈列傳〉第二十六附〈孫楚〉。《通志》卷六十六〈藝文略〉第四〈諸子類〉第六〈儒術〉著錄：「《孫綽子》十卷。」即此書。《秘書省續編到四庫闕書目》卷二〈子類・儒家〉著錄：「《孫綽子》一十卷，闕。」輝按：〈新唐志〉入〈道家類〉，云十二卷，孫綽撰。〈宋志〉入〈雜家類〉，陳《錄・雜家類》：『《孫子》十卷，云題晉孫綽興公撰，恐係依託。〈唐志〉及《中興書目》并無之。』」葉德輝考證本。可參考。考《舊唐書》卷四十七〈志〉第二十七〈經籍〉下〈道家類〉、《新唐書》卷五十九〈志〉第四十九〈藝文〉三〈道家類〉均著錄：「《孫子》十二卷，孫綽撰。」雖卷數及將其書入〈道家類〉，顯與《解題》不同，惟直齋似不應謂〈唐志〉無此書，殊失檢。

余從程文簡家借錄。

　　案：大昌字泰之，諡文簡，《宋史》卷四百四十三〈列傳〉第一百九十二〈儒林〉三有傳。直齋常從文簡後人借錄書籍，《解題》頗有記述。

劉子五卷

《劉子》五卷，廣棪案：盧校注：「今本十卷。」劉畫孔昭撰。播州錄事參軍袁孝政為〈序〉。館臣案：〈劉子序〉係袁孝政作，原本脫姓，今補入。凡五十五篇。案〈唐志〉十卷，劉勰撰。今〈序〉云：「畫傷己不遇，天下陵遲，播遷江表，故作此書。時人莫知，謂為劉勰，或曰劉歆、劉孝標作。」孝政之言云爾，終不知書為何代人。廣棪案：盧校注：「《晁志》以為齊時人。」其書近出，傳記無稱，莫詳其始末，不知何以知其名畫而字孔昭也。

　　廣棪案：此書或作三卷，見《崇文總目》卷三〈雜家類〉、《郡齋讀書志》卷第十二〈雜家類〉、《玉海》卷第五十三〈藝文・諸子〉「《劉子》」條引《中興書目》，及《宋史》卷二百五〈志〉第一百五十八〈藝文〉四〈雜家類〉；或

作十卷，見《舊唐書》卷四十七〈志〉第二十七〈經籍〉下〈雜家〉、《新唐書》卷五十九〈志〉第四十九〈藝文〉三〈雜家類〉。兩〈唐志〉均以此書爲劉勰撰。《郡齋讀書志》曰：「《劉子》三卷。右齊劉晝孔昭撰，唐袁政注。凡五十五篇。言修心治身之道，而辭頗俗薄。或以爲劉勰，或以爲劉孝標，未知孰是？」《玉海》「《劉子》」條曰：「北齊劉晝字孔昭撰，袁孝正爲〈序〉并注。凡五十五篇，〈清神〉至〈九流〉。《書目》：『三卷，泛論治國修身之要，雜以九流之說。』」可供參證。《四庫全書總目》卷一百十七〈子部〉二十七〈雜家類〉一著錄：「《劉子》十卷，內府藏本。案《劉子》十卷，〈隋志〉不著錄。〈唐志〉作梁劉勰撰。陳振孫《書錄解題》、晁公武《讀書志》俱據唐播州錄事參軍袁孝政〈序〉，作北齊劉晝撰。《宋史・藝文志》亦作劉晝。自明以來，刊本不載孝政註，亦不載其〈序〉。惟陳氏載其〈序〉，略曰：『晝傷己不遇，天下陵遲，播遷江表，故作此書。時人莫知，謂爲劉勰、劉歆、劉孝標作。』云云。不知所據何書，故陳氏以爲終不知書爲何代人。案梁通事舍人劉勰，史惟稱其撰《文心雕龍》五十篇，不云更有別書。且《文心雕龍・樂府篇》稱：『塗山歌於候人，始爲南音。有娀謠乎飛燕，始爲北聲。夏甲歎於東陽，東音以發。殷整思於西河，西音以興。』此書〈辨樂篇〉稱：「夏甲作〈破斧〉之歌，始爲東音。」與勰說合。其稱：『殷辛作靡靡之樂，始爲北音。』則與勰說迥異，必不出於一人。又史稱勰長於佛理，嘗定定林寺經藏。後出家，改名慧地。此書末篇乃歸心道教，與勰志趣迥殊。白雲齋《道藏目錄》亦收之《太元部・無字號》中，其非奉佛者明甚。近本仍刻劉勰，殊爲失考。劉孝標之說，《南史》、《梁書》俱無明文，未足爲據。劉歆之說，則〈激通篇〉稱：『班超憤而習武，卒建西域之績。』其說可不攻而破矣。惟北齊劉晝字孔昭，渤海阜城人。名見《北史・儒林傳》。然未嘗播遷江表，與孝政之〈序〉不符。〈傳〉稱：『晝孤貧受學，恣意披覽，晝夜不息。舉秀才不第，乃恨不學屬文，方復綴輯詞藻，言甚古拙。』與此書之縟麗輕蒨亦不合。又稱：『求秀才十年不得，乃發憤撰〈高才不遇傳〉。孝昭時出詣晉陽上書，言亦切直，而多非世要，終不見收。乃編錄所上之書爲《帝道》。河清中，又著《金箱壁言》，以指譏政之不良。』亦不云有此書。豈孝政所指，又別一劉晝歟？觀其書末〈九流〉一篇，所指得失，皆與《隋書・經籍志・子部》所論相同。使〈隋志〉襲用其說，不應反不錄其書。使其剽襲〈隋志〉，則貞觀以後人作矣。或袁孝政採掇諸子之言，自爲此書而自註之。又恍惚其著書之人，使後世莫可究詰，亦未可知也。然劉勰之名，今既確知其非，自當刊正。劉

書之名，則介在疑似之間，難以確斷。姑仍晁氏、陳氏二家之目，題書之名，而附著其牴牾如右。」《四庫全書總目》考據翔實，最足參證。

金樓子十卷

《金樓子》十卷，梁元帝繹世誠為湘家王所述也。雜記古今聞見。

廣棪案：繹字世誠，小字七符，高祖第七子。《梁書》卷五〈本紀〉第五、《南史》卷八〈梁本紀〉下第八有傳。《南史》謂其「著《孝德傳》、《忠臣傳》各三十卷，《丹陽尹傳》十卷，注《漢書》一百十五卷，《周易講疏》十卷，《內典博要》百卷，《連山》三十卷，《詞林》三卷，《玉韜》、《金樓子》、《補闕子》各十卷，《老子講疏》四卷，《懷舊傳》二卷，《古今全德志》、《荊南地記》、《貢職圖》、《古今同姓名錄》各一卷，《筮經》十二卷，《式贊》三卷，文集五十卷。」所載正有此書。《郡齋讀書志》卷第十二〈雜家類〉著錄：「《金樓子》十卷。右梁元帝繹撰。書十篇，論歷代興亡之迹，〈箴戒〉、〈立言〉、〈志怪〉、〈雜說〉、〈自敘〉、〈著書〉、〈聚書〉，通曰《金樓子》者，在藩時自號。」足資參證。

末一卷為〈自序〉。

案：《四庫全書》本《金樓子·自序》在第六卷卷末。其文首處即曰：「人間之世，飄忽幾何？如鑿石見火，窺隙觀電。螢睹朝而滅，露見日而消。豈可不自序也。」此下則雜記一己之遭際、見聞，其中之事，光怪陸離，有頗聳人聽聞，出人意表者，文長不備錄。

瑞應圖十卷

《瑞應圖》十卷，不著名氏。案〈唐志〉有孫柔之《瑞應圖記》、熊理《瑞應圖譜》各三卷，館臣案：《唐書·藝文志》作熊理《瑞應圖讚》三卷。顧野王《符瑞圖》十卷，又《祥瑞圖》十卷。今此書名與孫、熊同，而卷數與顧合，意其野王書也。其間亦多援孫氏以為注。《中興書目》有《符瑞圖》二卷，定著為野王。又有《瑞應圖》十卷，稱：「不知作者，載天地瑞應諸物，以類分門。」今書正爾，未知果野王否？又云：「或題王昌齡。」廣棪案：《文獻通考》作「王伯齡」，盧校本同。至李淑《書目》，又直以為孫柔之。其為昌齡或不可知，而

此書多引孫氏，則決非柔之矣。廣棪案：《文獻通考》闕「其為昌齡」至「則決非柔之矣」凡二十一字。又恐李氏書別一家也。

廣棪案：《舊唐書》卷四十七〈志〉第二十七〈經籍〉下〈雜家類〉著錄：「《瑞應圖記》二卷，孫柔之撰。」又「《瑞應圖讚》三卷，熊理撰。」又：「《祥瑞圖》十卷。」又：「《符瑞圖》十卷，顧野王撰。」《新唐書》卷五十九〈志〉第四十九〈藝文〉三〈雜家類〉著錄：「孫柔之《瑞應圖記》三卷、熊理《瑞應圖讚》三卷、顧野王《符瑞圖》十卷，又《祥瑞圖》十卷。」〈舊〉、〈新唐志〉所著錄，微有不同，惟《解題》所謂〈唐志〉，乃指《新唐書·藝文志》。直齋意此書為顧野王撰，至是否王昌齡撰則不可知，而決非孫柔之撰。考《玉海》卷第二百《祥瑞·總瑞瑞圖》「陳《符瑞圖》」條載：「《書目》：『《符瑞圖》二卷，陳顧野王撰。初，世傳《瑞應圖》一篇，云周公所制。魏、晉間，孫氏、熊氏合之為三篇，所載叢舛，野王去其重複，益采圖緯，起三代，止梁武帝大同中。凡四百八十二目，時有援據以為注釋。《瑞應圖》十卷，載天地瑞應諸物，以類分門。或題王昌齡撰，又云孫柔之。」是直齋《解題》中所論，殆就李淑《邯鄲書目》及《中興館閣書目》二書而發也。

子鈔三十卷

《子鈔》三十卷，梁尚書左丞穎川庾仲容子仲撰。所取諸子之書有百五家，其間頗有與今世見行書不同者，而亡者亦多矣。

廣棪案：仲容字子仲，穎川鄢陵人。《梁書》卷五十〈列傳〉第四十四〈文學〉下、《南史》卷三十五〈列傳〉第二十五有傳。梁武帝時除尚書左丞，坐推糾不直免。《梁書》、《南史》均謂「仲容抄諸子書三十卷」，即此書也。《隋書》卷三十四〈志〉第二十九〈經籍〉三〈子·雜〉著錄：「《子鈔》三十卷，梁黟令庾仲容撰。」蓋以仲容卒於黟縣令也。高似孫《子略·目》卷一載：「《子鈔》，梁諮議參軍庾仲容，穎川人。《子鈔》百十有七家，仲容所取或數句，或一二百言，是有以契其意，入其用，而他人不可其享者也。馬總《意林》一遵庾目，多者十餘句，少者一二言，比《子鈔》更為取之嚴，錄之精且約也。」《玉海》卷第三十五〈藝文·諸子〉「唐《子書要略》」條載：「庾仲容《子鈔》三十卷。《書目》：『梁庾仲容鈔諸子，凡百有五家，輯為是書。一云一百七家。』」均足資參證。

意林三卷

《意林》三卷，唐大理評事扶風馬總會元撰。以庾《鈔》增損，裁擇為此書。

廣棪案：《郡齋讀書志》卷第十二〈雜家類〉著錄：「《意林》三卷。右唐馬總會元撰。初，梁潁川庾仲容取諸家書術數雜說，凡一百七家，鈔其要語，為三十卷，總以其繁略失中，增損成三軸。前有戴叔倫、楊伯存兩〈序〉。」《玉海》卷第五十五〈藝文・著書雜著〉「唐《意林》」條載：「《書目》：『貞元中，馬總撰，三卷。先是，梁庾仲容為《子書鈔》三十卷，總增損庾書，詳擇前志，裁成三卷，戴叔倫、柳伯存為〈序〉。』足資參證。」《四庫全書總目》卷一百二十三〈子部〉三十三〈雜家類〉七著錄：「《意林》五卷，江蘇巡撫採進本。唐馬總編。《唐書》總本傳但稱其系出扶風，不言為何地人。其字《唐書》作會元，而此本則題曰元會。均莫能詳也。〈傳〉稱其歷任方鎮，終於戶部尚書，贈右僕射，諡曰懿。陳振孫《書錄解題》稱總仕至大理評事。則考之未審矣。」是兩《唐書》並未載總仕大理評事，恐《解題》誤也。至此書卷數，《四庫全書》據明嘉靖己丑廖自顯刻本作五卷，分卷與《解題》著錄者不同。至《意林》撰〈序〉之「楊伯存」，應作「柳伯存」。孫猛《郡齋讀書志校證》曰：「按『楊』當作『柳』，今本有柳并伯存貞元丁卯序，柳〈序〉載《全唐文》卷三七二。」考柳并字伯存，大歷中辟河東府掌書記，遷殿中侍御史，喪明終於家。其所撰〈意林序〉略曰：「扶風馬總精好前志，務於簡要，又因庾仲容之《鈔》，略存為六卷，題曰《意林》，聖賢則糟粕靡遺，流畧則精華盡在，可謂妙矣。……予扁舟途水，留滯廬陵。扶風為余語其本尚，且曰：『編錄所取，先務經濟，次存作者之意，罔失篇目，如面古人。』予懿馬氏之作，文約趣深，誠可謂懷袖百家，掌握千卷，之子用心也遠乎哉！旗其可美，述於篇首，俾傳好事。貞元丁卯歲夏之晦，文廢瞍河東柳伯存重述。」讀柳〈序〉，可悉馬總撰書之旨。

總後宦達，嘗副裴晉公平淮西者也。

案：馬總，兩《唐書》有傳，惟均作馬摠。《舊唐書》卷一百五十七〈列傳〉第一百七載：「馬摠，字會元，扶風人。……（元和）八年，轉桂州刺史、桂管經略觀察使，入為刑部侍郎。裴度宣慰淮西，奉為制置副使。吳元濟誅，度留摠蔡州，知彰義軍留後。尋檢校工部尚書、蔡州刺史兼御史大夫，充淮西節度使。……長慶三年卒，贈右僕射。」《新唐書》所載略同。

顏氏家訓七卷

《顏氏家訓》七卷，北齊黃門侍郎琅邪顏之推撰。古今家訓以此為祖，而其書崇尚釋氏，故不列於〈儒家〉。

　　廣桉案：之推字介，《北齊書》卷四十五〈列傳〉第三十七〈文苑〉、《北史》卷八十三〈列傳〉第七十一〈文苑〉均有傳，北齊武成帝時除黃門侍郎。《郡齋讀書志》卷第十〈儒家類〉著錄：「《家訓》七卷。右北齊顏之推撰。之推，本梁人，所著凡二十篇。述立身治家之法，辨正時俗之謬，以訓諸子孫。」《郡齋讀書志》列此書於〈儒家類〉，似未及《解題》允當。《四庫全書總目》卷一百十七〈子部〉二十七〈雜家類〉一著錄：「《顏氏家訓》二卷，江西巡撫採進本。舊本題北齊黃門侍郎顏之推撰。考陸法言〈切韻序〉作於隋仁壽中，所列同定八人，之推與焉。則實終於隋，舊本所題，蓋據作書之時也。陳振孫《書錄解題》云：『古今家訓，以此為祖。』然李翱所稱〈太公家教〉，雖屬僞書。至杜預〈家誡〉之類，則在前久矣，特之推所撰，卷帙較多耳。晁公武《讀書志》云：「之推本梁人，所著凡二十篇。述立身治家之法，辨正時俗之謬，以訓世人。』今觀其書，大抵於世故人情，深明利害，而能文之以經訓，故〈唐志〉〈宋志〉俱列之〈儒家〉。然其中〈歸心〉等篇，深明因果，不出當時好佛之習。又兼論字畫音訓，並考正典故，品第文藝，曼衍旁涉，不專為一家之言。今特退之〈雜家〉，從其類焉。又是書〈隋志〉不著錄，〈唐志〉、〈宋志〉俱作七卷。今本止二卷。錢曾《讀書敏求記》載有宋鈔淳熙七年嘉興沈揆本七卷。以閩本、蜀本及天台謝氏所校五代和凝本參定，末附〈考證〉二十三條，別為一卷，且力斥流俗并為二卷之非。今沈本不可復見，無由知其分卷之舊，姑從明人刊本錄入。然其文既無異同，則卷帙分合亦為細故。惟〈考證〉一卷佚之可惜耳！」可供參證。

匡謬正俗八卷

《匡謬正俗》八卷，館臣案：前第二卷《毛詩補音》解題所引顏氏《紀謬正俗》，即此書。因避諱「匡」字，改作「紀」。唐秘書監琅邪顏籀師古撰。其子符璽郎揚庭永徽二年表上之。

　　廣桉案：《郡齋讀書志》卷第四〈經解類〉著錄：「《匡謬正俗》八卷。右唐顏籀師古撰。以世俗之言多謬誤，質諸經史，刊而正之。永徽中，其子揚庭上之。」

可相參證。惟《郡齋讀書志》列此書於〈經解類〉，則較《解題》爲長也。籕字師古，雍州萬年人，貞觀十五年遷秘書監。《舊唐書》卷七十三〈列傳〉第二十三、《新唐書》卷一百九十八〈列傳〉第一百二十三〈儒學〉上有傳。《舊唐書》本傳載：「永徽三年，師古子揚庭爲符璽郎，又表上師古所撰《匡謬正俗》八卷。高宗下詔付秘書閣，仍賜揚庭帛五十匹。」《新唐書》所載略同。又《唐會要》：「永徽三年三月三日，符璽郎顏揚庭上父師古所撰《刊謬正俗》八卷，付秘閣。」是《解題》之「永徽二年」，乃「三年」之誤。考《玉海》卷第四十四〈藝文・小學〉「唐《糾繆正俗》」條載：「《書目》：『《糾繆正俗》八卷，永徽二年師古子揚庭表上之。其〈表〉云師古稿草纔半部，帙未終，揚庭以遺文分爲八卷。』」《解題》所以作永徽二年表上者，殆據《中興館閣書目》而誤也。

刊謬正俗跋八卷

《刊謬正俗跋》八卷，莆田鄭樵撰。

　　廣棪案：《玉海》卷第四十四〈藝文・小學〉「唐《糾繆正俗》」條載：「《書目》：『鄭樵《跋正》八卷，辨其差舛。』」《宋史》卷二百五〈志〉第一百五十八〈藝文〉四〈儒家類〉著錄：「鄭樵《刊繆正俗跋正》八卷。」是《中興館閣書目》及〈宋志〉所著錄之書名，均與《解題》不同。樵之此書既爲辨正顏書而作，書名應作《跋正》，《解題》脫「正」字。

理道要訣十卷

《理道要訣》十卷，唐宰相杜佑撰。廣棪案：《文獻通考》「撰」上有「君卿」二字，盧校本同。凡三十三篇，皆設問答之辭。末二卷記古今異制，蓋於《通典》中撮要，以便人主觀覽。

　　廣棪案：《新唐書》卷五十九〈志〉第四十九〈藝文〉三〈雜家類〉著錄：「杜佑《理道要訣》十卷。」著錄與此同。《玉海》卷第五十一〈藝文・典故〉「《理道要訣》」條載：「〈志・雜家〉：『杜佑《理道要訣》十卷。』佑〈表〉曰：『竊思理道不錄空言，由是累記修纂。《通典》包羅數千年事，探討禮法刑政，遂成二百卷，先已奉進。從去年春末，更於二百卷中纂成十卷，目曰《理道要訣》，凡三十三篇，《書目》云三十二篇。詳古今之要，酌時宜可行。貞元十九年二月十八日上。』佑〈自序〉曰：『隋季文博《理道集》，〈唐志・法家類〉：「《治道集》

十卷。」多主於規諫，而略於體要，臣頗探政理，竊究始終，遂假問答，方冀發明。第一至第三〈食貨〉，四〈選舉命官〉，五〈禮教〉，六〈封建州郡〉，七〈兵刑〉，八〈邊防〉，九、十〈古今異制議〉。」權德輿以為誕章閎議，錯綜古今，經世立言之旨備焉。朱文公謂非古是今之書。」足資參證。佑字君卿，京兆萬年人。憲宗元和元年冊拜司徒、同平章事，封岐國公。《舊唐書》卷一百四十七〈列傳〉第九十一、《新唐書》卷一百六十六〈列傳〉第九十七有傳。

造化權輿六卷

《造化權輿》六卷，唐豐王府法曹趙自勸撰。天寶七年表上。

　　廣棪案：《新唐書》卷五十五〈志〉第四十九〈藝文〉三〈小說家類〉著錄：「趙自勸《造化權輿》六卷。」《玉海》卷第三〈天文·天文書下〉「唐《造化權輿》」條載：「〈藝文志·小說家〉：『趙自勸《造化權輿》六卷。』《崇文目》同。《中興書目》：『唐天寶中，豐王府法曹參軍趙自勸撰。上述太極、天地、山岳、七曜、五行、陰陽之所始，中述人靈動用之所由，下述萬物變化鬼神之所出。』足資參證。

陸農師著《埤雅》頗采用之，其孫務觀嘗兩為之〈跋〉。

　　案：陸佃著《埤雅》，《解題》卷三〈小學類〉著錄，曰：「《埤雅》二十卷，陸佃撰。曰〈釋魚〉、〈釋獸〉，以及於〈鳥〉、〈蟲〉、〈馬〉、〈草〉、〈木〉，而終之以〈釋天〉，所以為《爾雅》之輔也。」《埤雅》采用《造化權輿》，蓋以撰《釋天》也。《解題》謂陸游曾兩跋自勸此書。考《渭南文集》卷二十六〈跋·跋造化權輿〉云：「先楚公著《埤雅》多引是書，然未之見也。乾道三年孟夏十八日，傳自玉隆藏室。甫里陸某謹題。」又卷二十七〈跋·跋家藏造化權輿〉云：「右《造化權輿》六卷，楚公舊藏，有九伯父大觀中題字。淳熙壬寅，得之故第廢紙中，用別本讎校，而闕其不可知者。兩本俱通者，亦具疏其下。六月四日，山陰陸某謹記。後十有四年，慶元元年八月十二日重校，凡三日而畢。時年七十一。」即此二〈跋〉也。

余求之久不獲，己亥歲從吳門天慶廣棪案：《文獻通考》「天慶」下有「觀」字。盧校本同。《道藏》中借錄。

　　案：己亥歲，乃宋理宗嘉熙三年（1239），時直齋任浙西提舉。吳門即平江府，兩浙西路治所所在地。

祝融子兩同書

《祝融子兩同書》二卷,不著名氏。《中興書目》云:「唐吳筠撰。」

廣棪案:《中興館閣書目・子部・雜家》著錄:「《兩同書》二卷,唐吳筠撰。《書錄解題》十。」趙士煒輯考本。

〈唐・藝文志〉同,但入〈小說類〉。

案:《新唐書》卷五十五〈志〉第四十九〈藝文〉三〈小說家類〉著錄:「吳筠《兩同書》一卷。」

又案《崇文總目》以爲羅隱撰,未詳。其書采孔、老爲〈內〉、〈外〉十篇。

廣棪案:《文獻通考》此句下有「名《祝融子兩同書》」一句。

案:《崇文總目》卷三〈雜家類〉著錄:「《兩同書》二卷,原釋:『唐羅隱撰。采孔、老之書,著爲〈內〉、〈外〉十篇,以老子修身之說爲內,孔子治世之道爲外,會其旨而同元。』見《文獻通考》。侗按:《書錄解題》作《祝融子兩同書》二卷,云:『不著名氏。《中興書目》云:「唐吳筠撰。」《唐書・藝文志》同。又按《崇文總目》以爲羅隱撰,未詳。』侗考吳筠所撰,〈唐志〉作一卷,與後〈小說類〉上所錄卷數正同,是別爲一書,陳氏蓋未深考耳。《陝西通志》云:『《兩同書》一卷,〈唐〉、〈宋・藝文志〉皆稱筠撰,惟《崇文總目》云羅隱撰。亦誤合二書爲一。』」錢東垣輯釋本。考《郡齋讀書志》卷第十二〈雜家類〉著錄:「《兩同書》兩卷。右唐羅隱撰。隱謂老子養生,孔子訓世,因本之著〈內〉、〈外篇〉各五。其曰《兩同書》者,取兩者同出而異名之意也。」是晁氏亦以此書爲羅隱撰。《四庫全書總目》卷一百十七〈子部〉二十七〈雜家類〉「《兩同書》二卷」條於此事考之最詳,曰:「《兩同書》二卷,江蘇巡撫採進本。唐羅隱撰。隱字昭諫,新城人,本名橫。以十舉不中第,乃更名。朱溫篡唐,以諫議大夫召,不應。後仕錢鏐爲錢塘令,尋爲鎮海軍掌書記節度判官、鹽鐵發運副使,授著作佐郎、司勳郎中,歷遷諫議大夫,給事中。《吳越備史》載隱所著有《淮海寓言》、《讒書》,不言有此書。然《淮海寓言》及《讒書》,陳振孫已訪之未獲。惟此書猶傳於今,凡十篇。上卷五篇,皆終之以老氏之言。下卷五篇,皆終之以孔子之言。《崇文總目》謂老子修身之說爲〈內〉,孔子治世之道爲〈外〉,會其指而同原。然則『兩同』之名,蓋取晉人將無同之義。晁公武以爲『取兩者同出而異名』,非其旨矣。《書錄解題》引《中興書目》,以爲唐吳筠撰。考《宋史・藝文志》別有吳筠《兩同書》二卷,與此書同載之〈雜家類〉中,非一書也。」是吳筠、羅隱所撰,乃各爲一書,《解題》所著錄者應爲羅隱之書。

祝融者，謂鬻子，為諸子之首也。

案：《漢書》卷三十〈藝文志〉第十〈諸子略‧道家〉著錄：「《鬻子》二十二篇。名熊，為周師，自文王以下問焉，周封為楚祖。」宋濂〈諸子辨〉載：「《鬻子》一卷，楚鬻熊撰。熊為周文王師，封為楚祖；著書二十二篇，蓋子書之始也。〈藝文志〉屬之〈道家〉，而〈小說家〉又別出十九卷。」是《鬻子》，宋濂亦稱為「子書之始」。惟鬻熊所著書，〈漢志〉已分列〈道家〉與〈小說家〉矣。今人張舜徽《漢書藝文志通釋》曰：「《文心雕龍‧諸子篇》云：『鬻熊知道，而文王咨詢。餘文遺事，錄為《鬻子》。子之肇始，莫先于茲。』考周秦諸子之書著錄于〈漢志〉者，在《鬻子》之前，尚有《伊尹》、《黃帝》、《孔甲》、《大禹》、《神農》、《力牧》諸書。是不得謂《鬻子》為子書之始也，特直名其書為某子，則以此為最早耳。觀《列子》中三引《鬻子》，如云：『物損於此者盈於彼，成於此者虧於彼。損盈成虧，隨世隨死。』又云：『欲剛必以柔守之，欲彊必以弱保之。積於柔必剛，積於弱必彊。觀其所積，以知禍福之鄉。』若此所論，實有合於『清虛自守、卑弱自持』之旨，〈漢志〉列之〈道家〉，是矣。至於《新書‧修政語》下篇所引鬻子論治國之道，則以道義、禮節、忠信為尚，又似乎與儒學宗旨無殊，故明刊《子彙》，徑以《鬻子》列入儒家也。」是《文心》亦稱《鬻子》為「子之肇始」。至此書之宗旨，據《列子》及賈誼《新書》所引，則兼及老氏與孔子之說，是其「兩同」之義，由來已久，故迄羅隱撰《兩同書》，猶采此旨也。其書既老、孔兩同，道、儒兼采，故《崇文總目》特列之〈雜家〉。至此書之命名為「兩同」，即《崇文》所謂「會其（指老、孔）旨而同元」之義，是則《四庫全書總目》謂「蓋取晉人將無同之義」，亦非至當也。

刊誤二卷

《刊誤》二卷，唐國子祭酒李涪廣棪案：《文獻通考》作「李諳」，誤。撰。

廣棪案：《新唐書》卷五十九〈志〉第四十九〈藝文〉三〈小說家類〉著錄：「李涪《刊誤》二卷。」與此同。《玉海》卷第四十四〈藝文‧小學〉「唐《糾繆正俗》」條載：「唐祭酒李涪《刊誤》二卷，刊正古今沿習舛誤，凡五十條。」《四庫全書總目》卷一百十八〈子部〉二十八〈雜家類〉二著錄：「《刊誤》二卷，兩江總督採進本。唐李涪撰。舊本前有結銜稱國子祭酒。郭忠恕《佩觿》引此書，亦稱李祭酒涪。五代去唐末未遠，當得其真。而陸游《渭南集》有是書跋曰：『王行瑜作亂，宗正卿李涪盛陳其忠必悔過。及行瑜傳首京師，涪亦放死嶺南。』

疑即此人，未詳孰是也。前有〈自序〉，稱撰成五十篇。此本惟四十九篇，蓋佚其一，其書皆考究典故，引舊制以正唐宋之失，又引古制以糾唐制之誤，多可以訂正禮文。下卷閒及雜事，如論僅、甥、旁、繆、廐、薦六字之訛，辨陸法言《切韻》之誤，解《論語》不問馬之不非否音，校《左傳》繕完葺牆之完爲宇字，以及駁李商隱孔子師老聃、老聃師竺乾之妄，正賈耽七曜歷之繆。亦頗資博識。唐末文人日趨佻巧，而涪獨考證舊文，亦可謂學有根柢者矣。」均可資參證。

資暇集二卷

《資暇集》_{廣棪案：盧校注：「集」字，〈唐志〉無。}二卷，唐李匡文濟翁撰。

廣棪案：《新唐書》卷五十九〈志〉第四十九〈藝文〉三〈小說家類〉著錄：「李匡文《資暇》三卷。」《郡齋讀書志》卷第十三〈小說類〉著錄：「《資暇》三卷。右唐李匡文濟翁撰。〈序〉稱世俗之談，類多訛誤，雖有見聞，嘿不敢證，故著此書。上篇正誤，中篇譚元，下篇本物，以資休暇云。」疑本書應作三卷，而書名原無「集」字。至撰人之名字，後世亦頗聚訟，或作匡乂，或匡義，或作正文，《四庫全書總目》卷一百十八〈子部〉二十八〈雜家類〉二嘗辨之，曰：「《資暇集》三卷，_{江蘇巡撫採進本。}唐李匡乂撰。舊本或題李濟翁，蓋宋刻避太祖諱，故書其字。如唐修《晉書》，稱石虎爲石季龍。或作李乂，亦避諱刊除一字。如唐修《隋書》，稱韓擒虎爲韓擒，實一人也。《文獻通考》一入〈雜家〉，引《書錄解題》作李匡文；一入〈小說家〉，引《讀書志》作李匡義。而字濟翁則同。《陸游集》有此書跋，亦作李匡文。王楙《野客叢書》作李正文。然《讀書志》實作匡乂，諸書傳寫自誤耳。匡乂始末未詳。書中稱再從叔翁汧公，知爲李勉從孫。又稱宗人翰作《蒙求》，載蘇武、鄭眾事云云。則晉翰林學士李翰之族。其人當在唐宋。《唐書・藝文志》有李匡文《兩漢至唐年紀》一卷，註曰：『昭宗時宗正少卿。』蓋即匡乂。書中但自稱守南海，蓋所歷之官，非所終之官也。」是《四庫全書總目》以名匡乂者爲當。孫猛《郡齋讀書志校證》則曰：「『唐李匡文濟翁撰』，原本李富孫校語云：『原本_{（指其所據底本）}作「匡義」，袁本作「乂」，俱誤。今據瞿鈔本、《書錄解題》、〈唐〉、〈宋・藝文志〉改正。《通考・雜家》、〈小說家〉此書兩見，前引陳氏語，多「集」字，作「匡文」，後作「義」。錢氏大昕曰：「義」與「文」乃字形相訛而訛也。』顧校本作『文』，臨雲本、舊鈔本作『義』，按《資暇》撰者之名，似未可遽定。《鄭堂讀書記》卷

五十四據《新唐書‧宗室世系表》、〈新唐志〉、《渭南文集》卷二十八〈跋資暇集〉等，定爲『匡文』，《四庫提要辨證》卷十五亦主此說。然陳垣以爲當從袁本《讀書志》，作『匡乂』，見《史諱舉例》卷四。岑仲勉則疑《資暇》撰人與著《兩漢至唐年紀》及眾譜者當是二人：前者乃直隴西一系，并非宗室子，時代較後，其書似成於僖宗乾符、中和間；後者則是李夷簡之子，文宗時人。見《唐史餘瀋》卷四。據此，袁本『匡乂』未必誤；退而論之，即使二人同名『匡文』，亦不得以彼糾此。又《唐會要》卷十六云：『中和元年，僖宗避賊成都，有司請享太祖以下十一室，太子賓客李匡乂建議。』此匡乂時代與《資暇》撰人相合，而其名又獨與撰紀年書、眾譜者（凡撰紀年書及眾譜無一例外，俱作「匡文」）相異。愈益證『匡文』、「匡乂」不必一人矣。」是又附和岑仲勉之說，以爲「匡文」、「匡乂」不必一人。由是觀之，《資暇》撰人之名，仍未可遽定也。

兼明書二卷

《兼明書》二卷，唐國子太學博士丘^{廣棪案：《文獻通考》作「邱」。}光庭撰。

廣棪案：有關此書卷數之著錄，各家頗不一致。清人葉德輝考證本《秘書省續編到四庫闕書目》卷一〈經類‧小學類〉著錄：「邱光庭撰《兼明書》五卷。輝按：陳《錄》云：二卷，〈宋志〉入〈經解類〉，云三卷。又入〈禮類〉，又入〈子部‧雜家類〉，云十二卷，《遂初目》入〈子部‧雜家類〉，無卷數。」考《宋史‧藝文志‧禮類》著錄此書，作四卷，葉氏有脫漏。《四庫全書總目》卷一百十八〈子部〉二十八〈雜家類〉二著錄：「《兼明書》五卷，^{浙江范懋柱家天一閣藏本。}五代邱光庭撰。光庭，烏程人。官太學博士。陳振孫《書錄解題》稱光庭爲唐人。《續百川學海》及《彙秘笈》則題曰宋人。考書中『世』字皆作『代』，當爲唐人。然《羅隱集》有〈贈光庭詩〉，則當已入五代。其爲唐諱，猶孟昶《石經》世民等字，猶沿舊制闕筆耳。是書皆考證之文。《宋史‧藝文志》作十二卷。《書錄解題》作二卷。此本五卷，疑後人所更定。首爲諸書二十二條。次爲《周易》五條、〈尚書〉四條、〈毛詩〉十三條。次爲《春秋》十條、《禮記》五條、《論語》十三條、《孝經》二條、《爾雅》三條。次爲《文選》二十二條。次爲〈雜說〉十八條、《字書》十二條。其《字書》十二條中，恥字、鰥字、明字、朴字四條有錄無書，係傳寫脫佚。起字一條，語不相屬。詳其大義，蓋說起字者依其下段，說朴字者佚其上段，傳寫誤合爲一也。其中如〈諸書門〉，據《山海經》鳳凰之文，《管子》、《韓詩外傳》封禪之記，謂作字不始於蒼頡；不知百

氏雜說，不足爲據。〈春秋門〉，譏劉知幾論《春秋》諸侯用夏正之非：不知《左傳》記晉事，經傳皆差兩月，有用夏正之明徵。『《論語》請車爲椁』一條，謂毀車爲椁，非賣車市椁；不知一車之材，毀之豈能爲椁，殊不近事理。〈雜說門〉，『七夕』一條尤杜撰。〈尚書門〉，『論周康王當名釗』。〈孝經門〉，謂仲尼之尼當作屔，爲古夷字。〈春秋門〉，謂衛桓公當名兒，臆斷無所依據。然如論《史記》誤以放勳、重華、文命爲堯、舜、禹名；毛萇誤以坥爲螘冢，孔安國誤解菁茅，顏師古誤以鶌鳩爲白鷺，孔穎達誤以鴲鴉爲巧婦，又誤以占書爲龜策同爨，《公羊》、《穀梁》誤以荆人爲貶詞，杜預誤以文馬爲畫馬，趙匡誤以諸侯無兩觀。郭璞誤以竊脂爲盜肉，應劭誤以丘氏爲出左丘明，皆引據辨駁，具有條理。所記社稷諸條，多得禮意；駁五臣《文選註》諸條，亦皆精核。謂《春秋》之例，有褒而書者，有貶而書者，有譏而書者，有非褒非貶非譏國之大事法合書者。尤爲卓識。在唐人考證書中，與顏師古《匡謬正俗》可以齊驅。蘇鶚之《演義》、李涪之《刊誤》、李匡乂之《資暇集》抑亦其次。封演《聞見記》頗雜瑣事，又次矣。」可供參考。

蘇氏演義十卷

《蘇氏演義》十卷，唐光啓進士武功蘇鶚德祥撰。此數書者皆考究書傳，訂正名物，辨證訛謬，有益見聞。

廣棪案：《新唐書》卷五十九〈志〉第四十九〈藝文〉三〈小說家類〉著錄：「蘇鶚《演義》十卷。」即此書。《四庫全書總目》卷一百十八〈子部〉二十八〈雜家類〉二著錄：「《蘇氏演義》二卷，《永樂大典》本。唐蘇鶚撰。鶚字德祥，武功人。宰相頲之族也。光啓中登進士第，仕履無考。嘗撰《杜陽雜編》，世有傳本。此書久佚，今始據《永樂大典》所引裒輯成編。《雜編》特小說家言，此書則於典制名物具有考證。書中所言，與世傳魏崔豹《古今注》、馬縞《中華古今注》多相出入，已考證於《古今注》條下。然非《永樂大典》幸而僅存，則豹書之僞猶可考見，縞書之勦襲竟無由證明。此固宜亟爲表章以明眞贋，況今所存諸條爲二書所未刺取者，尚居強半，訓詁典核，皆資博識。陳振孫《書錄解題》稱其考究書傳，訂正名物，辨證訛謬，可與李涪《刊誤》、李濟翁《資暇集》、邱光庭《兼明書》並驅。良非溢美，尤不可不特錄存之，以備參稽也。原書十卷，今掇拾放佚，所得僅此。古書亡失，愈遠愈稀，片羽吉光，彌足珍貴，是固不以多寡論矣。」足資參證。

尤梁谿以家藏本刻之當塗。

案：尤梁谿，即尤袤。字延之，常州無錫人，撰有《梁谿遺稿》。當塗，今安徽南陵縣，宋隸太平州。《宋史》卷三百八十九〈列傳〉第一百四十八〈尤袤〉載：「紹熙元年，起知婺州，改太平州，除煥章閣待制，召除給事中。」紹熙，宋光宗年號，歲次庚戌，西元一一九〇年。是《蘇氏精義》刻於此年，正尤袤「改太平州」任時。

事始三卷

《事始》三卷，唐吳王諮議、弘文館學士南陽劉存撰。館臣案：《唐書・藝文志》劉孝孫、房德懋撰。鄭樵《通志》云皆為王府官，以教諸王始學。

廣校案：《舊唐書》卷四十七〈志〉第二十七〈經籍〉下〈雜家〉著錄：「《事始》三卷，劉孝孫撰。」《新唐書》卷五十九〈志〉第四十九〈藝文〉三〈小說家類〉著錄：「《事始》三卷，劉孝孫、房德懋。」鄭樵《通志》卷六十八〈藝文略〉第六〈雜家〉著錄：「《事始》三卷，唐劉孝孫、房德懋撰。皆為王府官，以教諸王始學。」《郡齋讀書志》卷第十二〈雜家類〉著錄：「右唐劉孝孫等撰。太宗命諸王府官以事名類，推原本始，凡二十六門，以教始學諸王。《易大傳》自始作八卦，至網罟、耒耜、臼杵之微，皆記其本起。《檀弓》所述，亦皆物之初也。然則《事始》之書，當繫之〈儒〉。今以其所取不一，故附於〈雜家〉。」上引各書所著錄撰人，均與《解題》不同。今人岑仲勉《唐史餘瀋》卷一「《事始》」條云：「《舊書》四七：『《事始》三卷，劉孝孫撰』；《崇文總目》同，而缺撰人。錢侗云：『按《舊唐書》、《讀書志》並作劉孝孫撰，〈唐志〉劉孝孫、房德懋同撰，《遂初堂書目》有劉存、劉馮二書，《書錄解題》、〈宋志〉並劉存撰，今本一卷，不著名氏。』余案《書錄解題》一〇：『《事始》三卷，唐吳王諮議、弘文館學士南陽劉存撰』：而《新書》一〇二稱孝孫『貞觀六年，遷著作佐郎、吳王友、歷諮議參軍，遷太守（子）洗馬，未拜卒』，諮議參軍亦王府之官（據《舊志》四四），孝孫所遷，當仍吳王府屬，是劉存歷官與孝孫同也。《姓纂》五，『劉姓南陽望下』云：『潛孫孝，太子洗馬、秦府學士』，『孝』下脫『孫』字，經余校補（見拙著《姓纂四校記》），是劉存郡望與孝孫同也。弘文學士一職，雖未見〈新傳〉，然孝孫為十八學士之一。《翰林院故事》云：『貞觀中，秘書監虞世南等十八人，或秦府故寮，或當時才彥，皆以弘文館學士，會於禁中。』則孝孫固弘文學士也。既有三事相同，因是可

決《解題》等之劉存，實即劉孝孫其人，後世奪去『孫』字（如前引《姓纂》），復以『孝』『存』形近，訛劉孝爲劉存耳。《讀書志》二下作劉孝孫等撰，云：『太宗命諸王府官以事名類，推原初始，凡二十六門，以教始學諸王云。』《隋書》一七〈律曆志〉謂北齊有廣平人劉孝孫，開皇中，文帝嘗欲命其定曆，旋又罷之，未幾卒。與此劉孝孫同姓名，唯年代、籍貫皆不同。」是則《解題》著錄之「劉存」，實乃「劉孝孫」之誤。

炙轂子三卷

《炙轂子》三卷，唐王睿撰。以《古今注》、《二儀實錄》、《樂府解題》等書，刪併為一編。

廣棪案：《新唐書》卷五十九〈志〉第四十九〈藝文〉三〈小說家類〉著錄：「《炙轂子雜錄注解》五卷，王叡。」《郡齋讀書志》卷第十二〈雜家類〉著錄：「《炙轂子雜錄注解》五卷。右唐王叡撰。《二儀實錄》、《古今注》載事物之始，《樂府題解》廣棪案：應作「《樂府解題》」。載樂府所由起。叡輯纂數家之言，正誤補遺削冗，併歸一篇。」所著錄書名、撰人名字與卷數均與《解題》不同，疑《解題》誤也。考《解題》卷二十二〈文史類〉著錄：「《炙轂子詩格》一卷，唐王叡撰。」《解題》此處所著錄撰人名字不誤，亦即撰「《炙轂子》三卷」者。《玉海》卷第五十三〈藝文・諸子〉「《炙轂子》」條載：「《書目》：『《炙轂子雜錄》五卷，唐王叡以《二儀實錄》、《古今注》、《樂府題解》合編爲一書。』」是「睿」應作「叡」又多一確證。

伸蒙子三卷

《伸蒙子》三卷，館臣案・《宋史・藝文志》作《伸蒙子》，原本作「伸蒙」，誤。今改正。廣棪案：《文獻通考》作「《伸蒙子》」，盧校本同。**唐校書郎長樂林慎思虔中撰。**

廣棪案：《新唐書》卷五十九〈志〉第四十九〈藝文〉三〈儒家類〉著錄：「林慎思《伸蒙子》三卷，咸通中人。」《玉海》卷第五十三〈藝文・諸子〉「《伸蒙子》」條載：「《書目》：『三卷。假答問之辭，敘三才、君臣、文武之事，凡萬言。』」徐松《登科記考》卷二十三「唐懿宗昭聖恭惠孝皇帝咸通十年己丑。進士三十人」條載：「林慎思。林永撰〈唐水部郎中伸蒙子家傳〉云：『伸蒙子，姓林氏，諱慎思，字虔中，福州長樂人。少倜儻有大志，力學好修，與昆弟五人，築

室讀書桐巖山中。咸通五年，首薦禮部不第，退居槐里。咸通十年，王凝侍郎歸仁紹榜中進士第。』按《淳熙三山志》：『林慎思終水部郎中、萬年令。』」足資參證。慎思此書有〈自序〉，曰：「予沽名未售，退棲槐里。舊著《儒範》七篇，辭艱理僻，不爲時人所知。復研精覃思，一旦齋沐禱心靈，是宵夢有異焉。明日召著祝之，得蒙䷃之觀䷓曰：『仲蒙入觀，通明之象也。』因感而有所述焉，自號仲蒙子。嘗與二三子辯論興亡，敷陳古今也。或引事以明理，或摛才以潤詞，錄近萬言，編成上、中、下三卷。上卷〈槐里辯〉三篇，象三才，敘天地人之事。中卷〈澤國紀〉三篇，象三辰，敘君臣人之事。下卷〈時喻〉二篇，象二教，敘文武之事焉。予所學周公、仲尼之道，所言堯、舜、禹、湯、文、武之行事也，如有用我者，吾言其施，吾學其行乎！揚雄謂後世有揚子雲，當知吾《太玄》，安知後世不有林虔中者出，吾言迂乎哉！大唐咸通六年二月四日，長樂林慎思虔中自序。」讀之，可知此書命名之故，及慎思之志與撰作之旨。

中華古今注三卷

《中華古今注》三卷，後唐太學博士馬縞撰。蓋推廣崔豹之書也。

廣棪案：《玉海》卷第四十八〈藝文・記注〉「晉《古今注》」條載：「《書目》：『《中華古今注》三卷，五代唐馬縞撰。初，崔豹進《古今注》，原釋事物刱始之意，縞復增益注釋以明之，凡六十六門。』」足與《解題》相參證。惟馬縞，《秘書省續編到四庫闕書目》作馬鎬，其書卷二〈子類・類家〉著錄：「馬鎬《中華古今注》三卷。輝按：陳《錄》、〈宋志〉作馬縞。」葉德輝考證本。考《舊五代史》卷七十一〈唐書〉四十七〈列傳〉第二十三、《新五代史》卷五十五〈雜傳〉第四十三，字均有縞傳。是《秘書省續編到四庫闕書目》誤也。《舊五代史》縞本傳載：「馬縞，少嗜學儒，明經及第，登拔萃之科。……長興四年，爲戶部侍郎。縞時年已八十，及爲國子祭酒，八十餘矣，案：〈馬縞傳〉，原本殘闕。《歐陽史》云：『卒年八十，贈兵部尚書。』據《薛史》，縞爲國子祭酒，已八十餘矣，與《歐陽史》異。又《直齋書錄解題》云：『《中華古今注》，後唐太學博士馬縞撰。』考《歐陽史・雜傳》亦不載馬縞爲太學博士。(《舊五代史考異》) 形氣不衰。《冊府元龜》卷七百八十四。」長興，後唐明宗年號，是縞所任者爲國子祭酒。《新五代史》本傳亦載：「盧文紀作相，以其迂儒鄙之，改國子祭酒。」是其證。《解題》謂縞爲「後唐太學博士」，未悉其依據，疑誤。

格言五卷

《格言》五卷，南唐中書侍郎北海韓熙載叔言撰。

廣棪案：《郡齋讀書志》卷第十二〈雜家類〉著錄：「《格言》五卷。右偽唐韓熙載叔言撰。熙載以經濟自任，乃著書二十六篇，論古今王伯之道，以干李煜。首言陽九百六之數，及五運迭興事，其駁雜如此。有門生舒雅〈序〉。」所載較《解題》爲翔實。熙載字叔言，濰州北海人。《宋史》卷四百七十八〈列傳〉第二百三十七〈世家〉一有傳。南唐後主時遷中書侍郎、光政殿學士承旨。《通志》卷六十八〈藝文略〉第六〈雜家〉著錄：「《格言》六卷，偽唐韓熙載撰。」著錄卷數與《解題》不同。

化書六卷

《化書》六卷，南唐宰相廬陵宋齊邱子嵩撰。廣棪案：盧校注：「此本譚紫霄作，宋齊邱沈諸江而竊之。」

廣棪案：《郡齋讀書志》卷第十二〈雜家類〉著錄：「《宋齊丘化書》六卷。右偽唐宋齊丘子嵩撰。張耒文潛嘗題其後，云：『齊丘之智，特犬鼠之雄耳，蓋不足道。其爲《化書》，雖皆淺機小數，亦微有以見於黃、老之所謂道德，其能成功，有以也。文章頗高簡，有可喜者。其言曰：「君子有奇智，天下不親。」雖聖人出，斯言不廢。』」可供參證。然此書之撰人因有作譚紫霄者。《四庫全書總目》卷一百十七〈子部〉二十七〈雜家類〉一著錄：「《化書》六卷，江西巡撫採進本。舊本題曰齊邱子，稱南唐宋齊邱撰。宋張耒跋其書，遂謂齊邱犬鼠之雄，蓋不足道。晁公武亦以齊邱所撰著於錄。然宋碧虛子陳景元〈跋〉稱：『舊傳陳摶言譚峭景升在終南著《化書》，因游三茅，歷建康，見齊邱有道骨，因以授之。曰：「是書之化，其化無窮。願子序之，流於後世。」於是杖策而去。齊邱遂奪爲己有而序之。』則此書峭所撰，稱齊邱子者非也。書凡六篇。曰〈道化〉、〈術化〉、〈德化〉、〈仁化〉、〈食化〉、〈儉化〉。其說多本黃、老道德之旨，文筆亦簡勁奧質。元陸友仁《硯北雜志》稱：『譚景升書，世未嘗見。他書言其論書道，鍾、王而下，一人而已。』今考『書道』一條，見在〈仁化篇〉中，而友仁顧未之見，則元世流傳蓋已罕矣。明初代王府嘗爲刊行，後復有劉氏、申氏諸本。今仍改題《化書》，而以陳景元〈跋〉附焉。峭爲唐國子司業洙之子，師嵩山道士，得辟穀養氣之術，見沈汾《續仙傳》中。其說神怪，不足深辨。又道家稱

峭為紫霄真人，而《五代史・閩世家》稱王昶好巫，拜道士譚紫霄為正一先生。
其事與峭同時，不知即為一人否？方外之士行蹤靡定，亦無從而究詰矣。」是
盧校注謂「此本譚紫霄作」者，蓋據《四庫全書總目》也。孫猛《郡齋讀書志
校證》曰：「《宋齊丘化書》六卷，袁錄何校本何焯校語云：『此書或以為泉州道
士譚紫霄作，又名《譚子化書》。元延祐間張恆書其後，云「譚峭字景升」，然
則紫霄蓋其道號耶？』又云：『吳岫廬有張恆伯固《字說》，似亦其學徒，而此
書之前則自署為直方真逸。』按《化書》乃譚峭撰，宋齊丘攘奪為已有，宋碧
虛子陳景元〈跋〉已辨之，公武惑於張耒之〈跋〉，誤題撰人。」是則張耒、晁、
陳三人以此書為齊邱撰，恐均不足信。

物類相感志一卷

《物類相感志》一卷，廣棪案：《文獻通考》作「十卷」，盧校本同。僧贊寧撰。國
初名釋也。

廣棪案：《郡齋讀書志》卷第十二〈雜家類〉著錄：「《物類相感志》十卷。右皇
朝僧贊寧撰。采經籍傳記物類相感者志之。分天、地、人、物四門。贊寧、吳
人，以博物稱於世。柳如京、徐騎省與之遊，或就質疑事。楊文公、歐陽文忠
公亦皆知其名。」《通志》卷六十八〈藝文略〉第六〈雜家〉著錄：「《物類相感
志》十卷，釋贊寧撰。」足資參證。《解題》作「一卷」，疑為「十卷」之訛。
惟此書有舊本題作蘇軾撰者。《四庫全書總目》卷一百三十〈子部〉四十〈雜家
類存目〉七著錄：「《物類相感志》十八卷，浙江巡撫採進本。舊本題東坡先生撰，
然蘇軾不聞有此書。又題僧贊寧編次。按晁公武《讀書志》及鄭樵《通志・藝
文略》皆載《物類相感志》十卷，僧贊寧撰。是書分十八卷，既不相符。又贊
寧為宋初人，軾為熙寧、元祐間人，豈有軾著此書，而贊寧編次之理。其為不
通坊賈偽撰售欺審矣。且書以物類相感為名，自應載琥珀、拾芥、磁石、引鍼
之屬。而分天、地、人、鬼、鳥、獸、草、木、竹、蟲、魚、寶器十二門隸事，
全似類書。名實乖舛，尤徵其妄也。」《四庫全書總目》同卷又著錄：「《物類相
感志》一卷，浙江巡撫採進本。舊本題宋蘇軾撰。凡分身體、衣服、飲食、器用、
藥品、疾病、文房、果子、蔬菜、花竹、禽魚、雜著十二門，共四百四十八條，
皆療治及禁忌之事。疑十八卷之本，即因此本而衍之也。」是《四庫全書總目》
謂舊本題蘇軾撰之《物類相感志》，無論一卷本或十八卷本，皆「不通坊賈偽撰
售欺」之作，所言甚允當。

耄智餘書三卷

《耄智餘書》三卷，太子少保致仕澶淵晁迥德遠撰。迥善養生，兼通釋、老書，年至八十四，子孫多聞人。

廣棪案：《郡齋讀書志》卷第十九〈別集類〉下著錄：「《晁文元道院別集》十五卷、《法藏碎金錄》十卷、《耄智餘書》三卷、《昭德新編》三卷、《理樞》一卷。右五世祖文元公也。諱某，字明遠，澶州人。自父始徙家彭門。幼從王禹偁學，太平興國五年進士。至道末，擢右正言，直史館，知制誥，入翰林為學士，加承旨，眷禮優厚。天禧中，祈解近職，判西京留司御史臺。居六年，請老，以太子少保致仕，終少傅，年八十四。文元，謚也。〈國史〉云：『公樂易淳固，守道甚篤，雖貴勢無所摧屈。嘗言歷官臨事，未嘗挾情害人以售進，保全護固，如免髮膚之傷。眞宗數稱其長者。楊億謂其所作書命，得代言之體。李獻臣亦言公服膺墳典，耄年不倦。少遇異人，指導心要，不喜術數之說。疑文滯義，須質正而後已。文章典贍，書法端楷，時輩推重。自唐以來，世掌誥命者，惟楊於陵及見其子，而晁氏繼之。延譽後進，其門人如宋宣獻、晁元獻、李邯鄲，皆為世顯人。』集皆自有〈序〉，及李遵勗〈後序〉。自經兵亂，六世圖書，焚棄無孑遺。《法藏碎金》世傳最廣，先得之於趙郡蘇符，《昭德新編》則得之於丹稜李燾，《道院別集》則得之於知閬州王輔，《耄智餘書》則得之於眉山程敦厚，《理樞》則得之於《澠池集》中。」考《宋史》卷三百五〈列傳〉第六十四迥本傳載：「晁迥字明遠，世為澶州清豐人。……仁宗即位，遷禮部尚書。居臺六年，累章請老，以太子少保致仕，給全奉，歲時賜賚如學士。天聖中，迥年八十一，召宴太清樓，免舞蹈。子宗愨為知制誥，侍從同預宴。……及感疾，絕人事，屏醫藥，具冠服而卒，年八十四。罷朝一日，贈太子太保，謚文元。迥善吐納養生之術，通釋、老書，以經傳傳致，為一家之說。性樂易寬簡，服道履正，雖貴勢無所屈，歷官臨事，未嘗挾情害物。眞宗數稱其好學長者。……所著《翰林集》三十卷、《道院集》十五卷、《法藏碎金錄》十卷、《耄智餘書》、《隨因紀述》、《昭德新編》各三卷。」均足資參證。惟《郡齋讀書志》、《宋史》均謂迥字明遠，《宋史》又謂迥獲贈者為太子太保，疑《解題》誤。

昭德新編一卷

《昭德新編》一卷，晁迥撰。「昭德」者，京師居第坊名也，晁氏子孫皆以為

稱。

廣棪案：此書《郡齋讀書志》、《秘書省續編到四庫闕書目》葉德輝考證本、《宋史·藝文志》著錄均作三卷，疑《解題》有誤。《四庫全書總目》卷一百十七〈子部〉二十七〈雜家類〉一著錄：「《昭德新編》三卷，直隸總督採進本。宋晁迥撰。……是編爲其晚年所作，因居昭德坊，故以名書。宋初承唐餘俗，士大夫多究心於內典，故迥著書，大旨雖主於勉人爲善，而不免兼入於釋氏。〈自序〉謂東魯之書文而雅，西域之書質而備，故此五說，酌中而作。蓋指下卷《指迷》五說也。李淑言其『服膺墳典，耆年不倦，少遇異人，指導心要』。王古稱其『名理之妙，雖白樂天不逮』。其所學可知矣。迥五世孫　，搜羅家集，得此書於丹稜李燾。慶元中嘗有刊本，明嘉靖間又有重刊本。此本首題裔孫伏武重錄。迥〈自序〉，及李遵勖〈後序〉，皆與晁　所記相符，蓋猶舊本。」足資參證。

聲隅子二卷

《聲隅子》二卷，蜀人黃晞撰。聲隅，其自號也。本朝仁宗時人。書名《歔欷瑣微論》，凡十篇。

廣棪案：《郡齋讀書志》卷第十〈儒家類〉著錄：「《聲隅子歔欷瑣微論》十卷。右皇朝黃晞撰。聲隅子，晞自號也。其〈敘〉略曰：『聲隅者，梓物之名；歔欷者，兼歎之聲；瑣微者，述之之謂，故以名其書。』是此書或作二卷，或分十卷。分十卷者，以篇爲卷耳。此書《讀書附志》卷上〈諸子類〉亦著錄：「《聲隅子》二卷。右閩人黃晞之書也。晞好讀書，聚數千卷，學者多從之。著《聲隅歔欷瑣微論》。石介爲直講，聞其名，使諸生如古禮，執羔鴈束帛，就里中聘之，以補學職。晞固辭不就。故歐陽文忠公〈哭徂徠先生詩〉云：『羔雁聘黃晞，晞驚走鄰家。』是也。嘉祐中，韓魏公爲樞密使，薦之以爲太學助教，受命而卒。或曰有子甚愚魯，所聚及自著書，多散失不存。」《玉海》卷第五十三〈藝文·諸子〉「《聲隅子》」條載：「《書目·儒家》：『一卷。』黃晞著《聲隅》、《二楊廷論》，嘉祐元年十一月十五日以爲太學助教。」阮元《揅經室外集》卷一〈四庫未收書提要〉著錄：「《聲隅子》二卷，宋黃晞撰。晞字景微，蜀人。嘗聚書數千卷，學者多從之游。案趙希弁《讀書附志》：『晞好讀書，著《聲隅歔欷瑣微論》。石介爲直講，聞其名，使諸生如古禮，執羔鴈束帛，就里中聘之，以補學職，固辭不就。故歐陽文忠〈哭徂徠先生詩〉有「羔鴈聘黃晞，晞驚走鄰家」之句。嘉祐中，韓魏公爲樞密使，薦之以爲太學助教。』而朱子《近思錄》中

亦嘗稱之為聲隅黃先生。洵乎儒者之流也。《書錄解題》嘗載此書。至《宋史·藝文志·雜家類》又有《歔欷子》一卷，亦疑即此本。此從宋刻本影鈔，國初時曾收藏於泰州季振宜、崑山徐乾學兩家《書目》。書凡十篇，曰〈生學〉，曰〈進身〉，曰〈揚名〉，曰〈虎豹〉，曰〈仁者〉，曰〈文成〉，曰〈戰克〉，曰〈大中〉，曰〈道德〉，曰〈三王〉。每篇冠以〈小序〉。卷首又有〈自序〉，述十篇相承之旨。晞之文學，在宋初能見重於名臣大儒，其辭受不苟，殆有足稱者。故書中言論不詭于正，體裁文句皆規模揚雄《法言》。王應麟《玉海》直著為〈儒家〉，似可無愧也。」均足資參考。晞，《宋史》卷四百五十八〈列傳〉第二百一十七〈隱逸〉中有傳，載：「黃晞字景微，建安人。少通經，聚書數千卷，學者多從之游，自號聲隅子。著《歔欷瑣微論》十卷，以謂聲隅者，梓物之名；歔欷者，歎聲；瑣微者，述辭也。石介在太學，遣諸生以禮聘召，晞走匿鄰家不出。樞密使韓琦薦之，以為太學助教致仕。受命一夕卒。」建安，或指建安州，即今四川西昌縣；或指建安郡，即今福建建甌縣。故《解題》稱晞為「蜀人」，《讀書附志》稱「閩人」。未知孰是。至《玉海》引《中興館閣書目》，著錄此書為「一卷」，則誤。

宋景文筆記一卷

《宋景文筆記》一卷，翰林學士宋祁子京撰。

廣棪案：《郡齋讀書志》卷第十三〈小說類〉著錄：「《景文筆錄》三卷。右皇朝宋祁撰。皆故事異聞、嘉言奧語，可為談助。不知何人所編，每章冠以『公曰』。景文，乃祁諡也。」此應與《解題》著錄者為同一書，惟書名、卷數皆不同。《宋史》卷二百三〈志〉第一百五十六〈藝文〉二〈史類·傳記類〉著錄：「《宋景文公筆記》五卷，《契丹官儀》及《碧雲騢》附。」或因有附書卷帙增多。此書《文獻通考》卷二百十四〈經籍考〉四十一〈子雜家〉亦著錄，馬氏除引《郡齋讀書志》外，又引《中興藝文志》曰：「《筆錄》三卷，皇朝紹聖中宋肇次其祖庠遺語，凡一百七十條。」馬氏按：「二《筆錄》卷數同，祁、庠又兄弟也。然則一書邪？二書邪？當考。」是端臨於此書作者，一時亦未能定也。《四庫全書總目》卷一百二十〈子部〉三十〈雜家類〉四著錄：「《筆記》三卷，兩淮鹽政採進本。宋宋祁撰。祁有《益部方物略》，已著錄。其書上卷曰〈釋俗〉，中卷曰〈考訂〉，多正名物音訓，裨於小學者為多，亦間及文章史事。下卷曰〈雜說〉，則欲自為子書，造語奇雋，多以焦贛《易林》、譚峭《化書》，而終以〈庭戒〉、〈治

戒〉、〈左志〉、〈右銘〉。未審爲平日預作，爲其後人附入也。……晁公武《讀書志》稱是書『每章冠以「公曰」字，不知何人所編』。此本無之，或傳刻者所削。《文獻通考》引《中興藝文志》，以是書爲紹聖中宋肇次其祖庠之語，與公武說異。馬端臨謂『二《筆錄》卷數相同，祁、庠又兄弟，不能定爲一書、二書』。今考書中稱引莒公者不一，莒公即庠。則此《錄》爲祁明矣。或肇所編又別一書，亦名《筆錄》耳！」是《四庫全書總目》以此書爲祁撰，又以宋肇所編者爲另一《筆錄》。

近事會元五卷

《近事會元》五卷，李上友撰。<small>廣棪案：《文獻通考》亦作「上友」，誤，應作「上交」。</small>自唐武德至周顯德，雜事細務皆記之。

廣棪案：《宋史》卷二百三〈志〉第一百五十六〈藝文〉二〈史類・故事類〉亦著錄此書，惟歸類與《解題》不同。《四庫全書總目》卷一百十八〈子部〉二十八〈雜家類〉二著錄：「《近事會元》五卷，<small>兵部侍郎紀昀家藏本。</small>宋李上交撰。上交，贊皇人，始末未詳。是書成於嘉祐元年，前有上交〈自序〉。陳振孫《書錄解題》曰：『《近事會元》五卷，李上交撰。自唐武德至周顯德，雜事細務皆紀之。』錢曾《讀書敏求記》曰：『上交退寓鍾陵，尋近史及小說、雜記之類，凡五百事，釐爲五卷，目曰《近事會元》。唐史所失記者，此多載焉。此本末題萬曆壬午元素齋錄副本，猶明人舊鈔，卷數與二家所記合。其記事起訖年月，與振孫所言合，條數及〈自序〉之文，亦與曾所言合。蓋即原本。惟振孫以爲皆記雜事細務，今觀其書，自一卷至三卷，首載宮殿之制，次載輿服之制，次載官制、軍制，其次亦皆六曹之掌故。四卷爲樂曲，爲州郡沿革。惟五卷頗載瑣聞。然如婦人檐子、兜籠、線鞋、親迎舉樂、障車、公主事姑舅、公主賜謚、山川岳瀆封號、國忌行香、上元點鐙、散從親事官、處士謚先生、律格，敕書、投匭、刑統、律令、死罪覆奏、斷獄禁樂、逐旬問罪人、表狀、書奏、制敕、及始流沙門島、始配衙前安置、始貶崖州諸條，亦皆有關於典制。大抵體例在崔豹《古今注》、高承《事物紀原》之間。其中如霓裳羽衣曲考證，亦極精核，不可徒以雜事細務目之。振孫殆未詳核其書，但見其標題列說如《雲仙雜記》、《清異錄》之式，遂漫以爲小說歟？」可供參考。惟余嘉錫《四庫提要辨證》於《四庫全書總目》所考則有所補正，其書卷十五〈子部〉六〈雜家類〉二《近事會元》五卷<small>宋李上交</small>」條曰：「嘉錫案：勞格《讀書雜識》卷十一李上交條云：

『《續通鑑長編》百七十三：「皇祐四年八月乙未，降提點廣南西路刑獄、職方員外郎李上交爲太常博士，坐失禦賊也。」又百五十八：「慶曆六年三月丙午，荊湖南路轉運判官李上交知筠州，以在部苛察也。」《容齋三筆》十五：「嘉祐二年，雒陽人，職方員外郎李上交來豫章東湖，有辨總持寺牒，後列銜事。」《直齋書錄解題》八：「〈豫章西山記〉一卷，贊皇李上文撰，嘉祐丁酉歲。原注云交誤文。」』其考上交始末頗詳，足補《提要》之闕。上交，雒陽人，而自署贊皇者，題其郡望也。《宋志・地理類》有李上交〈豫章西山記〉一卷。」是《四庫全書總目》謂上交「始末未詳」，余氏補其闕也。余氏又曰：「案上交〈自序〉云：『交以退寓鍾陵，靜尋近史，及諸小說、雜記之類，起唐武德而下，盡周顯德之前，撮細務之所因，摭閒談之引據。』是振孫目爲雜事細務，正用其〈自序〉之詞，不可以此議振孫。且《書錄解題》於《雲仙散錄》、即《雲仙雜記》。《清異錄》均著錄於〈小說家〉，卷十一。而此書則在〈雜家〉，卷十。是振孫亦未嘗漫以爲小說也。」則余氏以《解題》謂此書「雜事細務皆記之」，殆有所本；又此書既著錄〈雜家類〉，則振孫固未嘗「漫以爲小說」視之。是《四庫全書總目》所言，未盡允當。

徽言三卷

《徽言》三卷，司馬光手鈔諸子書，題其末曰：「余此書類舉人所鈔書，然舉人所鈔獵其辭，余所鈔覈其意；舉人志科名，余志道德。」其書廣棪案：盧校本「書」爲「言」。「迂叟年六十八」，廣棪案：《文獻通考》此句作「其〈序〉書迂叟言六十八」，「言」，應作「年」，《通考》誤。蓋公在相位時也。方機務填委，且將屬疾，而好學不厭，克勤小物如此。所鈔自《國語》而下六書，其目三百一十有二，小楷端重，廣棪案：《文獻通考》脫「重」字。無一筆不謹，百世之下，使人肅然起敬。

廣棪案：《四庫全書總目》卷一百三十一〈子部〉四十一〈雜家類存目〉八著錄：「《徽言》一卷，浙江范懋柱家天一閣藏本。宋司馬光編。光手鈔諸子史集精語，置諸座右以自警。自題其首云：『迂叟年六十八。』蓋元祐初爲相時也。後有陳振孫〈跋〉，載光自題其末云：『余此書類舉人鈔書。然舉子所鈔獵其辭，余所鈔覈其意。舉人志科名，余志道德。』今是編已失其題末，未知陳氏所載爲全文否？又陳氏稱自《國語》以下六書。今惟《國語》、《家語》、《韓詩外傳》、《孟子》、《荀子》五書，疑有佚闕。又每條下間有題識數字者，卷末又列所欲取書

名二十二種。蓋未完之稿，後人以光手書重之耳。」足資參證。

真蹟藏邵康節家，其諸孫遵廣校案：《文獻通考》作「迨」，疑誤。**守漢嘉，從邵氏借刻，攜其板歸越，今在其群從述尊古家。**

　　案：司馬遵、司馬述，《宋史》均無傳。陸游《渭南文集》卷三十九〈孺人王氏墓表〉頗記遵事，曰：「孺人王氏，名中，字正節，濰州北海人。曾大父諱競，朝議大夫、直秘閣。大父諱愼修，迪功郎，贈中奉大夫。父諱崛，贈承事郎，字季夷，負天下才名。孺人嫁司馬文正公玄孫、龍圖閣待制諱伋之仲子、通直郎、新權發遣信州軍州事遵。司馬君亦有文學、政事，稱其家，登用於朝，孺人實相之。人謂季夷雖坎壈不偶以死，而三子皆知名士，夫人復以賢婦稱，天所以報善人亦昭昭矣。司馬君簽書寧海軍節度判官公事，孺人不幸遇疾卒，時嘉泰三年二月初二日也，得年四十有四。司馬君來赴告曰：『亡婦不逮事君姑，其事舅及少姑皆盡孝，執喪中禮而哀有餘，至除喪猶不能自抑。司馬，大族也，孺人承上接下，肅敬慈恕，既歿，哭之皆哀。以開禧二年十二月壬申葬於會稽山陰清嶂北塢之原。三子拓、搏、操，三女尙幼。』予與待制及季夷少共學，情好均兄弟。兩公又皆娶予中表孫氏，則表孺人之墓宜莫如予，乃泣而書之。太中大夫、寶謨閣待制致仕，山陰縣開國子，食邑五百戶，賜紫金魚袋陸某書。」《宋人傳記資料索引》亦載：「司馬遵，夏縣人，南渡家會稽山陰，光玄孫，伋子。以文學、政事世其家，歷簽書寧海軍節度判官公事，擢知信州。妻王中，字正節，以嘉泰三年二月卒，年四十四。」述，陸心源《宋詩紀事補遺》卷之六十五載：「司馬述，夏縣人。嘉定十年宣教郎，知上元縣；十二年改寧海通判，累官溫州，浙江轉運使。」《宋人傳記資料索引》亦載：「司馬述，字遵古，夏縣人，儼子。少隨父宦寓海陵，時孫應時爲邑丞，因得朝夕侍左右。嘉定十年嘗知上元縣，改寧海通判，累官知溫州，浙江轉運使。」是則遵爲伋之子，述爲儼之子，皆司馬文正公之玄孫。

泣岐書三卷

《泣岐書》三卷，蜀人龍昌期撰。稱「上昭文相公」。有〈後序〉，言求薦進之意。

　　廣校案：《淮南子・說林訓》曰：「揚子見逵路而哭之，爲其可以南，可以北。」阮籍〈詠懷詩〉之三十三有句云「揚朱泣岐路，墨子悲染絲。」此書取名蓋本

此。今人許肇鼎《宋代蜀人著作存佚錄》「仁壽縣」項下著錄:「龍昌期,字起之,仁宗時人,成都國子四門助教。參見《文潞公文集》卷十一〈送龍昌期歸蜀序〉、《金石苑》六〈宋賜龍昌期敕并文潞公札子〉。《泣岐路》三卷,佚。見《直齋書錄解題》卷十、《文獻通考》卷二百十四。」考《宋史》卷二百九十九〈列傳〉第五十八〈胡則〉附〈昌期傳〉,曰:「昌期者,嘗注《易》、《詩》、《書》、《論語》、《孝經》、《陰符經》、《老子》,其說詭誕穿鑿,至詆斥周公。初用薦者補國子四門助教,文彥博守成都,召置府學,奏改秘書省校書郎,後以殿中丞致仕。著書百餘卷,嘉祐中,詔取其書。昌期時年八十餘,野服自詣京師,賜緋魚,絹百匹。歐陽脩言其異端害道,不當推獎,奪所賜服,罷歸,卒。」〈昌期傳〉中之文彥博即文潞公。彥博,《宋史》卷三百一十三〈列傳〉第七十二有傳。其〈傳〉載:仁宗至和二年(1055),彥博「復以吏部尚書、同中書門下平章事、昭文館大學士,與富弼同拜,士大夫皆以得人為慶。」是則昌期此書乃上「昭文館大學士」文彥博者,其撰年應在至和二年或略後,上書目的乃「求薦進」也。

天保正名論八卷

《天保正名論》八卷,龍昌期撰。其學迂僻,專非周公,妄人也。

廣棪案:《宋代蜀人著作存佚錄》「仁壽縣」項下「龍昌期」條載‧「《天保正名論》八卷,佚。見《通志》卷六十八、《直齋書錄解題》卷十、《宋史‧藝文志‧子類》、《文獻通考》卷二百十四、《國史經籍志‧子類》。」是此書已佚,無從稽考。至《宋史》昌期本傳,亦謂昌期「其說詭誕穿鑿,至詆斥周公」。「詆斥周公」云云,殆指此書而言。《宋史》又謂「歐陽修言其異端害道,不當推獎」,所論與直齋同一見地。

事物紀原二十卷

《事物紀原》二十卷,不著名氏。《中興書目》十卷,開封高承撰,元豐中人。凡二百七十事。今此書多十卷,且數百事,當是後人廣之耳。

廣棪案:《玉海》卷第五十五〈藝文‧著書雜著〉「元豐《事物紀原》」條載:「《書目》:『十卷。元豐中,高承以劉存、馮鑑事,始刪謬除複,增益名類,皆援摭經史,以推原初始。凡二百七十事。』」《讀書附志》卷上〈類書類〉著錄:「《事物紀原》十卷。右高承編。自天地生植與夫禮樂、刑政、經籍、器用,下至博

奕嬉戲之微，蟲魚飛走之類，無不考其所自來。承，開封人。雙溪項彬〈序〉。」
《宋史》卷二百五〈志〉第一百五十八〈藝文〉四〈子類・雜家類〉著錄：「高
承《事物紀原》十卷。」是則此書高承撰。又此書《解題》作二十卷者，與《中
興館閣書目》等著錄卷數不同。《解題》卷數較多，蓋直齋所得書，「當是後人
廣之」也。《四庫全書總目》卷一百三十五〈子部〉四十五〈類書類〉一著錄：
「《事物紀原》十卷，編修嚴福家藏本。明正統間，南昌簡敬所刊。前有敬〈序〉
云：『作者佚其姓名。』考趙希弁《讀書附志》云：『《事物紀原》十卷，高承撰。
承，開封人。自博弈嬉戲之微，魚蟲飛走之類，無不考其所自來，雙溪項彬爲
之〈序〉。』陳振孫《書錄解題》亦云：『《中興書目》作十卷，高承撰，元豐中
人。凡二百十七事。今此書多十卷，且多數百事，當是後人廣之耳。』云云。
則此書實出高承，敬〈序〉蓋未詳考。惟檢此本所載凡一千七百六十五事，較
振孫所見更數倍之，而仍作十卷，又無項彬原〈序〉。與陳、趙兩家之言俱不合。
蓋後來又有所增益，非復宋本之舊。」是《四庫全書》所收之本，既與《讀書
附志》著錄者不同，又非直齋所得之本也。

孔氏雜說一卷

《孔氏雜說》一卷，清江孔平仲毅甫撰。 館臣案：《文獻通考》作「孔武仲」。 廣
校案：《文獻通考》無「陳氏曰」，館臣據「晁氏曰」立說。

廣校案：《郡齋讀書志》卷第十三〈小說類〉著錄：「《孔氏雜說記》一卷。右皇
朝孔武仲撰。論載籍中前言往行及國家故實、賢哲文章，亦時記其所見聞者。」
與此當爲同一書，然作孔武仲撰。《讀書附志》卷上〈雜說類〉著錄：「《孔氏雜
說》一卷。右孔平仲毅父之記錄也。《圖志》謂之《珩璜論》。」毅父即毅甫，《讀
書附志》著錄撰人與《解題》同。《讀書附志》又著錄：「《孔氏談苑》五卷。右
孔平仲毅父記錄之文也。毅父，清江人，文仲、武仲之弟，有《續世說》行於
世。」是平仲與兄文仲經父、武仲常父兄弟三人。《宋史》卷三百四十四〈列傳〉
第一百三有傳。孫猛《郡齋讀書志校證》曰：『按《讀書附志》、《書錄解題》、〈宋
志〉及今諸通行本皆著孔平仲撰，而《能改齋漫錄》卷三題《孔經父雜說記》、
卷十題《孔經父雜說》，『經父』乃文仲之字，疑此『武仲』當是『平仲』之訛，
『經父』當是『毅父』之訛，《詩話總龜・後集》、《詩人玉屑》等書所引與《附
志》等合。」孫猛所考可據，是此書乃平仲毅甫撰。

晁氏客語一卷

《晁氏客語》一卷，晁說之以道撰。

廣棪案：《宋史》卷二百五〈志〉第一百五十八〈子類‧雜家類〉著錄：「晁說之《客語》一卷。」與此同。說之，《宋史》無傳，《宋元學案》卷二十二有〈景迂學案〉，謂說之慕司馬光爲人，光晚號迂叟，故說之乃以景迂生自號。《學案》載其所著書，有《易商瞿大傳》、《易商瞿小傳》、《商瞿易傳》、《商瞿外傳》、《京氏易式》、《易規》、《易玄星紀譜》、《晁氏詩傳》、《詩論》、《晁氏書傳》、《書論》、《晁氏春秋傳》、《春秋辯文》、《春秋年表》、《中庸傳》、《古論大傳》、《論語講義》、《壬寅孝經》及《五經小傳曆譜》，凡十九種，而獨闕此書。《宋人傳記資料索引》載：「晁說之（1059-1129），字以道，一字伯以，又字季此，慕司馬光之爲人，自號景迂，清豐人，端彥子。元豐五年進士。蘇軾以著述科薦之。元祐中以黨籍放斥，後終徽猷閣待制。建炎三年卒，年七十一。說之博極群書，善畫山水，工詩，誦《六經》，尤精《易傳》。有《儒言》、《晁氏客語》及《景迂生集》二十卷。」可參考。

廣川家學三十卷

《廣川家學》三十卷，中書舍人董弅令升撰。述其父逌之學。

廣棪案：弅，《宋史翼》卷二十七〈列傳〉第二十七〈文苑〉二有傳，其名作「棻」，字令升，逌子。紹興六年六月試中書舍人。「著有《廣川家學》二十卷、《燕談》。《直齋書錄解題》。」《宋史翼》載此書作「二十卷」，實爲「三十卷」之筆誤。

石林家訓一卷

《石林家訓》一卷，葉夢得少蘊撰。

廣棪案：此書公私書目鮮有著錄。今人王兆鵬《葉夢得年譜》考得夢得著作，凡二十餘種，《石林家訓》即在其內。王氏所撰《年譜》云：「《石林家訓》一卷，撰成於紹興元年（詳《後譜》）。宋刊本不傳。今有《說郛》本、《石林遺書》本、《郋園先生全書》本等。」《年譜》「紹興元年辛亥（1131）石林五十五歲」條載：「是夏，撰《石林家訓》成。《石林家訓‧自序》：『……頻年多故，匆匆不果，今五十五年矣。去年自浙東歸，髮盡白，意衰謝，復度世間何所覬望。兵

革風警日傳，既添重祿，又有此族屬，外則豈敢忘王室之憂，內亦以家室爲務，危坐終日，百念關心，何曾少釋！顧猶有所可幸以爲喜者，惟汝曹修身立行，藝業增進，時有一事一言慰滿吾意，庶幾可稍舒目前。棟、桯既已長立，模、楫、櫓亦長矣，汝五人志行皆不甚卑，但自少即享安逸，狃於因循，未知歸鄉。今夏山中營治居室，開闢徑道，粗辦泉石，松竹成蔭，奉榮國太夫人與汝曹來往。登覽燕間，自頗多暇日，家庭會集，初無雜語，皆是昔所常言，往往或重複至再。今擇其可記者錄之，使汝曹人人錄一編，置之几案，朝夕展味。……。繢、繪、綏、絺、綽亦稍成立，汝等各誦之。』據『今五十五』歲，及『今夏』云云，知《石林家訓》始撰并成於本年夏間。」可供參考。

石林過庭錄二十七卷

《石林過庭錄》二十七卷，葉夢得與諸子講說者，其中子模編輯之。

　　廣棪案：《宋史》卷三百五〈志〉第一百五十八〈藝文〉四〈子類·雜家類〉著錄：「葉模《石林過庭錄》三十七卷。」與此當屬同一書，惟著錄卷數不同。模，《宋人傳記資料索引》載：「字叔範，縉雲人，夢得子。知興國軍。」王兆鵬《葉夢得年譜》於夢得諸子亦有考，曰：「據《石林家訓·序》，夢得有子十人：棟、桯、模、楫、櫓、繢、繪、綏、絺、綽。（參《後譜》紹興元年）葉棟，曾任秀州通判。《石林燕語》由其編成。（見《石林燕語·序》）《避暑錄話》則由其執筆寫成。（見《避暑錄話》卷一首條）葉桯，曾任臨安府通判。（《咸淳臨安志》卷五十）淳熙五年知郴州。（《宋會要·職官》七二）又歷知永州、吉州。（周必大《周益國文忠公集》卷二十三〈回永州葉守桯啓〉、卷二十四〈回吉州葉守桯啓〉）葉模，字叔範，紹興十一年任江東安撫使司書寫機宜文字官。（詳〈後譜〉紹興十一年）乾道六年知興國軍。（王質《雪山集》卷六〈興國軍學記〉、〈興國四營記〉）淳熙元年，爲浙西提舉茶鹽。（《宋會要·食貨》六六）淳熙四年，爲大理卿。（《宋會要·職官》七二）淳熙七年，由司農卿除秘閣修撰與監司差遣。（《宋會要·官職》六二）餘子未詳。」是則模乃夢得第三子。

程氏廣訓六卷

《程氏廣訓》六卷，中書舍人三衢程俱致道撰。

　　廣棪案：俱字致道，衢州開化人。《宋史》卷四百四十五〈列傳〉第二百四〈文

苑〉七有傳。其〈傳〉載：「紹興初，始置祕書省，召俱爲少監。奏修日曆，祕書長、貳得預修纂，自俱始。時庶事草創，百司文書例從省記，俱摭三館舊聞，比次爲書，名曰《麟臺故事》，上之。擢中書舍人兼侍講。」則俱除中書舍人，在高宗時。此書己佚，公私書目鮮有著錄，無可考矣。

藝苑雌黃二十卷

《藝苑雌黃》二十卷，建安嚴有翼撰。大抵辨正訛謬，故曰「雌黃」。其曰：〈子史〉、〈傳注〉、〈詩詞〉、〈時序〉、〈名數〉、〈聲畫〉、〈器用〉、〈地理〉、〈動植〉、〈神怪〉、〈雜事〉，卷為二十，條廣棪案：盧校本無「條」字。凡四百條，硯岡居士唐稷序之。有翼嘗分教泉、荊二郡。

廣棪案：《宋史》卷二百九〈志〉第一百六十二〈集類・文史類〉著錄：「嚴有翼《藝苑雌黃》二十卷。」歸類與《解題》不同。《四庫全書總目》卷一百九十七〈集部〉五十〈詩文評類存目〉著錄：「《藝苑雌黃》十卷，江蘇巡撫採進本。舊本題宋嚴有翼撰。案有翼，建安人。嘗爲泉、荊二郡教宮。其所著《藝苑雌黃》，見於《宋史・藝文志》者二十卷，入〈集部・文史類〉。陳振孫《書錄解題》則入於〈子部・雜家類〉，稱其書『大抵辨正訛謬。其目〈子史〉、〈傳註〉、〈詩詞〉、〈時序〉、〈名數〉、〈聲畫〉、〈器用〉、〈地理〉、〈動植〉、〈神怪〉、〈雜事〉。卷爲二十，條凡四百，硯岡居士唐稷序之』。洪邁《容齋隨筆》又記其中有《辨坡》一篇，皆詆諆蘇軾之語。今考此本，止有十卷，而無序及標目，與宋人所言俱不合。又宋時說部諸家，如胡仔《苕溪漁隱叢話》、蔡夢弼《草堂詩話》、魏慶之《詩人玉屑》之類，多有徵引《藝苑雌黃》之文。今以此本參互檢勘，前三卷內雖大概符合，而如《漁隱叢話》所錄『盧橘』、『朝雲』、『鞦韆』、『瓊花』等十餘條，《草堂詩話》所錄『古人用韻重複』一條，此本皆不載。又如『中興』條末東坡詩云云，『牽牛織女』條末《文選》註云云，俱胡仔駁辨之語。而亦概行闌入，舛錯特甚。至其第四卷以後，則全錄葛立方《韻語陽秋》，而顛倒其次序。其中如『東坡在儋耳』一條，立方原文有三從兄諱延之云云，此本改作葛延之，以隱其跡。而其所稱先文康公者，乃立方父勝仲之謚，則又沿用其文，不知刊削。蓋有翼原書已亡，好事者摭拾《漁隱叢話》所引以僞託舊本，而不能取足卷數，則別攘《韻語陽秋》以附益之。又故變亂篇第，以欺一時之耳目，頗足疑誤後學。今特爲糾正，以袪後來之惑焉。」足資參證。是《藝苑雌黃》原書，宋後漸次亡佚，今所見之本，乃好事者摭拾《漁隱叢話》、

《韻語陽秋》諸書以僞託之耳。《四庫全書總目》所考可信。有翼，《宋史》無傳。唐稷，《宋人傳記資料索引》載：「唐稷（1088-1163），字堯弼，贛州會昌人，徙居霄陽硯岡，自號硯岡居士。政和二年進士，授撫州宜黃縣丞，遷知江陵府監利縣。宣和五年，授潮州司士曹事，於冤獄多所平反。建炎三年，擢江西轉運判官。紹興十年，差諸王宮大小學教授，除樞密院編修官。後歷任湖南、湖北、江西諸路安撫司主管機宜文字，得祠歸。隆興元年卒，年七十六。有《硯岡集》五十二卷。」可知其生平概況。

緗素雜記十卷

《緗素雜記》十卷，建安黃朝英士俊撰。有陳與者為之〈序〉，言甲辰六試禮部不利。蓋政、宣中士子也。其書亦辨正名物，而學頗迂僻。言《詩》「芍藥」、「握椒」之義，鄙褻不典。王氏之學，前輩以資戲笑，而朝英以為得詩人深意，其識可見矣。<small>廣棪案：《文獻通考》「言詩」句以下皆闕。</small>

廣棪案：《郡齋讀書志》卷第十三〈小說類〉著錄：「《緗素雜記》十卷。右皇朝黃朝英撰。所記二百事。朝英，建州人，紹聖後舉子也。為王安石之學者，以『贈之以芍藥』為男淫女，『貽我握椒』為女淫男，前輩當以是為噱，朝英獨愛重之，他可知矣。」而《文獻通考》著錄此條，下引程大昌《演繁露》曰：「此書辯正世傳名物、音義，多有歸宿，而時有闕疑者。至釋宋子京〈刈麥詩〉，以四月為麥秋，而曰按《北史・蘇綽傳》『麥秋在野，其名遠矣』。是未嘗讀〈月令〉也。以此知博記之難。」足資參證。惟《四庫全書總目》卷一百十八〈子部〉二十八〈雜家類〉二亦著錄此書，則曰：「《靖康緗素雜記》十卷，<small>通行本。</small>宋黃朝英撰。晁公武《讀書志》曰：『朝英，建州人。紹聖後舉子。』又曰：『所記凡二百事。』今本卷數與公武記同，而祇有九十事。觀程大昌《演繁露》辨其誤引『麥秋』一條，此本無之。考王楙《野客叢書》亦具載麥秋之說，稱《緗素雜記》，知非大昌誤引。又《野客叢書》載其『辨李賀〈金銅仙人辭漢歌序〉誤以折露盤為青龍九年』一條，『麻胡僅得二事』一條，袁文《甕牖閒評》載其『辨穀陽』一條，『辨蘆菔』一條。此本亦無之。蓋明人妄有刪削，已非完書矣。袁文、王楙於此書頗有駁正。然考證之學，大抵後密於前，不足為病。晁公武譏其為王安石之學，又譏其解《詩》芍藥、握椒為鄙褻。劉敞《七經小傳》亦摭此條為諧笑，雖不出姓字，殆亦指朝英。今觀其書，頗引《新經義》及《字說》，而尊安石為舒王。解《詩・綠竹》一條，，於安石之說尤委曲回護，誠為

王氏之學者。然所說自『芍藥』、「握椒」一條外，大抵多引據詳明，皆有資考證，固非漫無根柢，徒爲臆斷之談。敵本與安石異趣，公武又自以元祐黨家，世與新學相攻擊，故特摭其最謬一條，以相排抑耳。」是則朝英此書亦有資考證者。《宋史》卷二百六〈志〉第一百五十九〈藝文〉五《子類‧小說類》著錄：「黃朝英《青箱雜記》十卷。」與此非同屬一書。考《青箱雜記》乃吳處厚撰，〈宋志〉誤。至爲此書撰〈序〉之陳與，《宋史》無傳，生平不可考。

聖賢眼目一卷

《聖賢眼目》一卷，曲阿洪興祖慶善撰。摘取經、子數十條，以己見發明之。

　　廣棪案：《宋史》卷二百五〈志〉第一百五十八〈子類‧雜家類〉著錄：「洪興祖《聖賢眼目》一卷。」與此同。興祖字慶善，鎮江丹陽人。《宋史》卷四百三十三〈列傳〉第一百九十二〈儒林〉三有傳。其〈傳〉載：「興祖好古博學，自少至老，未嘗一日去書。著《老莊本旨》、《周易通義》、《繫辭要旨》、《古文孝經序贊》、《離騷楚詞考異》，行于世。」而未記及此書。曲阿，即鎮江丹陽也。

義林一卷

《義林》一卷，眉山程敦厚子山撰。其上世東坡外家也。子山爲人凶險，_廣棪案：《文獻通考》以下有「附秦檜，至右史，後坐謫死」諸句，與《四庫全書》本詳略不同。與眉守邵溥有隙，以匹絹爲匿名書，誣以罪狀，抵帥蕭振。振逮溥繫獄鞫之。或教溥一切誣服，得不以鍛鍊死獄。上朝議以匿名不當受，而制司非得旨不應擅逮繫郡守，遂兩罷之。溥雖得弗問，而終無以自明，憤訴于天。子山之居極爲壯麗，一夕燼於火。後附秦檜至右史，後_{廣棪案：盧校注：「次『後』字可省。」}復得罪，謫知安遠縣以沒。

　　廣棪案：《讀書附志》卷下〈拾遺〉著錄：「《義林》十卷。右起居舍人兼中書舍人兼侍講眉山程敦厚所述也，凡一百一十二篇。摭取千百載人物而尙論之。張文忠公九成嘗謂：『如論姚崇不進制心之說，而以十事諫；王莽之文姦言，起於嚴助、朱買臣；天誘君子以甚難、王伯自用心始；鄭伯上欲爲舜、下欲爲周公；文帝斗粟之譏，所以致刑措；景帝殺臨江王，天下安之而不疑；蕭何萬世之功，在王漢中、用韓信；絳侯無出塞功，衛、霍有絕漠賞；仲連、鄒陽同傳，平、勃合於與權之說，皆深見眇微，而發古人用心處，議論卓然，在人意表』云。」

可供參考。敦厚，《宋史》無傳，《宋人傳記資料索引》載：「程敦厚，字子山，眉山人，唐子。登紹興五年汪應辰榜進士，除校書郎，歷禮部員外郎，累官中書舍人，以附會秦檜坐謫。」與《解題》所記，可互爲參證。

弟子職等五書一卷

《弟子職等五書》一卷，漳州教授張時舉以《管子‧弟子職》篇、班氏〈女誡〉、呂氏〈鄉約〉、〈鄉禮〉，司馬氏〈居家雜儀〉合爲一編。

廣校案：《讀書附志》卷上〈小學類〉著錄：「《弟子職》一卷。右《弟子職》一書，雜見於《管子》之篇。朱文公揭其入學、受業、事師之法，以爲章句，參以眾說，輔其註文云。」時舉合〈弟子職〉五書爲一編，以授生徒，或亦朱子治此書之意也。《宋史》卷二百五〈志〉第一百五十八〈藝文〉四〈集類‧雜家類〉著錄：「張時舉〈弟子職〉、〈女誡〉、〈鄉約〉、〈家儀〉、〈鄉儀〉一卷。」所記書名微有不同，或應同屬一書。時舉，《宋史》無傳。清徐松《宋會要輯稿》第一百二冊〈職官〉七三之二七載：「（慶元五年）十月十二日，已降六院指揮潘景連、已除架閣指揮楊炎正、新除主管吏部架閣張時舉並寢罷，以臣僚言景連駔儈有餘，貪冒無恥，憑恃豪富，以妻得官；炎正浮躁淺露，使氣傲物，妄以臆說，譏詆前輩；時舉天資貪鄙，至老不悛，三爲教官，所至狼藉。」是時舉爲宋寧宗時人，雖三爲教官，而聲名狼藉，終遭罷職。

演蕃露十四卷、續六卷

《演蕃露》十四卷、《續》六卷，程大昌泰之撰。初在館中見《蕃露》書，以爲非，說見〈春秋類〉。又引《古今注》「冕旒綴玉下垂，如繁露然」，蓋與〈玉杯〉、〈竹林〉同爲託物名篇，可想見也。今曰《演蕃露》，意古之《蕃露》與《爾雅》、《釋名》、《廣雅》、《刊誤正俗》之類云爾。

廣校案：《解題》卷三〈春秋類〉「《春秋繁露》十七卷」條曰：「漢膠西相廣川董仲舒撰。案〈隋〉、〈唐〉及〈國史志〉卷皆十七，《崇文總目》凡八十二篇，《館閣書目》止十七卷，萍鄉所刻亦財三十七篇，今乃樓攻媿得潘景憲本，卷篇皆與前〈志〉合，然亦非當時本書也。先儒疑辨詳矣。其最可疑者，〈本傳〉載所著書百餘篇，〈清明〉、〈竹林〉、〈繁露〉、〈玉杯〉之屬，今總名曰《繁露》，而〈玉杯〉、〈竹林〉則皆其篇名，此決非其本眞。況《通典》、《御覽》

所引，皆今書所無者，尤可疑也。」斯即本條謂「初在館中見《繁露》書」，
以爲非，說見〈春秋類〉所指也。程氏此書《四庫全書總目》卷一百十八〈子
部〉二十八〈雜家類〉二著錄：「《演繁露》十六卷、《續演繁露》六卷，兩淮
馬裕家藏本。宋程大昌撰。案紹興中《春秋繁露》初出，其本不完。大昌證以
《通典》所引『劍之在左』諸條，《太平御覽》所引『禾實於野』諸條，辨其
爲僞。因謂董仲舒原書必句用一物，以發己意。乃自爲一編擬之，而名之以
《演繁露》。後樓鑰參校諸家，復得《繁露》原本，凡諸書所引者具在，譏大
昌所見不廣，誤以仲舒爲小說家。其論良是。然大昌所演，雖非仲舒本意，
而名物典故，考證詳明，實有資於子學。所引諸書，用李匡乂《資暇集》引
《通典》例，多註出某書某卷，倘有訛舛，易於尋檢，亦可爲援據之法。其
書正編不分類，續編分〈制度〉、〈文類〉、〈詩事〉、〈談助〉四門。中如『衛
士扈駕請道等子當爲鼎子』一條，岳珂《愧郯錄》引吳仁傑《鹽石新論・甲
編》，謂《魏典》韋傳有等人之稱，洪翰林云等人猶候人，蓋軍制如此。大昌
所疑，未爲詳允。然書中似此偶疏者，不過一二條，其他實多精深明確，足
爲典據。周密《齊東野語》云：『程文簡《演繁露》初成，高文虎嘗假觀之，
稱其博贍。文虎子似孫，時年尚少，因竊窺之。越日，程索回原書，似孫因
出一帙曰《繁露詰》，其間多文簡所未載，而辨證尤詳。今其書不傳，諸家亦
不著於錄。』考似孫所著《緯略》，其精博未必勝於大昌。或傳聞者過，周密
誤載之歟？」可資參考。考《宋史》卷二百七〈志〉第一百六十〈藝文〉六
〈子類・類事類〉著錄：「程大昌《演蕃露》十四卷，又《續演蕃露》六卷。」
是則《四庫全書》本《演蕃露》作十六卷者，或分卷有所不同耳。

考古編十卷、續編十卷

《考古編》十卷，《續編》十卷，程大昌撰。上自《詩》、《書》，下及史傳，
世俗雜事有可考見者，皆筆之。

廣棪案：《宋史》卷二百七〈志〉字第一百六十〈藝文〉六〈子類・類事類〉著
錄：「程大昌《考古編》十卷、《續考古編》十卷。」歸類與此不同。《四庫全書
總目》卷一百十八〈子部〉二十八〈雜家類〉二著錄：「《考古編》十卷，浙江
巡撫採進本。宋程大昌撰。大昌有《易原》，已著錄。是編乃雜論經義異同，及
傳記謬誤，多所訂證。其〈詩論〉十七篇，反覆推闡，大抵謂《詩》有南、雅、
頌之名，無國風之名，說極辨博，而究無解於《禮記》之所引，故終爲後人駁

詰。至〈正朔論〉謂周人雖首子以命月，而占星、命算、修詞、舉事仍用夏時。〈象刑論〉謂是刑官取其法懸之象魏，而不取畫衣冠、異章服之說。其持論雖頗新異，而旁引曲證，亦能有所依據。他若以白居易樂府正韋述所記《唐六典》不曾行用之誤；以在張掖者乃鮮水非令鮮水，駁章懷太子所註《後漢・段熲傳》之非；以《漢書》比景縣當從劉昫《舊唐書》作北景；以荀子所稱子弓即仲弓，非馯臂子弓。以〈琅琊臺碑〉文證秦以前已嘗刻石。皆典確明晰，非泛為徵摭，雖亞於《容齋隨筆》，要勝於鄭樵輩之橫議也。」可供參考。

楚澤叢語八卷

《楚澤叢語》八卷，右迪功郎李蓍吉先廣校案：《文獻通考》作「吉光」。撰，不知何人作。

　　廣校案：《解題》此處既云李蓍撰，又云不知何人作。前後矛盾，至不可解。蓍，《宋史》無傳，生平事迹無法詳考。

其書專闢孟子。紹興中撰進。大意以為王氏之學出於孟子。然王氏信有罪矣，孟子何與焉。此論殆得於晁景迂廣校案：《文獻通考》無「晁」字。之微意。

　　案：晁景迂即晁說之，《宋史》無傳。《宋元學案》卷二十二〈景迂學案〉「詹事晁景迂先生說之」條載：「晁說之，字以道，一字伯以父，澶州人也。……先生學于溫公，守其疑孟之說；又惡荊公，而荊公最尊孟。先生請去《孟子》于講筵，欽宗從之。太學之士譁然，言者紛起。」又同卷〈附錄〉載：「汪玉山〈與呂逢吉書〉曰：『晁以道力闢王安石，因安石尊孟子，并孟子而非之，不亦過乎！』祖望謹案：景迂不喜孟子，蓋亦迂叟之派，其說經不苟同于前儒。」《解題》所謂「此論殆得於晁景迂」，即指此事。。

容齋隨筆、續筆、三筆、四筆各十六卷、五筆十卷

《容海隨筆》、《續筆》、《三筆》、《四筆》各十六卷、《五筆》十卷，翰林學士鄱陽洪邁景盧撰。每編皆有〈小序〉。《五筆》未成書。

　　廣校案：《讀書附志》卷上〈雜說類〉著錄：「《容齋隨筆》十六卷、《續筆》十六卷、《三筆》十六卷、《四筆》十六卷、《五筆》十卷。右洪文敏公邁字景盧所著也。何異序之。」與此同。邁，洪皓季子，鄱陽人，孝宗乾道十三年九月拜

翰林學士。附《宋史》卷三百七十三〈列傳〉第一百三十二附〈洪皓〉。《四庫
全書總目》卷一百十八〈子部〉二十八〈雜家類〉二著錄:「《容齋隨筆》十六
卷、《續筆》十六卷、《三筆》十六卷、《四筆》十六卷、《五筆》十卷,_{內府藏}
_{本。}宋洪邁撰。邁字景盧,鄱陽人。皓之子。紹興十五年進士,歷官端明殿學
士,事蹟具《宋史》本傳。其書先成《隨筆》十六卷,刻於婺州。淳熙間傳入
禁中,孝宗稱其有議論。邁因重編爲《續筆》、《三筆》、《四筆》、《五筆》。《續
筆》有隆興三年〈自序〉,《三筆》有慶元二年〈自序〉,《四筆》有慶元三年〈自
序〉,亦各十六卷。而《五筆》止十卷,蓋未成而邁遂沒矣。其中自經史、諸子
百家以及醫卜星算之屬,凡意有所得,即隨手札記,辯證考據,頗爲精確。如
論《易‧說卦》寡髮之爲宣髮。論〈豳風〉『七月在野、八月在宇』之文,爲農
民出入之時,非指蟋蟀。皆於經義有裨。尤熟於宋代掌故,如以宋自翰林學士
入相者非止向敏中一人,駁沈括《筆談》之誤;文引《國史‧梁顥傳》,證陳正
敏《遯齋閒覽》所紀八十二歲及第之說爲不實。皆極審核。惟〈自序〉稱作《一
筆》首尾十八年,《二筆》十三年,《三筆》五年,《四筆》不費一歲。蓋其晚年
撰《夷堅志》,於此書不甚關意,草創促速,未免少有牴牾。如謂劉昭註《後漢
書》五十八卷,補《志》當在其中;而不知所註乃司馬彪《續漢書志》,章懷太
子以《後漢書》無志,移補其闕。又駁《宣和博古圖》釋雲雷磬所引臧文仲以
玉磬告糴之文,謂《左傳》並無其說;而不知出自《國語》中,頗爲失檢。又
如史家本末及小學字體,皆無所發明,而綴爲一條,徒取速成,不復別擇。然
其大致自爲精博,南宋說部終當以此爲首焉。前有嘉定壬申何異〈序〉,明李瀚、
馬元調先後刊行之。考《永樂大典》所載應俊合輯《琴堂諭俗編》中有引《容
齋隨筆》所論『服制』一條,而今本無之,豈尚有所脫佚歟?明人傳刻古書,
無不竄亂脫漏者,此亦一證矣。」足資參考。

續顏氏家訓八卷

《續顏氏家訓》八卷,左朝請大夫李正公撰。皆用顏氏篇目而增廣之。

　　廣棪案:《郡齋讀書志》卷第十〈儒家類〉著錄:「《續家訓》八卷。右皇朝董
　　正功撰。續顏氏之書。」應與《解題》著錄者同屬一書,惟撰人姓名不同。
　　此書張金吾《愛日精廬藏書志》卷二十一〈子部‧儒家類〉亦著錄,曰:「《續
　　顏氏家訓》殘本三卷,_{宋刊本。}宋董正功撰,原八卷,今存卷六至八三卷。自
　　〈誡兵〉至〈終制〉,凡七篇,卷六闕一二兩頁。其書以《顏氏家訓》列前,

而正功所續者繫其後，敘次體例一依原書。引據詳贍，辭義宏偉，視之推書，如駑之斬矣。原書崇尚內典，是其一失。是書〈歸心篇〉載李翱之〈論佛〉，〈終制〉篇載姚崇之〈遺令〉，深斥釋氏之妄，顯闢崇奉之非，亦足以矯顏氏之失，而解後人之惑也。《讀書敏求記》曰：『《續顏氏家訓》七卷，半是宋槧本之絕佳者，半是影宋本舊鈔。』則遵王時已不獲見宋槧全書矣。此本止存三卷，較錢氏時又多殘闕；然神物會合要自有時，安知述古藏本不更出於異日耶？且安知今所闕之宋槧五卷，不尚在天壤間耶？姑識之以俟博訪。」黃丕列《蕘圃藏書題識》卷五〈子類〉著錄：「《續顏氏家訓》三卷，_{殘宋刻本，}_{存六之八三卷}。此殘宋槧本《續家訓》六至八卷，愛日精廬藏書也。余因修郡志事，訪友琴川，過精廬，從主人月霄二兄借歸，手為繙閱，并錄其副。書之源流，具詳主人所著《藏書志》中。此書自晁氏《郡齋讀書志》著於錄，馬氏〈經籍考〉引晁氏，亦作八卷。惟晁曰董正功撰，馬引作政公。_{廣棪案：}_{《文獻通考》作「李正公」。}焦氏《經籍志》八卷，與晁同，政公與馬同。唯錢氏《讀書敏求記》則云七卷，又云：『《經籍志》云：左朝請大夫李正公撰。』取證余所藏《經籍志》鈔本，多結銜，易董為李，姓異矣。正字同晁，公字同馬，名殊矣。惜殘宋槧本無卷首，究未知姓名之何者為準也。錢氏云七卷，宋槧本、影鈔本各有其半。或尚缺其一，故就存者記之。茲目驗為八，晁、馬、焦三家著錄蓋可信。古人涉筆類有舛誤，即如此本，今存卷六之八三卷，而《愛日精廬藏書志》訛卷六為卷五。_{廣棪案：《愛日精廬藏書志》}_{原不誤。想}錢〈記〉之訛八卷為七卷，無乃亦如是耶？附志之以博一粲。道光紀元十月十日，復見心翁書於百宋一廛。」瞿鏞《鐵琴銅劍樓藏書目錄》卷十六〈子部‧雜家類‧雜學〉著錄：「《續顏氏家訓》三卷，_{宋刊殘本}。此書撰人，晁氏《讀書志》題董正功，《直齋書錄》、焦氏《經籍志》題李正公。是本卷首已闕，未詳孰是。嚮藏邑中張氏，即述古堂藏本之半，所云宋槧絕佳者也。原書八卷，今存卷六至卷八，有〈養生〉、〈歸心〉、〈書證〉、〈音辭〉、〈雜藝〉、〈終制〉六篇，而〈養生〉篇，首二葉已闕。全書體例，以顏氏書列於前，而續者繫每篇之後，徵引典博，堪與原書相輔而行。其顏書中〈書證〉篇末，較今本多一條，其文云：『《禮樂志》云：「給太宮桐馬酒。」李奇注：「以馬乳為酒也，揰挏乃成，二字並從手。揰，_{都統反}；挏，_{達孔反}；此謂撞擣挺挏之，今為酪酒亦然。向學士又以為種桐時，太官釀馬酒乃熟，極孤陋之甚也。」』按此已見〈勉學篇〉，或後人因其複出而刪之；然義各有當，文亦微異，正宜並存為是耳。桐馬疑挏馬之誤，酪酒疑酪酒之誤。當日遵王所藏尚有影鈔宋

本,合成七卷,僅闕其一,今已不可見矣。」是有關此書撰人姓名,諸目著錄頗為不同,莫知孰為正矣。

習學記言五十卷

《習學記言》五十卷,寶文閣學士龍泉葉適正則撰。自《六經》、諸史、子以及《文鑑》,皆有論說。大抵務為新奇,無所蹈襲。其文刻削精工,而義理未得為純明正大也。自孔子之外,古今百家隨其淺深,咸有遺論,無得免者。

廣校案:《宋史》卷二百五〈志〉第一百五十八〈藝文〉四〈子類‧雜家類〉著錄:「葉適《習學記言》四十五卷。」所著錄卷數與此不同。《四庫全書總目》卷一百十七〈子部〉二十七〈雜家類〉一著錄:「《習學記言》五十卷,浙江巡撫採進本。宋葉適撰。適字正則,自號水心居士,永嘉人。淳熙五年進士,官至寶文閣學士,諡忠定。其書乃輯錄經史百氏,各為論述,條列成編。凡〈經〉十四卷、〈諸子〉七卷、〈史〉二十五卷、〈文鑑〉四卷。所論喜為新奇,不屑摭拾陳語。故陳振孫《書錄解題》謂其文刻峭精工;而義理未得為純明正大。劉克莊為趙虛齋作〈註莊子序〉,亦稱其講學析理,多異先儒。今觀其書,如謂太極生兩儀等語為文淺義陋。謂〈檀弓〉膚率於義理,而謇縮於文詞;謂《孟子》子產不知為政,仲尼不為已甚。語皆未當。此類誠不免於駭俗。然如論讀《詩》者專溺舊文,不得詩意,盡去本〈序〉,其失愈多;言《國語》非左氏所作,以考子思生卒年月,斥漢人言〈洪範〉五行災異之非。皆能確有所見,足與其雄辨之才相副。至於論唐史諸條,往往為宋事而發,於治亂通變之原,言之最悉,其識尤未易及。特當宋之末世,方恪守洛、閩之言,而適獨不免於同異,故振孫等不滿之耳。」足資參證。

而獨於近世所傳《子華子》篤信推崇之,以為真與孔子同時,可與《六經》並考,廣校案:盧校注:「考」疑「壽」。而不悟其為偽也。且既曰:「其書甚古,而文與今人相近。」則亦知之矣。遠自《七略》,下及〈隋〉、〈唐〉、〈國史〉諸志、李邯鄲諸家書目皆未之有,豈不足以驗其非古,出於近世好事能文者之所為,而反謂孟、荀以來無道之者,蓋望而棄之也。不亦惑乎!

案:直齋於《子華子》一書之為偽託,《解題》卷十〈雜家類〉已辨之,其言曰:「《子華子》十卷,稱晉人程本字子華,與孔子同時。考前世史志及諸家書目,並無此書,蓋假託也。《館閣書目》辨之當矣。《家語》有孔子遇程子,傾蓋贈

束帛之事。而《莊子》亦載子華子見昭僖侯一則，此其姓字之所從出。昭僖與孔子不同時也。《莊子》固寓言，而《家語》亦未可考信，班固〈古今人表〉亦無之。使果有其人，遇合於夫子，班固豈應見遺也？其文不古，然亦有可觀者，當出於近世能言之流，爲此以玩世爾。」可參證。

準齋雜說一卷

《準齋雜說》一卷，錢塘吳如愚撰。

　　廣棪案：如愚，《宋史》無傳。〈宋人傳記資料索引〉載：「吳如愚（1167-1244），字子發，號準齋，臨安人。生而岐嶷。及長，通諸經、百子。嘉熙間，官至秉義郎。爲人孝友忠恕，安貧樂道。淳祐四年卒，年七十八。有《準齋集》及〈雜說〉。」是〈雜說〉乃如愚撰。考《讀書附志》卷上〈經解類〉著錄：「《象爻說》二卷。右武林吳準齋如愚所著也。一則明象，二則明爻。喬文惠公行簡嘗薦之曰：『成忠郎吳如愚隨身右列，尋即隱居。雖在都城，而杜門不出，臣欲識之而不可得。其人行醇而介，氣直而溫，講道窮經，臏有著述。欲乞特與換授從事郎，併與祕閣校勘。』有旨從之，而如愚不受。」是如愚尚有《象爻說》二卷，惜《宋人傳記資料索引》撰如愚小傳時，未用及此條材料。

灌畦暇語一卷

《灌畦暇語》一卷，不知作者，雜取史傳事，略述己意。

　　廣棪案：此書另見《文獻通考》卷二百十四〈經籍考〉四十一〈子雜家〉著錄，其餘無可考。

忘筌書二卷

《忘筌書》二卷，潘植子醇撰。新安所刻本凡八十二篇，與《館閣書目》、《諸儒鳴道集》，及余家寫本篇數皆不同。本已見〈儒家〉，而《館目》寘之〈雜家〉者，以其多釋、老之說故也。今亦別錄於此。

　　廣棪案：直齋此條用互著法。《解題》卷九〈儒家類〉已著錄，曰：「《忘筌書》二卷，浦城潘植子醇撰。多言《易》，亦涉異端，凡五十一篇。此書載《鳴道集》，爲九十二篇，附見者又十有三，而《館閣書目》又稱七十七篇，皆未詳。」是

此書篇數，各本有參差，《中興館閣書目》著錄作七十七篇，與直齋家寫本「凡五十一篇」者不同。《鳴道集》有九十二篇，不同於新安刻本八十二篇。〈中興館閣書目・子部・雜家〉著錄：「《忘筌書》二卷，《書錄解題》九。」趙士煒輯考本。士煒即據《解題》輯考，其小注應作「《書錄解題》十」，蓋所據之《解題・雜家類》在卷十也。

袁氏世範三卷

《袁氏世範》三卷，樂清令三衢袁采君載撰。

廣棪案：《宋史》卷二百五〈志〉第一百五十八〈藝文〉四〈子類・雜家類〉著錄：「袁采《世範》三卷。」與此同。采，《宋史》無傳。《宋元學案補遺》卷四十四載：「袁采字君載，信安人。進士。初爲縣令，以廉明剛直稱，官至監登聞鼓院。所著《袁氏世範》，後人推爲《顏氏家訓》之亞。」考信安即三衢，今浙江衢縣。